Jacobs Kaffee ...wunderbar

Eine Bremer Kaffeegeschichte

Svenja Kunze · Alexander Schug

Jacobs Kaffee ...wunderbar

Eine Bremer Kaffeegeschichte

EDITION TEMMEN

März-September

JACOBS
Krönung
Milka

Inhalt

Grußwort

Es freut mich sehr, dass sich das weltweit tätige Unternehmen Kraft Foods der Geschichte seiner Marke »Jacobs« in diesem Buch so eingehend und umfangreich widmet.

Auch wenn sich meine Familie vor mehr als zwei Jahrzehnten von der Marke Jacobs getrennt hat, fühlen wir uns dennoch der Stadt Bremen und der von Johann Jacobs begründeten Tradition weiter eng verbunden.

Meinen Urgroßonkel, Johann Jacobs, habe ich nicht mehr kennengelernt, aber ich war häufig zu Besuch bei meinem Großvater Walther J. Jacobs in der Bremer Neustadt. In seinem holzgetäfelten Büro durfte ich ihn bei der Arbeit besuchen und kannte bald die gesamte Rösterei zwischen Kleiner Weser, Langemarck- und Grünenstraße. Es war toll zu sehen, wie die »Jacobs-Hummeln« genannten gelb-schwarzen Lieferwagen ausschwärmten, um die Läden in Deutschland mit frischer Ware zu versorgen.

Ob dort oder im »Stammhaus« in der Obernstraße 20 – wer als Kind das Kaffeerösten und die zugehörigen Gerüche erlebt hat, wird die Erinnerungen daran nie vergessen. Auch der Duft der Teeblätter und die typischen Kisten mit den silbrigen Beschlägen faszinierten mich.

Meine Familie ist sich der Tradition und der Bremer Wurzeln sehr bewusst, und ich erinnere mich nicht ohne Stolz an die Ehrung, die mein Vater Klaus J. Jacobs kurz vor seinem Tod 2008 für sein gemeinnütziges Engagement durch die Verleihung der »Bremischen Ehrenmedaille in Gold« erfahren hat.

Ich wünsche Kraft Foods und seiner alten Bremer Traditionsmarke »Jacobs« weiter viel Erfolg!

Ihr Joh. Christian Jacobs

Dr. Joh. Christian Jacobs

Von Borgfeld nach Bremen

Svenja Kunze

Prolog

Statistisch gesehen konsumierte im Jahr 1869 jeder Deutsche 2,2 Kilogramm Kaffee.[1] Nicht nur dieser errechnete Wert spricht dafür, dass auch der Borgfelder Bauer Daniel Jacobs regelmäßig Kaffee trank. War der Sud aus den gerösteten Kernen der Früchte der ursprünglich wohl äthiopischen Coffea-Pflanze nach seiner Einführung in Europa im 17. Jahrhundert zunächst ein seltenes Luxusgut, dann ein »Modegetränk« der gehobenen Bevölkerungsschichten, so hatte sich die Gewohnheit des Kaffeetrinkens seit Mitte des 18. Jahrhunderts langsam auch auf dem Land eingebürgert. Wenn der Kaffee auch für die weniger wohlhabenden Bevölkerungsteile häufig mit preiswerteren Ersatzmitteln wie Zichorienwurzeln oder Malz stark gestreckt war, so entwickelte sich das Heißgetränk im 19. Jahrhundert doch allmählich zum alltäglichen Begleiter für Angehörige aller Schichten und war fest in den Getränkekonsum der Deutschen integriert. Kaffeegenuss war also 1869 nichts Besonderes mehr, auch nicht im zu Bremen gehörenden Dorf Borgfeld. Aber für die deutsche Kaffeegeschichte sollte der 20. Mai des Jahres ein besonderes Datum werden, denn an diesem Tag brachte Bauer Jacobs' Frau Adelheid ihren Sohn Johann zur Welt.

Aus Johann Jacobs' ersten Lebensjahren ist nicht viel bekannt. Er verlebte seine Kindheit in Borgfeld. Als er zwei Jahre alt war, verstarb seine Mutter. 1884 schloss er im Alter von 14 Jahren die örtliche Volksschule ab und musste sich Gedanken um seinen künftigen Werdegang machen. Bauer wie sein Vater konnte er nicht werden, denn als Zweitgeborener musste er, wie es die Tradition wollte, seinem drei Jahre älteren Bruder Jacob den Vortritt beim Hoferbe lassen. Seine berufliche Zukunft musste also jenseits der gewohnten Umgebung liegen, wenn nicht gar, wie für viele seiner Zeitgenossen, sogar jenseits des Atlantiks: »Im Frühjahr 1884 war es, als ich die Schule meines Heimatdorfes verließ. Ich wollte nach Amerika auswandern«, erinnert sich Johann Jacobs später.[2] Jedoch: »Der gute Onkel drüben schrieb: ›Schlechte Zeiten – Wirtschaftskrise, warten, bis es besser wird‹.«

Borgfeld, wie es in Johann Jacobs' Kindertagen aussah. Blick von Höhe des Jacobs'schen Hofes die Wümme stromaufwärts, Aquarell von Charlotte Schmidt aus dem Jahr 1888

Vorläufig half Johann also auf dem elterlichen Hof. »Als aber der Herbst ins Land zog mit seinen rauhen Stürmen und man manchmal bei der Arbeit im Freien bis auf die Knochen durchgefroren war, da erkannte ich, daß die Landwirtschaft kein Lebensberuf sein konnte.« Mit Unterstützung seiner Stiefmutter Meta Bätjer, die sein Vater Daniel Jacobs 1873 in zweiter Ehe geheiratet hatte, sah er sich daher nach einer Lehrstelle als

Blick von der Borgfelder Landstraße auf die Einfahrt des Hofes der Familie Jacobs in den 1930er Jahren

Kaufmann um und hatte schließlich Erfolg: »Sehr bald stand ich hinter dem Tresen eines Bremer Kolonialwarengeschäftes, in dem es aber zu meiner Enttäuschung durchaus nicht warm war, denn geheizte Lebensmittelgeschäfte gab es zu jenen Zeiten noch nicht.« Der Laden »Carl Ferdinand Lahusen« lag am Ostertorsteinweg 8, und wer sich heute ein ungefähres Bild von Jacobs' damaliger Arbeitsumgebung machen möchte, braucht nur bei »Wilhelm Holtorf« im Ostertorsteinweg 6 vorbeizuschauen. Die denkmalgeschützte Einrichtung des seit 1874 bestehenden Geschäfts stammt aus dem Jahr 1903.

Es war eine gute Berufswahl, denn der junge Jacobs erwies sich als zuverlässig und tüchtig. Dank seines ausgeprägten Geschmackssinns durfte er bald dabei sein, wenn es in Lahusens Geschäft um das Rösten und das Abschmecken der Kaffeemischungen ging. Zu dieser Zeit war es üblich, dass die Kolonialwarenhändler den Kaffee roh einkauften und in ihren Geschäften mit kleinen, handbetriebenen Rösttrommeln frisch für ihre Kunden rösteten. Oder stand bei Lahusen schon eine der gerade entwickelten kohle- oder gasbeheizten Röstmaschinen mit mechanischem Antrieb und automatischer Belüftung? Doch ob herkömmlich oder modern, das Rösten des Kaffees und die Zusammenstellung

Seit 1903 unverändert: Der Kolonialwarenladen Wilhelm Holtorf im Nachbarhaus von Johann Jacobs' Lehrgeschäft C.F. Lahusen

der Röstungen zu verschiedenen Geschmackssorten erforderten viel Erfahrung und Geschick. Allzu schnell waren die empfindlichen Kaffeebohnen verbrannt und damit bitter und ungenießbar. Abhängig von Anbaugebiet, Ernte, Lagerung und Transport kam das Naturprodukt Rohkaffee zudem in ständig wechselnden Qualitäten an. Somit musste für jede Charge die passende Röstdauer und -temperatur sowie die optimale Mischung der Sorten gefunden werden. Eine Kunst für sich und eine neue Welt für Johann Jacobs, für den – wie für viele andere Jungen vom Land ohne eigenen Hof – eine kaufmännische Ausbildung der erste Schritt zum sozialen Aufstieg und eine Eintrittskarte in die städtische Umgebung werden sollte.

Trotz der langen Arbeitszeiten und der im Vergleich zur kaufmännischen Ausbildung in einer reinen Handelsfirma geringeren geschäftlichen Erfolgsaussichten – mit Lahusens Kolonialwarengeschäft hatte es Johann Jacobs zunächst nicht schlecht getroffen: Der Laden im bürgerlichen, am Rande der Bremer Altstadt gelegenen Ostertorviertel zog die vornehmere Kundschaft an. Für Jacobs die Gelegenheit, die für ihn neuen städtischen Umgangsformen und ein hochwertiges Sortiment – und dazu gehörte eben der frisch geröstete Bohnenkaffee – kennenzulernen.

Johann Jacobs arbeitete nach seiner Ausbildung noch vier Jahre im Einzelhandel und wechselte dann zu einer weitaus höher angesehenen Büroanstellung im Bremer Handelshaus J. Würdemann. Auch hier bewährte er sich als Kaufmann und erhielt, nach nur einem Jahr im Unternehmen und gerade 23-jährig, die Prokura. Doch Jacobs war unzufrieden. In seinen Erinnerungen schreibt er später: »Trotzdem es mir vergönnt war, im jugendlichen Alter bereits eine geachtete Stellung zu bekleiden, kam ein innerer Drang nach Selbständigkeit nicht zur Ruhe.«[3] Seine bescheidenen Mittel aber reichten zur Gründung einer eigenen Handelsfirma nicht aus. Deshalb berief er sich wohl auf die Erfahrungen aus seiner Lehrzeit im Kolonialwarenhandel und eröffnete, wiederum mit Unterstützung seiner Stiefmutter Meta, am 15. Januar 1895 im Haus Domshof 17/18 in Bremen einen Kaffee- und Teeladen.

Johann Jacobs im Jahr 1890

1 Pro-Kopf-Verbrauch Kaffee in Deutschland Durchschnittswert 1866–1870, vgl.: Ernst Neumann: Der Kaffee. Seine geographische Verbreitung, Gesamtproduktion und Konsumption. Diss. Universität Greifswald 1930. S. 144.

2 Johann Jacobs: Vor veertig Johr, in: »Die Kaffeebohne«, 2/1935. Zitiert nach: »Der Kontakt« 4/1956.

3 Ebd.

Jacobs Kaffee 1895–1945

Die ersten 50 Jahre

Vom »Specialgeschäft« zur Joh. Jacobs & Co., 1895–1927

»Im Hause Domshof 18 (Bremer Lebensversicherungs-Bank) eröffne ich ein Specialgeschäft in Caffee, Thee, Cacao, Chocoladen und Biscuits«, verkündete der 26-jährige frischgebackene Ladenbesitzer Johann Jacobs am 15. Januar 1895 in einer für damalige Verhältnisse recht aufwendig gestalteten Annonce in den »Bremer Nachrichten«. »Diesen Artikeln, die sorgfältigste Auswahl und Behandlung erfordern, werde ich meine ganze Aufmerksamkeit widmen und es mir zur Aufgabe machen, nur beste, tadellose Waren zu angemessenen Preisen zu liefern.« Das neue Geschäft lag gegenüber dem Bremer Dom, in der Nachbarschaft ein Delikatessengeschäft, zwei Tapisserien, eine Konditorei mit Café, ein Geschäft für »Beleuchtung und Bronceware« sowie eine Zigarrenhandlung – »manches alte, angesehene Geschäft mit guter Kundschaft, und das veranlasste mich, es dort auch zu versuchen«, schrieb Johann Jacobs später über die Standortwahl.[1]

Und auch die allgemeinen Voraussetzungen für eine solche Geschäftsgründung waren günstig. Im Zuge der weltweit fortschreitenden Industrialisierung erlebte auch das Deutsche Reich in der Mitte der neunziger Jahre des 19. Jahrhunderts einen starken wirtschaftlichen Aufschwung. Der Handel blühte, der Wohlstand erreichte eine breitere Bevölkerungsschicht und schuf eine neue Art von Mittelstand. Viele ehemalige Luxusgüter, darunter eben auch Tee, Kakao und Kaffee, wurden so zu Gütern des täglichen Bedarfs.

In dieser Zeit des Aufschwungs erlebte auch die Bremer Wirtschaft einen Boom. 1884 hatte die Hansestadt beschlossen, ihre zollpolitische Sonderstellung des Stadtstaates aufzugeben und sich dem deutschen Zollgebiet anzuschließen. Mit dem Ausbau der Weser als große Wasserstraße und der Errichtung neuer Häfen wurden zeitgleich wichtige verkehrstechnische Voraussetzungen für den Aufschwung des Bremer Überseehandels geschaffen. Importgüter wie Baumwolle und Getreide kamen nun mit den großen Dampfschiffen über die Weser bis nach Bremen. Sie wurden im 1888 eröffneten Freihafen umgeschlagen, und natürlich gelangten auch klassische Kolonialwaren wie Kaffee und Kakao über die verbesserte Anbindung an den Welthandel verstärkt in die Hansestadt.

Zu Jacobs' erstem Laden sind nur wenige Fakten überliefert. Einen »fixen Laufburschen« suchte er 1895 per Inserat in den »Bremer Nachrichten«

Johann Jacobs gibt die Eröffnung seines Geschäftes Domshof 18 bekannt: Den fett gedruckten »Artikeln [...] werde ich meine ganze Aufmerksamkeit widmen«. »Bremer Nachrichten« vom 15. Januar 1895

und wies sich in der schon erwähnten Zeitungsannonce zur Geschäftseröffnung als »Hauptniederlage der Fabrikate der Firma P.W. Gaedke, Hamburg« aus. Der Einführung von »Cacao« wolle er sich verwenden »und diesen Artikel durch mäßige Preise bei besten Qualitäten auch für weniger bemittelte Familien tauglich machen«. Offensichtlich setzte Johann Jacobs auf ein breites Publikum und versuchte, dieses auch über Werbeanzeigen zu gewinnen. Doch das Geschäft lief nur schleppend an, denn der Standort am Domshof erwies sich als weniger geeignet als zunächst erhofft: »Ich mußte erkennen, daß ein toter Platz, abseits vom großen Verkehr, keine Lage für ein Spezialgeschäft in Konsumartikeln ist, in dem man seine Kunden jede Woche einmal sehen will«[2], schrieb Jacobs später in seinen Erinnerungen. Schon nach zwei Jahren musste Jacobs den Laden wieder aufgeben – ein herber Rückschlag.

Mehr Erfolg in besserer Verkaufslage erhoffte er sich mit einem neuen Geschäft in der Sögestraße, Bremens wichtigster Einkaufsstraße, das er im Frühjahr 1897 bezog. »Die Ladenmieten waren nach damaligen Begriffen schon recht hoch, und es konnte mit Rücksicht auf meine Finanzen daher nur ein bescheidenes Geschäft infrage kommen« – das »bescheidene Geschäft« sollte sich vor allem dadurch auszeichnen, dass die Straßenfront sehr schmal war, der Laden mit seinem Schaufenster also wenig auffiel: »Die Folge war, daß viele meiner Kunden mich nicht wiederfanden und ein ziemlicher Reklameaufwand erforderlich war, ehe ich zufriedenstellende Umsätze erzielte.«

Die Werbung, oder »Reklame«, wie man damals noch sagte, steckte noch in den Kinderschuhen. Sie beschränkte sich vor allem darauf, schlicht und einfach Warenangebot und Preise zu verkünden. Marktschreierische Anpreisungen und blumige Worte waren, gerade unter konservativen Kaufleuten, eher verpönt. Im traditionellen Einzelhandel wollte man durch gute Waren und Preise überzeugen und sich damit letztlich auch von

Domshof/Ecke Bischofsnadel um 1900, Johann Jacobs erstes Geschäft bestand von 1895 bis 1897 in dem Haus links, Domshof 18

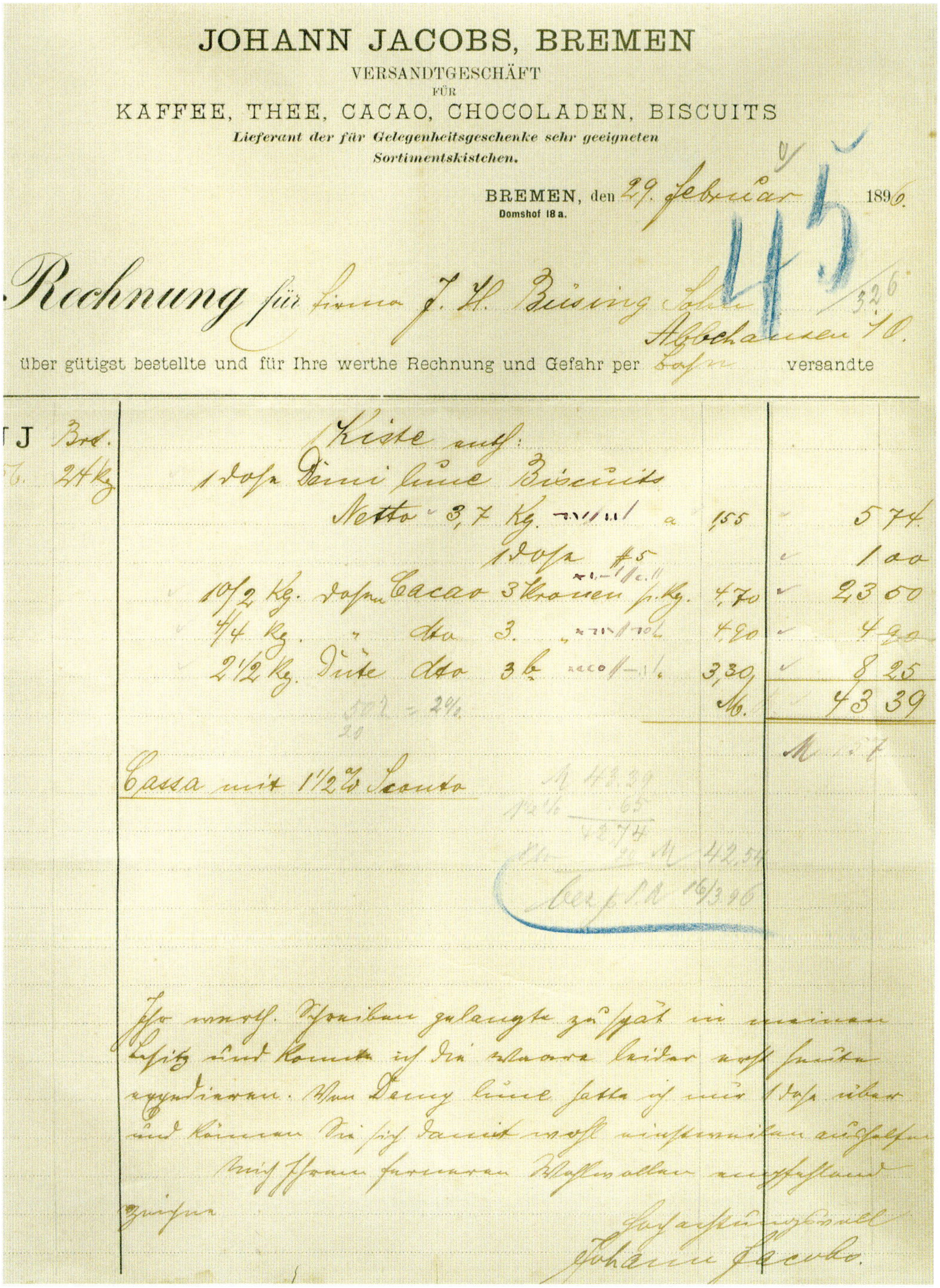

JOHANN JACOBS, BREMEN
VERSANDTGESCHÄFT
FÜR
KAFFEE, THEE, CACAO, CHOCOLADEN, BISCUITS
Lieferant der für Gelegenheitsgeschenke sehr geeigneten Sortimentskistchen.

BREMEN, den 29. Februar 1896.
Domshof 18 a.

Rechnung für Firma J. H. Büsing Sohn
Abbehausen
über gütigst bestellte und für Ihre werthe Rechnung und Gefahr per Bahn versandte

Brd.	Kiste mit:			
24 Kg	1 Dose Demi lune Biscuits			
	Netto 3,7 Kg.	a	1,55	5 74
	1 Dose			1 00
	10/2 Kg. Dosen Cacao 3 Kronen p. Kg.		4,70	23 50
	4/4 Kg. " dto 3.		4,90	4 90
	2 1/2 Kg. Düte dto 3 b		3,30	8 25
			M.	43 39

Cassa mit 1 1/2 % Sconto

Johann Jacobs.

Rechnung vom 29. Februar 1896 an die Firma J. H. Büsing Sohn, die sich »Biscuits« und »Cacao« nach Abbehausen bei Nordenham liefern ließ

den offensiven, als tendenziell unlauter empfundenen Werbemethoden der aufkommenden Warenhäuser abgrenzen.[3] Von dieser Einstellung zeugen auch die frühen Zeitungsanzeigen für Jacobs' Spezialitätenladen. »Mein Geschäft befindet sich jetzt in der Sögestraße (Passage)«, heißt es da äußerst nüchtern zur Geschäftsverlegung 1897, oder, wie wenig später: »Die heutige Markt-

Blick vom Schüsselkorb in die Sögestraße, 1887

lage ermöglicht es mir, eine nochmalige Preisermäßigung für den Artikel eintreten zu lassen [...]. Ich führe von heute ab gerösteten Kaffee von 80 bis 180 Pfg. per ½ kg, aber nur in solchen Qualitäten, daß ich selbst für die billigsten Preislagen reinen, guten Geschmack garantieren kann. Johann Jacobs, Sögestraße 42.«
Letztlich konnte aber auch der »ziemliche Reklameaufwand«, wie Jacobs seine Bemühungen bezeichnete, die schmale Schaufenster-Werbefläche zu kompensieren und über Zeitungsannoncen Kunden zu gewinnen, nicht über einen weiteren, entscheidenden Nachteil des Standorts in der Sögestraße hinweghelfen: Zwar befand man sich in traditionell guter Geschäftslage, aber der Schwerpunkt des Einkaufslebens war damals gerade dabei, sich in die Obernstraße zu verlagern. Durch die ehemals exklusive Wohnstraße der wohlhabenden Bremer Kaufleute fuhr jetzt die neue, elektrifizierte Straßenbahn und machte sie damit auch für Kunden aus entfernteren Stadtteilen bequem erreichbar.
Folgerichtig verlegte Johann Jacobs sein Geschäft in die sich entwickelnde Einkaufsmeile und eröffnete im Frühjahr 1902 in der Obernstraße 6. Nicht nur, dass die Straßenbahn nun fast vor der Ladentür hielt – im Keller des Hinterhauses war Platz auch für eine eigene kleine Rösterei, eine Neuerung, deren Potenzial Jacobs sofort erkannte: »Wurden in der Lohnrösterei meine Kaffees schablonenhaft, eine Sorte wie die andere, geröstet, konnte ich jetzt jede Sorte nach ihrer Eigenart und Struktur der Bohne behandeln und somit meinem Kaffee eine besondere Geschmacksrichtung geben.« Schon 1906 soll Johann Jacobs im Hinterhaus seines Geschäfts »schwarz« geröstet haben, im Januar 1907 stellte er den Antrag zum Umbau des Hauses und erhielt schließlich am 1. März 1907 die offizielle Genehmigung zur Einrichtung der Rösterei. Die Gewerbeinspektion berichtet in ihrer Stellungnahme, es handele sich um »die Aufstellung eines kleinen kombinierten Kaffeerösters, der nur den Bedarf an Kaffee für Jacobs herstellt, nicht also um Lohnrösterei«, und behielt sich das Recht vor, »zu verlangen, daß Dämpfe und Hülsen im Entstehungsfalle abgefangen und abgeleitet werden«, um die Nachbarn vor »belästigenden Dünsten« zu schützen.[4]
1907 wies die »Preisliste der Kaffee-Rösterei von Johann Jacobs« bereits ein Angebot von zehn verschiedenen Mischungen gerösteten Kaffees auf. Mit seinem breiten selbst gerösteten Sortiment konnte Jacobs viele unterschiedliche Kaffee-Geschmäcke bedienen. Außerdem sprach sein Kaffeeangebot mit Preisen zwischen »0,90 Mark« und »2,20 Mark pro Pfund« Kunden mit verschiedenen Konsummöglichkeiten – sprich: aus fast allen Einkommensschichten – an und zielte da-

Am Umzugstag vom Domshof in die Sögestraße fand im Laden von Johann Jacobs kein Verkauf statt mit auf einen breiten Interessentenkreis. »Eigener Röstbetrieb«, hob die Preisliste weiter hervor, »mit allerneuesten Einrichtungen.« Zu erhalten waren die Kaffeemischungen ebenso wie ein umfangreiches Sortiment an Tee, Kakao und Biskuits im Spezialgeschäft an der Obernstraße, aber auch auf briefliche oder – ganz modern – telefonische Bestellung. Die Auslieferung erfolgte dann innerhalb Bremens je nach Stadtteil zwei- bis viermal täglich per Bote, nach auswärts per Postversand.

Für Jacobs brachten das Geschäft in der Obernstraße und vor allem die eigene Rösterei endlich den lang erhofften Erfolg. Sein Kaffee verkaufte sich gut und erhielt bald sogar ein eigenes Warenzeichen: das Motiv eines Kaffeesacks mit dem Signum 131/19, der von zwei Armen – Modell stand hier Jacobs' Prokurist Ferdinand Ahrens – gestemmt wird. Eingetragen wurde dieses Warenzeichen unter der Nummer 185.189 am 9. Dezember 1913 beim Deutschen Reichspatentamt, verwendet wurde es in Jacobs' Spezialgeschäft aber schon seit 1912. Der Kaffee wurde zwar weiterhin, wie allgemein üblich, lose angeboten und erst beim Kauf im Laden abgewogen und verpackt, doch trugen die Tüten fortan das Kaffeesack-Signet als Zeichen für die Herkunft und Güte von Kaffee aus dem Hause Jacobs. Tatsächlich sollte dieses erste Jacobs-Warenzeichen über 50 Jahre lang im Gebrauch sein und, in leichter Abwandlung, bis 1966 die Kaffeepackungen aus dem Bremer Kaffeehaus zieren.

Letztlich war bei der positiven Geschäftsentwicklung absehbar, dass Laden und Rösterei in der Obernstraße 6 bald zu klein werden würden. Johann Jacobs strebte wieder nach Expansion und kaufte deshalb im Sommer 1913 das Haus Obernstraße 20, um es für die Bedürfnisse eines

Seit 1902 lag der Jacobs'sche Firmensitz in der Obernstraße, zuerst Nr. 6 und ab 1915 Nr. 20

Links: Jacobs' erstes Warenzeichen, 1913 eingetragen, war mehr als fünf Jahrzehnte in Gebrauch

Die Obernstraße vor 1910, rechts im Bild verlassen zwei Damen das Geschäft von Johann Jacobs

Vom Liebfrauenkirchhof aus gesehen: Johann Jacobs' Kaffeerösterei und Ladengeschäft lag von 1902 bis 1913 an der Obernstraße 6

Das neue Haus an der Obernstraße 20/Ecke Große Waagestraße

erweiterten Röstbetriebs umzubauen. Im Bauantrag ist von zwei Röstmaschinen mit zusammen 90 Kilogramm Kapazität die Rede. Nach einigem Hin und Her mit dem Baupolizeiamt ist dann aber wohl nur eine Maschine mit 75 Kilogramm Röstleistung aufgestellt worden.[5] Im Sommer 1915 schließlich fand der Umzug in die neuen Geschäftsräume statt.

Doch längst wirkte sich der Erste Weltkrieg auch auf den Kolonialwarenhandel aus. Die britische Seeblockade verhinderte, dass Waren aus Übersee nach Deutschland gelangten. Binnen weniger Monate brach der Fernhandel zusammen. Nach Kaffee wurden bald auch Kaffee-Ersatzmittel knapper, und so schossen die Preise in die Höhe. Im April 1916 beschlagnahmte die neu gegründete »GmbH für Kaffee, Tee und deren Ersatzmittel« auf Bekanntmachung des Reichskanzlers alle Kaffeebestände in Deutschland vollständig. Die staatliche Gesellschaft regelte fortan die Beschaffung, Verteilung und Verwertung von Kaffee. Priorität hatte selbstverständlich die Versorgung des Militärs. Der Verkauf der für die Zivilbevölkerung freigegebenen Kaffeebestände war streng reglementiert. Nicht nur waren die Preise festgesetzt, auch durfte der rare Bohnenkaffee nur zusammen mit bestimmten Mengen von Kaffee-Ersatzmitteln an die Verbraucher abgegeben werden. Im Laufe des Kriegs verschlechterte sich die Versorgungslage mit Importgütern zusehends, und schließlich scheiterten die Behörden sogar mit dem Versuch, zur Beruhigung der Gesamtstimmung in der Bevölkerung wenigstens die größten Städte weiter mit einer Mindestmenge von Kaffee-Ersatzmitteln zu versorgen.

Die Kaffee-Beschlagnahme und die Reglementierungen betrafen natürlich auch Johann Jacobs, der deshalb den Röstbetrieb im nur wenige Monate zuvor bezogenen neuen Geschäft wieder einstellen musste. Allerdings hatte er angesichts der absehbaren Probleme in der Kaffeeversorgung sein Sortiment frühzeitig umgestellt, verkaufte nun Haferflocken, Zucker, Grieß und Reis und vertrieb Nahrungsmittel an Kranke, die in der Zwangswirtschaft der Kriegsjahre besondere Zuteilungen erhielten. Damit konnte zumindest der Ladenbetrieb den Krieg überdauern.

Der Weltkrieg endete 1918, aber seine Folgen für den Kaffeehandel und damit für Johann Jacobs' Kaffeegeschäft daneben weitaus länger an. Die Einfuhr von Kaffee blieb nach Kriegsende zunächst untersagt, denn der Import von Getreide

Johann Jacobs' Belegschaft vor dem Geschäft um 1915

Früher Jacobs-Lieferwagen der Marke NSU, um 1928

Rechte Seite: Die Jacobs-Versandabteilung an der Bonspforte 2 von der Großen Weserbrücke aus gesehen. Ganz rechts die Tiefer-Arkaden, Werbegrafik, um 1930

und anderen lebenswichtigen Gütern hatte Vorrang vor Genussmitteln. 1919 gab es einen regen Schwarzmarkt für Kaffee, bis im Laufe des Jahres 1920 die Kaffeeeinfuhr wieder freigegeben wurde. Auch wenn der Einkauf wegen schwer zu beschaffender Devisen und drohender Inflation weiterhin schwierig war, bot Johann Jacobs im Dezember 1920 im Laden in der Obernstraße 20 wieder Kaffee an.

Doch die Inflation nahm stärker Fahrt auf, bis sie im Jahr 1923 vollends galoppierte. Im September kostete ein Pfund Jacobs Kaffee drei Milliarden Mark, Wechselkurse und Preise änderten sich bald mehrmals täglich. Letztlich konnte nur die Einführung der Rentenmark im November 1923 die rasante Geldentwertung stoppen. Zwar hatte sich das Betriebskapital seiner Firma wie alle Bankvermögen durch die Inflation und die Währungsreform in Luft aufgelöst. Johann Jacobs blieben aber Haus und Grundstück in der Obernstraße, die er beleihen und damit die nötigen Geldmittel für den Wiederaufbau des Geschäfts beschaffen konnte. Bald wurde wieder eigener Kaffee geröstet und zumindest die alte Kundschaft – Privatleute wie Großverbraucher in Handel und Gastronomie – mit der gewohnten Jacobs-Qualität beliefert.

Und nicht nur der Wiederaufbau gelang, auch die Expansionspläne, die Johann Jacobs schon so lange umgetrieben hatten, nahmen Gestalt an, allen voran die Bemühung, den Verkauf über Bremens Grenzen hinaus auszuweiten. Erste Ansätze dazu hatte es mit dem Postversand schon vor dem Krieg gegeben, und auch zu Inflationszeiten waren bereits einige Vertreter unterwegs, um Jacobs Kaffee an Großverbraucher im Bremer Umland zu verkaufen. So war es, nachdem die Finanzen neu geordnet waren und Laden und Rösterei wieder auf festen Beinen standen, an der Zeit, dem Vertrieb eine neue Struktur zu geben. Die wichtigste Weichenstellung war hier die Gründung der Joh. Jacobs & Co. am 7. Dezember 1926. Diese neue Firma, eine offene Handelsgesellschaft, erhielt ihre Kontor- und Packereiräume in einem dafür umgebauten Haus an der Bonspforte 2. Intern nur als »Versandabteilung« bezeichnet, begann am 1. Januar 1927 ihr erstes Geschäftsjahr. Dabei waren die Kompetenzen zwischen der »Obernstraße« und der neuen »Co.« klar verteilt: Das Stammhaus würde weiterhin die Bremer Privatkunden ebenso wie die Großverbraucher im Stadtgebiet und die Schiffsausrüster beliefern, die neue Firma sollte für den Einzelhandel und die Gastronomiebetriebe außerhalb der Hansestadt zuständig sein.

Neue Wege: Markenartikel und Großrösterei, 1927–1938

Erste Erfolge des neuen Firmenkonzepts stellten sich erstaunlich schnell ein: 1927 konnte Jacobs die weltweit agierende Reederei Norddeutscher Lloyd als Großkunden für Rohkaffee gewinnen, und so wurde den Passagieren auf den großen, bekannten Passagierdampfern »Bremen«, »Europa« und »Columbus« bald Jacobs Kaffee serviert. »Hoflieferant« für den Norddeutschen Lloyd – spätestens damit stieg der ehemals kleine Einzelhändler Johann Jacobs in die erste Liga der Bremer Kaffeehändler auf. Bald zierte der Titel »Gross-Rösterei« stolz den Briefkopf des Unternehmens.[6]

JACOBS
KAFFEE
RÖSTERE

Blick vom Stadtwerder auf die Altstadt im September 1934. Links die Große Weserbrücke, gegenüber die Rückseiten der Häuser an der Bonspforte, die weiße Front gehört zur Jacobs-Versandabteilung

Gleichzeitig baute die Versandabteilung eine eigene Vertreterorganisation auf, die das Kaffeesortiment von inzwischen sieben Sorten an den Mann bringen sollte, und zwar vom kleinen Kolonialwarenladen bis zum Gastronomie-Großverbraucher. Schwerpunkte des Vertriebs waren zunächst die Hotels und Gastronomiebetriebe der Badeorte an der Nordsee sowie Einzelhändler in der Umgebung Bremens, doch bald schon reichte der Verkaufsradius bis in die Kurorte des Lipperlands. Im April 1929 waren bereits 14 Vertreter für die Joh. Jacobs & Co. damit beschäftigt, neue Kunden von den Vorzügen von Jacobs Kaffee zu überzeugen. Die von ihnen aufgenommenen Bestellungen liefen im Kontor an der Bonspforte auf und wurden dort bearbeitet, die hauseigene Packerei übernahm die Zusammenstellung der Sendungen, die Auslieferung erfolgte per Postpaket.

»Kamen wir uns infolge der Teilung des Betriebes in den neuen Räumen [an der Bonspforte] anfänglich etwas vereinsamt vor, so änderte sich das bald«, erinnerte sich Johann Jacobs später an die Phase der Umstrukturierung und Expansion. »Nach einem Jahr war das Hauptkontor besetzt, und nach einem weiteren mussten die Nebenräume mit in Anspruch genommen werden. Als sich im Herbst 1929 Herr Walther Jacobs zu uns gesellte und neue Ideen im Betriebe verwirklichte, da wurden die Tische und Stühle immer enger gerückt, und in der Packerei standen die Gefolgschaftsmitglieder Mann an Mann.«[7] Geröstet wurde der Kaffee weiterhin im Stammhaus in der Obernstraße.

Walther Jacobs, Johann Jacobs' 1907 geborener Neffe, hatte nach einer Lehre im Bremer Handels-

Kopf einer Preisliste aus dem Jahr 1934

haus Reinhard Bädecker zunächst Erfahrungen im Kaffeegeschäft seines Onkels und bei der Braunschweiger Kaffeefirma Heimbs gesammelt, bevor es ihn 1928 in die USA zog. Um die neuesten Produktions- und Handelsmethoden kennenzulernen, arbeitete er dort eineinhalb Jahre im Einzelhandel. Er verkaufte als fliegender Händler Kurzwaren, stand im Lebensmittelmarkt hinter der Theke, besuchte den Großhandel und lernte schnell, dass der amerikanische Handel anders funktionierte als der deutsche. Marketing und Vertrieb hatten einen viel größeren Stellenwert als in der »Alten Welt«. Zum Beispiel gab es regelmäßige Verkaufsschulungen für Ladenpersonal, und Werbekampagnen liefen in großem Stil. Bis zu zehn Prozent des Umsatzes investierten amerikanische Firmen in die Verkaufsförderung, während in Deutschland Reklame vielfach noch als »notwendiges Übel« betrachtet wurde. Vor allem wurde aber deutlich, wie sehr sich der Kaffeehandel in den USA vom deutschen unterschied: In den Staaten war es schon seit Langem üblich, Kaffee als Markenartikel zu verkaufen, verbrauchsfertig gemahlen und in standardisierten Kleinverpackungen.[8] In Deutschland dagegen wurde Kaffee im Einzelhandel traditionell lose angeboten, und noch in den dreißiger Jahren war man gegenüber vorverpacktem Kaffee skeptisch: »[...] So ist nicht einzusehen, aus welchem Grunde das Publikum Kaffee in verschlossenen Packungen kaufen soll, umso mehr die Qualitätsgarantie des Markenkaffees auch beim Einkauf von losem Kaffee in jedem guten Fachgeschäft gegeben ist und das Publikum sich doch im Übrigen so gerne auf das Aussehen des Kaffees verläßt.«[9] Die große Ausnahme stellte der ebenfalls in Bremen produzierte »Kaffee HAG« dar, der als erster und lange einziger koffeinfreier Kaffee von seinem »Erfinder« Ludwig Roselius (1874–1943) von Anfang an, das heißt seit 1906, als moderner Markenartikel konzipiert, beworben und vertrieben worden war.[10]

Als Walther Jacobs im Herbst 1929 aus den USA nach Bremen zurückkehrte, hatte er also trotz seiner erst 22 Jahre schon viel gesehen. Er kannte nicht nur den heimischen, sondern auch den nordamerikanischen Markt. Er gehörte einer jungen, modern orientierten Kaufmannsgeneration

Der spätere Kommanditist und Geschäftsführer des Stammhauses in der Obernstraße Heinrich Lüddecke Ende der 1920er Jahre. 1924 hatte er sich auf eine Zeitungsanzeige bei Johann Jacobs beworben

Anzeige mit Werbung für die »Festtagsdose« 1933 mit Motiven von Reisestationen des Luftschiffs »Graf Zeppelin« und Werbeblatt mit Verkaufsstellenhinweis

Auch Johann Jacobs wusste von der Bedeutung der Wiedererkennung von Waren: Verpackung mit dem Kaffeesack-Logo

an und steckte voller neuer Ideen, die darauf warteten, im Traditionsgeschäft des inzwischen fast 60-jährigen Onkels umgesetzt zu werden – allen voran die, aus Jacobs Kaffee einen Markenartikel zu machen. Die Vorteile dieses neuen Waren-, Werbe- und Verkaufskonzepts lagen für ihn auf der Hand: »Der Kolonialwarenhändler kaufte heute seinen losen Kaffee von Meier, morgen von Schulze und am dritten Tage von irgendeiner anderen Firma, und diese ganzen Mischungen gab er dann an den Konsumenten unter der Bezeichnung ›Schmidt's Kaffee‹ weiter, wenn er zufälligerweise Schmidt hieß. Ein derartiges Geschäft ist für den Röster auf Dauer langweilig und läßt nur eine gewisse Ausdehnung zu. Schon allein der Umstand, daß jeder Auftrag vom Vertreter oder Reisenden persönlich geholt werden muß, ist für eine Firma, mag sie noch so gut fundiert sein, auf die Dauer untragbar. Auf die schriftliche Nachbestellung, die der Kunde aufgeben muß, weil wiederum seine Kundschaft diesen ganz besonderen Kaffee verlangt, darauf allein kommt es an, und darin liegt letzten Endes der große Erfolg.«[11] Kaffee als Markenartikel zu vertreiben – das heißt, ihn mit einem Markennamen zu versehen, ihm mit einer standardisierten Verkaufsverpackung ein unverwechselbares Gesicht zu geben und die Marke per Werbung bekannt zu machen –, würde also eine stabilere Nachfrage produzieren. Diese könnte letztlich die Grundlage für weiteren Erfolg und Wachstum des Unternehmens bilden.

Offiziell trat Walther Jacobs zum 1. Januar 1930 in die Firma seines Onkels ein und begann sofort, seine modernen Vorstellungen zu verwirklichen. Die erste Maßnahme war die Einführung der »Originalverpackung«. Bis dato war der geröstete Kaffee lose, das heißt in einfachen Leinensäckchen zu fünf oder neun Pfund, den »Handtuchbeuteln«, nicht nur an die Großverbraucher in der Gastronomie, sondern auch an die Einzelhändler verkauft worden, damit diese ihn im Laden für ihre Kunden nach Bedarf abwiegen und verpacken konnten. Ob dabei immer die mitgelieferten Tüten mit dem Jacobs-Warenzeichen, dem »Kaffeesack«, benutzt wurden, stand in den Sternen, es war also in keiner Weise garantiert, dass die Verbraucher den Kaffee und seine Vorzüge mit dem Namen Jacobs in Verbindung brin-

Verkaufsschränke wie dieser standen von 1930 bis 1954 in Lebensmittelgeschäften

Werbeblatt mit Verkaufsstellenhinweis, 1933

gen und wieder danach fragen würden. Mit der »Originalverpackung« wurden nun standardisierte Kaffeepäckchen zu ½ und ¼ Pfund an die Einzelhändler verkauft, die, »so wie sie waren«, also ohne neuerliches Abwiegen und Verpacken im Laden, zu den Verbrauchern gelangen sollten. Damit konnte Jacobs Kaffee nicht nur sicher vor Geschmacksbeeinträchtigungen durch unsachgemäße Lagerung an die Endkunden abgegeben werden, es wurde durch die Gestaltung der Verpackung auch gleich ein »Image« mit dazu verkauft. Die neuen Verpackungen waren »vornehm aufgemacht« und ganz in den neuen Hausfarben von Jacobs, Schwarz und Gold-Gelb, gehalten. Diese kräftigen Farben zusammen mit den auffälligen Linien, dem stilisierten Kaffeesack-Logo

Jacobs Schmuckdose, 1930

und dem Schriftzug »Jacobs Kaffee« ließen die kleinen Kartons im Regal eines Einzelhändlers hervorstechen und sorgten für einen hohen Wiedererkennungswert. Als ersten Werbeslogan für Jacobs Kaffee wählte Walther Jacobs »Täglich ganz frisch geröstet und sorgfältigst verlesen«. Ab Juli 1931 kam mit »Jacobs Kaffee – bis zur letzten Bohne ein Hochgenuß« ein weiterer Slogan hinzu.

Und auch der Vertrieb wurde intensiviert und systematisiert. Die Vertreter erhielten ab 1930 regelmäßig Rundschreiben mit genauen Verkaufsanweisungen, Verkaufsbezirke wurden eingeteilt, und es waren täglich Berichte über die Anzahl der besuchten Kunden und die Verkaufsmengen abzuliefern. Über Kundenkarten konnte die Zentrale nachverfolgen, welcher Händler wie viel bestellte, und gleichzeitig Lieferungen und Zahlungseingänge kontrollieren. Als Ansporn für die Vertreter wurden, wie erstmals im Frühjahr 1931, Wettbewerbe ausgerufen, bei denen die sorgfältige Führung der Kundenkartei oder das Werben vieler Neukunden mit einer Belobigung und attraktiven Geld- und Sachpreisen belohnt wurden.

Ein leistungsfähiger Vertrieb war vor allem deshalb wichtig, weil der Schwerpunkt im Großkundenbereich in den dreißiger Jahren neu gesetzt wurde. Das Engagement bei den Großverbrauchern, besonders eben den Gastronomiebetrieben, wurde verringert und stattdessen die Belieferung des Einzelhandels verstärkt vorangetrieben. Bislang hatten nur einige Lebensmittelgeschäfte im Bremer Umland Jacobs Kaffee verkauft. Mit dem verstärkten Vertretereinsatz wurde auch die Werbung stärker auf den Einzelhandel abgestimmt. Werbeschreiben, Broschüren mit Preislisten, Probesendungen, Flugblätter zur Weitergabe an die Kunden, Plakate und Dekorationsmaterial für Schaufenster – kurz gesagt rückte alles, was die Präsenz am Ort des Verkaufs an die Kundschaft betraf, in den Vordergrund. Zu Weihnachten und anderen Anlässen wurden ab 1930 als besonderer Kaufanreiz Kaffee-Schmuckdosen herausgegeben. 1931 kam es außerdem zur Einführung des aufwendigen »Verkaufsschranks« im Jacobs-Design. Darin konnten die »Originalverpackungen« sicher vor Qualitätsverlust und Geschmacksbeeinträchtigungen durch andere Waren aufbewahrt und gleichzeitig stilvoll präsentiert werden.

Zwar blieb weiterhin loser Kaffee im Angebot und sein Anteil am Gesamtumsatz Anfang der dreißi-

Illustration des Verkaufsschranks, 1936

ger Jahre noch relativ hoch, doch machten die Vertreterrundschreiben unmissverständlich klar, wo der Verkaufsschwerpunkt künftig liegen sollte: »Verkaufen Sie unsere Kaffees möglichst nur in ½ und ¼ Pfd. Packungen«,[12] und das »Endziel ist und bleibt JACOBS KAFFEE in Packungen«.[13] Aufgabe der Vertreter war es auch, für die richtige Verwendung der Werbemittel im Einzelhandel zu sorgen: »Achten Sie bitte darauf, daß das dem Kunden überlassene Reklamematerial richtig angewandt wird. Solange es in einer Ecke aufbewahrt wird, ist es wertlos.«[14] Nun, wo der Kaffee aus dem Hause Jacobs mit der »Originalverpackung« sein »Gesicht« bekommen hatte, spielte die Werbung natürlich eine viel größere Rolle. »Bremer Qualitäts-Röstkaffee«, »täglich frisch geröstet« und »sorgfältigst verlesen«. Die Kunden mussten sich beim Kaffeekauf nicht mehr auf das Warenwissen und die Vertrauenswürdigkeit des Händlers verlassen, der ihnen diesen oder jenen Kaffee empfahl, sie konnten sich an einem Warenbild orientieren, das ihnen der Hersteller über die Werbung vermittelte (und nach seinen Vorstellungen prägte), und gleich Jacobs Kaffee verlangen. Kaffee aus dem Hause Jacobs war damit zur Marke geworden. Den unverwechselbaren Artikel »Jacobs Kaffee« im Sinne einer einzelnen Produktmarke gab es aber noch nicht. Unter dem Namen »Jacobs Kaffee« wurde weiterhin ein ganzes Sortiment verschiedener Mischun-

Preisliste für Jacobs-Tee vom Februar 1933

Wurden Jacobs Kaffee und seine Vorzüge in Zeitungsannoncen, auf Plakaten oder eben im Einzelhandel beworben, war das Produkt beim Einkauf leicht wiederzuerkennen. Auf diese Weise wurde der Inhalt der Kaffeepäckchen mit den ihm zugeschriebenen Eigenschaften identifiziert: gen und Qualitäten verkauft, von der preiswerten »Bremer Mischung« für 2,80 Reichsmark pro Pfund über mittelpreisige Columbia-, Guatemala- und Caracas-Provenienzen für 3,00 bis 3,50 Reichsmark, bis zum hochwertigen »Edelperl« für 3,80 Reichsmark.

Werbeblatt mit Verkaufsstellenhinweis, 1935

Die Idee des vorverpackten, mit Markenzeichen versehenen Produkts wurde bei Jacobs bald auch für Tee umgesetzt. Ab November 1932 ergänzten 25-g-Beutel der Sorten »Ostfriesische Mischung« und »Ceylon Orange Pekoe«, die in speziellen Verkaufskartons mit 60 Beuteln an den Einzelhandel abgegeben wurden, das Sortiment. Die Teepackungen zierten ebenso wie die – ganz ähnlich heutigen Display-Kartons – aufwendig gestalteten Verkaufskartons das einem Wappen nachempfundene Warenzeichen »Jacobs Tee Bremen«. Die Vertreter wurden angehalten, der Einführung des neuen Produkts besondere Aufmerksamkeit zu widmen: »Das muss jetzt Ihr Verkaufsziel sein: in jeden Laden neben JACOBS KAFFEE – JACOBS TEE.«[15]

Als sich das Jahr 1932 dem Ende zu neigte, zeigten sich deutlich die ersten Erfolge der neuen Marken- und Vertriebsstrategie: Der Jahresumsatz der Joh. Jacobs & Co. hatte fast 1,7 Millionen Reichsmark erreicht, mehr als 68.000 Pakete mit insgesamt fast 740.000 Pfund Röstkaffee waren an Kunden in Gastronomie und Einzelhandel verschickt worden. 55 Reisende und Vertreter waren für Jacobs unterwegs, mehr als 6000 Geschäfte in ganz Deutschland führten inzwischen den Kaffee aus Bremen. Neben der überaus erfolgreichen »Versandabteilung« an der Bonspforte wurde in der Obernstraße weiterhin das traditionelle Geschäft gepflegt: Privatkunden, Händler und Großverbraucher innerhalb Bremens und natürlich die Schiffsausrüster und Reedereien kauften dort 1932 rund 370.000 Pfund Kaffee.

Die ersten Schritte in Richtung »Markenartikel« hatte Jacobs mit der Einführung der standardisierten Verkaufsverpackungen, dem einheitlichen Design und der konsequenten Vertriebsstruktur bereits gemacht. Das Sortiment selbst, mit seiner Vielfalt an Kaffee-Provenienzen und -Qualitäten, Sorten- und Mischungsbezeichnungen, wurde aber weiterhin sehr traditionell geführt. Gab es zum Beispiel bei der HAG, dem Vorreiter in Sachen Markenartikel in der deutschen Kaffeebranche, unter dem Namen »Kaffee HAG« nur die eine, immer gleichbleibende Mischung und Qualität zu kaufen, bot Jacobs unter der Sammelbezeichnung »Jacobs Kaffee« im Frühjahr immer noch zehn verschiedene Sorten an, dazu sogar noch diverse Sondermischungen, wie die im Januar 1933 eingeführte »Sorte 1933«. Was den traditionellen Anspruch eines Kaffeerösters an ein breites Angebot betraf, war dies sicherlich ein Verdienst. Doch aus heutiger Sicht war die Vielfalt für die Rationalisierung von Produktion und Vertrieb und die Schaffung einer »Produktpersönlichkeit« durch Werbung und letztlich für den Schritt zum Massenabsatz hinderlich.

Im Laufe des Jahres 1933 erfolgten daher umfangreiche Sortimentsanpassungen, nicht zuletzt auch als Reaktion auf staatliche Verordnungen. Zum 1. Juli 1933 trat zum Beispiel eine Regierungsverordnung über die Preisbindung bei Markenwaren in Kraft. Waren, die in vorverpackten Verkaufseinheiten in den Handel kamen, mussten fortan mit aufgedruckten Verkaufspreisen versehen werden, an die sich der Einzelhandel zu halten hatte. Entsprechend musste auch Jacobs die Kaffee- und Tee-Standardverpackungen mit Preisaufdrucken oder Preisaufklebern kennzeichnen und entschloss sich im Zuge dieser Umstellung zu einer Sortimentsbereinigung. Für abgepackten Kaffee gab es ab Juli 1933 nur noch sechs Standardsorten. Gleichzeitig wurden die traditionellen Mischungsbezeichnungen wie »Salvador Campinas« oder »Costa Rica Guatemala« aufgegeben und die Sorten nun schlicht nach der Farbe des Preisetiketts benannt: »Rot« stand nun für die preiswerte Santos-Salvador-Mischung, »Braun« und »Schwarz«[16] für die beiden mittelpreisigen Sorten und »Blau« für die Premium-Mischung. Dazu kamen zwei »Perl«-Qualitäten. Für vorverpackten Tee wurden analog zu den Farbnamen bei Kaffee die Sortenbezeichnungen »Gold« und »Silber« eingeführt. Auch der vorverpackte Kakao, ab April 1934 im Sortiment, kam in den Sorten »Blau« und »Rot« in den Handel.

Ab Mitte des Jahres 1934 machten veränderte Einfuhrbedingungen für Kaffee weitere Sortimentsbereinigungen nötig. Einige Rohkaffees aus bestimmten Anbauregionen waren zeitweise nur schwer zu beschaffen, und die Preise schwankten stark, sodass Jacobs auch bei lose verkauftem Kaffee einige Sorten wie Perl, Columbia und Maragogype aus der Liste streichen musste. Außerdem gab es statt der bisher angebotenen drei Kaffeemischungen mit unterschiedlichem Bohnenkaffee-Anteil nun nur noch eine »Jacobs-Mischung« mit 20 Prozent Bohnenkaffee-Anteil.

Insgesamt war das Sortiment also innerhalb eines Jahres deutlich umstrukturiert und bereinigt worden. Dies geschah zum Teil aufgrund äußerer Zwänge, aber offensichtlich war den Verantwortlichen bei Jacobs auch klar geworden, dass das breit gefächerte Sortiment aus der Zeit des kleinen »Specialgeschäfts« unter den Vorzeichen eines modernen Großbetriebs nicht wirtschaft-

Ausschnitt der Preisliste vom Februar 1933

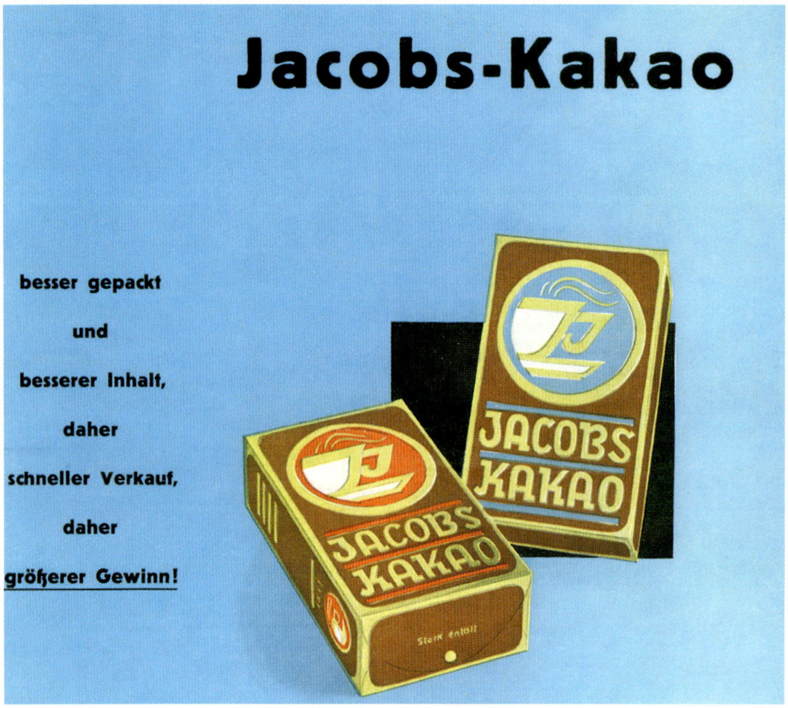

Ausschnitt der Preisliste für »Jacobs-Kakao« vom Juni 1934

lich aufrechterhalten werden konnte. Die Sortimentsänderungen bedeuteten »für unseren Betrieb eine außerordentliche Vereinfachung«.[17] Rationalisierung und Modernisierung waren die Schlagworte der Stunde und wurden bei stetig wachsendem Geschäftsvolumen immer mehr zur Notwendigkeit. Allein von 1932 auf 1933 stieg der Umsatz der Versandabteilung um mehr als 20 Prozent von 1.699.940 auf 2.058.223 Reichsmark. Fast 10.000 Bestellungen wurden monatlich in der Bonspforte bearbeitet – die Firma Jacobs konnte optimistisch in die Zukunft blicken und setzte in der Geschäftspolitik entsprechend deutlich auf Expansion.

Im Sommer 1934 wurde zunächst die Vertriebsorganisation neu geordnet. Sowohl Außendienst als auch Innendienst wurden in vier Gruppen eingeteilt, die jeweils für ein Verkaufsgebiet im Deutschen Reich, die »Gruppenbezirke«, zuständig waren. Die Reisenden und Vertreter berichteten nun an ihren jeweiligen Außendienst-Verkaufsleiter; Aufträge konnten jetzt gesammelt an die zuständige Innendienstabteilung weitergeleitet werden, die die Kundenkonten führte und den Versand betreute. Insgesamt ein deutlich effizienteres System, mit dem der Außendienst besser koordiniert und mehr Bestellungen in kürzerer Zeit abgewickelt werden konnten. Im Dezember 1934 fand zudem die erste »Reisendenkonferenz« statt. Alle Außendienstmitarbeiter kamen in Bremen zusammen, um über die Geschäftsentwicklung und neue Verkaufsstrategien informiert zu werden, Anweisungen zu erhalten und den fachlichen Austausch zu pflegen. Diese Reisendenkonferenzen wurden fortan einmal jährlich abgehalten und sorgten zusammen mit den regelmäßigen Vertreterrundschreiben und ihren detaillierten Informationen und Anweisungen dafür, dass der Kontakt der Außendienstleitung auch mit den weit außerhalb Bremens, etwa in Mannheim, Berlin oder Königsberg, arbeitenden Reisenden eng blieb.

Gleichzeitig mit dieser Verbesserung der Vertriebsstrukturen liefen auf einem Grundstück an der »Großen Allee« (seit 1937: Langemarckstraße) die Bauarbeiten auf Hochtouren. Johann

Zeichnung des Portals am Neubau »Große Allee« (heute Langemarckstraße). Das Relief zeigt eine junge Frau mit Waage und einen Landmann mit Pflug, zwischen ihnen oben das »Zwillingszeichen« JJ für Johann Jacobs, unten die Jahreszahl

Jacobs hatte im Mai 1933 das nahe der Weser gelegene Doppelgrundstück Nummer 15/16 gekauft und nach dem Abbruch der dortigen alten Packhäuser im November des Jahres einen Bauantrag zum Neubau von »Kaffeerösterei und Kontorgebäude« gestellt. Seit Januar 1934 wurden nun unter der Leitung des Bremer Architekten A.O. Fischer die sechsgeschossige Rösterei und das fünfgeschossige Bürohaus gebaut. Der Bau sollte später insgesamt 35 Meter Straßenfront einnehmen und damit an der Ecke Am Deich den Anfang der Großen Allee und zugleich das Entree zur Neustadt architektonisch prägen. Nicht nur größenmäßig wurde hier in ganz anderem Maßstab gedacht und geplant als bei allen bisherigen Jacobs-Firmengebäuden: Erstmals wurden die Gebäude auch von vornherein an den Bedürfnissen einer modernen Kaffee-Großrösterei ausgerichtet. »Wohl zum erstenmal ist in einem Kafferösterei-Betrieb hier die Idee des ›von oben nach unten in fortlaufendem Arbeitsgang‹ durchgeführt worden«, berichteten die »Bremer Nachrichten« am 30. September 1934 über den gerade eingeweihten Neubau. Dieser Artikel beschreibt genau den Weg, den der Kaffee während seiner Verarbeitung ging: Aus dem Lager im Keller wurde der Rohkaffee über einen Fahrstuhl in das oberste Stockwerk des Röstereigebäudes transportiert, wo sich der Mischboden befand. Von dort aus gelangten die fertigen Rohkaffeemischungen ein Stockwerk tiefer in die Rösterei, das Herzstück der Anlage, »die mit völlig neuen,

Blick über die »Große Allee« auf den Neubau, September 1934

Streifenplakat für die Weihnachtsdose, 1934

modernster Technik entsprechenden Röstapparaten«[18] ausgerüstet war. Wiederum ein Stockwerk tiefer lag die Verleserei, darunter die Packerei, »in der moderne Paketiermaschinen die vielen Tausend Packungen herstellen, die täglich den Betrieb verlassen«, und im Erdgeschoss schließlich das Lager für den versandfertigen Kaffee und die Verladerampe. Im Kontorgebäude befanden sich im ersten Stock die Büros der Firma Joh. Jacobs & Co., ebenso die Empfangs- und Konferenzzimmer und die Probenküche. Der zweite Stock beherbergte vor allem die großzügigen Sozialräume für die Belegschaft, also Umkleide- und Waschräume, Frühstücksräume, die Kantine mit moderner Küche und, wie die »Bremer Nachrichten« betonen, einem »Radioapparat, dessen Einrichtung einem modernen Brauche entspricht«. Das Dachgeschoss war als Materiallager, wohl für Werbe- und Verpackungsmaterial, vorgesehen, das Erdgeschoss als Ladengeschäft an das Tapetenhaus Grötzsch vermietet. Im Keller verbarg sich mit Wasserpumpen und Gaszuleitungen die Versorgungstechnik für die Röstmaschinen.

Die gesamte Gebäudeanlage wurde im Stahlbetonbau errichtet und konnte daher in der verhältnismäßig kurzen Bauzeit von kaum acht Monaten fertiggestellt werden. Bereits am 21. September 1934 zog die Versandabteilung von der Bonspforte in die neuen Gebäude ein, und schon zwei Tage später lief der Betrieb an der Großen Allee an. Die reinen Baukosten betrugen 150.000 Reichsmark, die Gesamtinvestition belief sich samt Grundstückskosten, technischen Anlagen, Einrichtung usw. auf mehr als 350.000 Reichsmark. Eine stolze Summe, aber wie gesagt: Bei Jacobs standen Mitte der dreißiger Jahre alle Zeichen auf Expansion. »Wir wollen den alten frischen Geist, der uns in unserem alten Haus beseelt hat, auch im neuen Haus pflegen und fördern, denn er hat uns groß gemacht und wird uns auch weiterhin aufwärts führen«, fasste Walther Jacobs in einem Rundschreiben an die Außendienstmitarbeiter die künftige Marschrichtung zusammen.[19]

Ein restrukturierter Außendienst, eine moderne Großrösterei – und als dritte Säule der Expansion kam ab Herbst 1934 ein breit angelegter Werbefeldzug für Jacobs Kaffee hinzu. Bewährte Werbestrategien und -mittel wurden systematischer und intensiver eingesetzt, neue kamen hinzu. So erhielten die Vertreter »Reklamestreifen« mit dem Jacobs-Schriftzug und hatten diese persönlich in den Schaufenstern ihrer Kunden anzubringen, um für eine optimale Platzierung zu sorgen. Flugblätter sollten die Verbraucher auf die nächstgelegene Verkaufsstelle für Jacobs-Produkte oder

Die Vertriebsmannschaft von Joh. Jacobs im Jahr 1935, vorn ganz links Walther J. Jacobs

auf Sonderaktionen, wie die regelmäßig erscheinenden Festtags- und Schmuckdosen, aufmerksam machen. Weiterhin standen die bewährten Verkaufsschränke und ein großes Sortiment von Schaustücken und Dekorationselementen zur Verfügung, um Jacobs im Einzelhandel – heute würde man sagen: »am Point of Sale« – zu positionieren. Als im Januar 1936 die neue Sorte »Gold« eingeführt wurde, gewann die Plakatwerbung an Bedeutung, und wiederum waren die Vertreter für die Durchführung verantwortlich. Sie wurden mit Trockenleim, Pinsel und genauen Anweisungen versorgt, wie und wo die Plakate anzubringen seien: »Jeder Ort in Ihrem Bezirk muß an gut sichtbarer Stelle mindestens 1 Plakat aufweisen.«[20] Ferner gab es Werbepostkarten sowie Notizblöcke mit Jacobs-Aufdruck, die den Einzelhändlern zur Verfügung gestellt wurden.

Anzeigenwerbung in Zeitungen und Zeitschriften war noch die Ausnahme. Lediglich das Jacobs-Stammhaus in der Obernstraße schaltete gelegentlich Annoncen in der Bremer Lokalpresse. Regelmäßig dagegen fuhren die Bremer Straßenbahnen für Jacobs Reklame, war doch die Werbung in und an den viel genutzten und viel gesehenen Straßenbahnzügen eine gute Möglichkeit, den Namen Jacobs und die Produkte des Hauses in der ganzen Stadt und bei einer breiten Bevölkerungsschicht bekannt zu machen.

Die Weichenstellungen in Vertriebsorganisation, Produktion, Sortimentspolitik und Werbung zahlten sich schnell aus: Von 1933 bis 1936 konnte die Joh. Jacobs & Co. ihren Umsatz von rund 2.060.000 auf 6.580.000 Reichsmark mehr als verdreifachen. Mit Stichtag 1. Januar 1937 zählte die Firma 148 Mitarbeiter in Bremen, dazu kamen über 80 Reisende, die deutschlandweit fast 30.000 Kunden betreuten. Die Zahlen für den Paketversand an Abnehmer in Gastronomie und Einzelhandel überschritten 1936 die Marke von 350.000 Stück. Bei dem ungebremsten Wachstum der Firma wurde das Gebäude an der Großen Allee schnell zu klein. Keine drei Jahre nach seiner Fertigstellung musste es daher 1937 erstmals umgebaut und erweitert werden, um vor allem

Die »Reisenden« versorgten ihre Kundschaft mit nützlichen Werbemitteln wie diesem Bestellblock

den Vertriebsabteilungen mehr Platz zu bieten. Eine Adressiermaschine, Typ »Adrema«, die die Bearbeitung der Bestellungen und den Versand vereinfachen und beschleunigen sollte, wurde im Herbst 1937 beschafft und im Frühjahr des Folgejahres mit einer Anfangskapazität von 35.000 Adressen in Betrieb genommen. Auch die Investition in eine Paketiermaschine 1938 zeugt von dem stetigen Bemühen, Betriebsabläufe durch den Einsatz moderner Technik zu rationalisieren, damit die Leistungsfähigkeit der Versandabteilung mit der weiter wachsenden Nachfrage nach Jacobs Kaffee Schritt halten konnte.

Kaum mehr als ein Jahrzehnt nach ihrer Gründung konnte die Joh. Jacobs & Co. 1938 mit ihrem deutschlandweiten Versand- und Großkundengeschäft einen Jahresumsatz von 9,5 Millionen Reichsmark aufweisen. Das Jacobs-Stammhaus setzte mit dem Laden in der Obernstraße, den Bremer Gastronomie- und Einzelhandelskunden und im Reedereigeschäft noch einmal 2,75 Millionen Reichsmark um. Nach dem Marktführer Eduscho sowie den Großröstern Schilling und Ronning war Jacobs damit zur Nummer vier auf dem deutschen Kaffeemarkt geworden.

Kaffeekontingentierung, »Röstziffern« und Kriegsbeginn

Für Jacobs hatten die dreißiger Jahre zunächst eine Zeit stetigen Aufschwungs bedeutet, den sich der inzwischen fast siebzigjährige Seniorchef Johann Jacobs bei der Gründung seines »Specialgeschäftes« wohl nicht hatte träumen lassen.

Doch im Herbst des Jahres 1938 zeichnete sich immer deutlicher ab, dass die nationalsozialistische Wirtschaftspolitik ihre Spuren auch in der Kaffeebranche hinterlassen würde. Zwar hatte es schon seit 1936 im Zusammenhang mit dem Vierjahresplan und der NS-Außenhandelspolitik immer wieder Lieferschwierigkeiten für einzelne Sorten gegeben, letztlich ließen sich diese aber durch eine geschickte Sortimentspolitik ausgleichen. Die Einführung der Kaffeekontingentierung durch die Reichsstelle für Kaffee im November 1938 hatte jedoch wesentlich weitreichendere Auswirkungen. Für Jacobs bedeutete sie eine zwangsweise Umsatzdrosselung von 20 Prozent. Umgehend wurden die Vertreter per Rundschreiben angewiesen, das verbleibende Kontingent »in denkbar bester Weise auszuwerten«, also vor allem die hochwertigeren Sorten zu verkaufen und die Verkaufstätigkeit auf gute und regelmäßige Abnehmer zu konzentrieren. Die Reisetätigkeit wurde auf eine Viertagewoche beschränkt, lukrative Weihnachtsaufträge mussten zurückgenommen und die Sorten »Edelperl« und »Maragogype« aus dem Sortiment gestrichen werden.[21] Die Anordnung des Reichswirtschaftsministeriums vom 24. November 1938 verbot darüber hinaus mit sofortiger Wirkung jede Werbung für Kaffee. Die Regulierung der Versorgung rückte damit anstelle des freien Wettbewerbs immer eindeutiger in den Vordergrund der allgemeinen Wirtschaftspolitik, und die Jacobs-Vertreter fanden sich in einer ungewohnten Rolle wieder: War jahrelang die Umsatzsteigerung, die Gewinnung von neuen Kunden und eben die Werbung ihre ureigenste Tätigkeit gewesen, so erhielten sie nun per Rundschreiben die Anweisung, »darauf einzuwirken, daß der Einzelhändler keine Propaganda macht«, und wurden angesichts der ständigen Überschreitungen der Kontingente im Weihnachtsgeschäft dazu angehalten, alles dafür zu tun, »daß sich der Umsatz in tragbaren Grenzen bewegt«.[22] Die Aufgabe bestand nun in der Drosselung des Absatzes, nicht in der Steigerung, Kunden wurden nicht neu gewonnen, sondern zwangsweise aus der Lieferkartei gestrichen – eine verkehrte Vertreterwelt.

Die Kaffeekontingentierung wurde mit Beginn des Jahres 1939 verschärft. Über komplizierte Berechnungen wurden für jeden Röstbetrieb quartalsweise »Röstziffern« festgelegt, nach de-

Stilvolle Verpackung der Einkäufe. Einwickelpapier aus dem Jahr 1938 und zugleich Jacobs' letzte Werbung vor dem allgemeinen Kaffeewerbeverbot des Reichswirtschaftsministeriums im November 1938

nen bestimmte Rohkaffeemengen aus den Zolllagern abrufbar waren.[23] Als Folge konnte Jacobs die nach den ersten Streichungen in der Kartei verbliebenen Kunden nur noch mit höchstens 75 Prozent der ursprünglichen Liefermengen versorgen. Die Bestellungen verwaltete nun die Zentrale in Bremen; für die Vertreter blieb spätestens ab Ostern 1939 bei stark eingeschränkter Reisetätigkeit nur der Verkauf von Tee. Als dann am 28. August die Reichsstelle für Kaffee die sofortige Sicherstellung der Rohkaffeevorräte und weitere drastische Einschränkungen der Röstmengen anordnete, war der Außendienst bei Jacobs schon seit vier Monaten komplett eingestellt. Wenige Tage später begann mit dem Einmarsch der Deutschen Wehrmacht in Polen der Zweite Weltkrieg. Schon in der zweiten Kriegswoche wurden per Anordnung der Reichsstelle für Kaffee »sämtliche im Gebiet des Deutschen Reiches bei Betrieben des Handels und Gewerbes vorhandenen Bestände an Rohkaffee« beschlagnahmt.[24] Kaffee durfte künftig – als Ausnahme zum allgemeinen Röstverbot – nur noch von besonders zugelassenen Betrieben auf Weisung oder besondere Zuteilung der Reichsstelle geröstet werden, Verteilung und Verkaufspreise wurden staatlich geregelt. Für die Bevölkerung war echter Bohnenkaffee bald nur per Sonderzuteilung – etwa zu Weihnachten, zu Ostern oder nach Luftangriffen – und auf Bezugsschein zu haben.

Angesichts dieser drastischen Maßnahmen musste die Joh. Jacobs & Co. ihren regulären Betrieb mit dem 10. September 1939 zunächst stilllegen, um ihn dann zum Jahresende offiziell einzustellen.[25] Jacobs röstete fortan noch regelmäßig kleinere Bohnenkaffeemengen im staatlichen Auftrag für das Militär und für angeordnete Sonderzuteilungen an die Bevölkerung. Hauptsächlich wurden die Anlagen in der Rösterei zur Herstellung von Kaffee-Ersatzmischungen und Kaffeezusätzen aus Getreide, Zuckerrübenschnitzeln und Zichorienwurzeln genutzt. Zudem war das Jacobs-Stammhaus in der Obernstraße »Sammelstelle für Schwarzen Tee«, das heißt, ihm oblag im Auftrag der staatlichen Behörden die Verwaltung und Verteilung der Teebestände in Nordwestdeutschland.

Damit konnte Jacobs die Firmentätigkeit zwar aufrechterhalten, unter den Bedingungen der Kriegswirtschaft waren jedoch, nicht nur wegen der Versorgungslage bei Kaffee, die Voraussetzungen dafür denkbar schlecht geworden: Selbst die Beschaffung von Rohmaterial zur Herstellung von Kaffee-Ersatzstoffen wie Zuckerrübenschnitzeln wurde zunehmend schwieriger, die meisten Firmenfahrzeuge waren stillgelegt oder für militärische Zwecke beschlagnahmt. Ohnehin war der Großteil der männlichen Belegschaft, darunter viele Fachkräfte und kurzzeitig auch der Juniorchef Walther Jacobs, zum Militärdienst eingezogen. Hatte die staatliche »Volks-Berufs-Betriebszählung« im Mai 1939 bei der Joh. Jacobs & Co. inklusive der Reisenden noch 183 Arbeiter und Angestellte aufgelistet[26], so betrug die Zahl der »Gefolgschaftsmitglieder« des Betriebs im Oktober 1940 mit 17 Köpfen kaum noch ein Zehntel davon. In den folgenden Kriegsjahren schwankte, je nach Versorgungs- und Auftragslage, die Zahl der Beschäftigten stark, bewegte sich aber meistens zwischen 20 und 30 Personen. Da einheimische Arbeitskräfte fehlten, wurden ab 1941 in der Produktion auch »Ausländer« beschäftigt, »Fremdarbeiter« oder Kriegsgefangene.

»Fremdarbeiter« – Zwangsarbeit bei der Joh. Jacobs & Co.

Mit dem Beginn des Zweiten Weltkriegs wurden Hunderttausende Männer zur Wehrmacht eingezogen. Ob in Landwirtschaft oder Industrie, in Handwerk, Handel oder staatlichen Betrieben – in allen Branchen und Bereichen wurden Arbeitskräfte zu Soldaten. Und je mehr Krieg Deutschland entfachte, desto stärker stieg der Bedarf an Rüstungsgütern und besonders an kriegstauglichen Männern. Sie fehlten an ihren Arbeitsplätzen, und somit wurde in der deutschen Wirtschaft der Einsatz von »Fremdarbeitern« zu einem zentral wichtigen Faktor. Waren es zunächst oft noch Freiwillige, die in den von der Deutschen Wehrmacht besetzten Gebieten – oft unter falschen Versprechen – für die Arbeit in Deutschland an-

Am 30. Juni 1941 zerstörte eine Luftmine das Geschäftshaus Nr. 78. Französische Kriegsgefangene bei Aufräumungsarbeiten und Italiener bei der Trümmerräumung, ebenfalls in der Obernstraße

geworben wurden, verschärfte sich mit Fortschreiten des Krieges und der Besetzung immer weiterer Länder 1940/41 die Situation. 1942 ging Fritz Sauckel als »Generalbevollmächtigter für den Arbeitseinsatz« planmäßig und rücksichtslos daran, so viele ausländische Arbeitskräfte für die deutsche Wirtschaft zu »beschaffen« wie irgend möglich. Zwangsrekrutierung und Deportation von Zivilisten wurden zur Regel. Hinzu kamen Kriegsgefangene, die zum Arbeitseinsatz nach Deutschland gebracht wurden. Hatten sich Ende des Jahres 1941 noch 3,5 Millionen ausländische Zivilisten und Kriegsgefangene zur Arbeit in Deutschland befunden, waren es ein Jahr später schon 5,6 Millionen. Bis Ende 1943 stieg ihre Zahl auf 7,3 Millionen an und erreichte Ende 1944 mit 8,3 Millionen Zwangsarbeit leistenden Ausländern ihren Höhepunkt.

Schwerpunkte der Zwangsarbeit waren die Landwirtschaft, der Bergbau, die Rüstungsindustrie und andere unmittelbar »kriegswichtige« Bereiche. Aber auch in der Nahrungs- und Genussmittelmittelbranche kamen ausländische Zwangsarbeiter zum Einsatz. So auch bei der Joh. Jacobs & Co., die, nachdem fast alle »kriegsabkömmlichen« Mitarbeiter aus Außendienst, Verwaltung und Produktion zur Wehrmacht eingezogen worden waren, dringend Arbeitskräfte brauchte, um die Herstellung von Kaffee-Ersatzmitteln und das Rösten der Kaffeezuteilungen im erforderlichen Maße durchführen zu können. Mit einer durchschnittlichen »Fremdarbeiterquote« von rund 25 Prozent in den Jahren von 1941 bis 1945 lag man dabei im Durchschnitt der allgemeinen Wirtschaft.

Über die einzelnen Schicksale derer, die als »Fremdarbeiter« bei der Joh. Jacobs & Co. waren, ist kaum etwas bekannt, nur wenige Angaben sind erhalten.[32]

Die »Fremdarbeiter« bei Jacobs – dieses Wort wird in den Dokumenten sowohl für ausländische Zivilarbeiter als auch für Kriegsgefangene und deportierte Zwangsarbeiter verwendet – waren vor allem sieben Ägypter, fünf Holländer und sechs Ukrainer. In den letzten Kriegsjahren arbeiteten außerdem vier Serben, vier Franzosen und je ein Chilene, Pole, Belgier und Tscheche bei Jacobs. Manche von ihnen wurden der Firma nur für wenige Wochen aus den entsprechenden Lagern, beispielsweise aus dem »Marlag/Milag-Nord« Westertimke (Marine-/Marineinterniertenlager für gefangene zivile Seeleute und Marinesoldaten) oder dem Reichsbahngemeinschaftslager Bremen Neukirchstraße, zugeteilt, andere blieben über Monate oder gar Jahre und hatten auch Schlafstätten auf dem Firmengelände.

Dabei wurden die ausländischen Arbeiter, abhängig von ihrem Status und ihrer Herkunft, vom Gesetz unterschiedlich behandelt. So wies die »Deutsche Arbeitsfront, Kreisverwaltung Bremen«, die für die Zuteilung der Arbeitskräfte in der Hansestadt zuständig war, die Betriebe an: »Verwaltungs- und beitragsmäßig [zur Krankenversicherung] sind alle Ausländer zu erfassen, die im Besitz einer gültigen Aufenthalts- und Arbeitserlaubnis sind. [...] Nicht erfaßt werden dürfen: Ausländer, die einer dem deutschen Volke gegenüber fremden Rasse angehören. Als fremdrassig gelten im europäischen Bereich in der Regel nur Juden und Zigeuner, ferner Personen polnischen Volkstums, die der Sozial-Ausgleichs-Abgabe gemäß Verordnung vom 5. August 1940, Teil I, Nr. 140, unterliegen.«[33] Zu den »fremdrassigen« Ausländern wurden später auch die Zwangsarbeiter aus anderen osteuropäischen Ländern, insbesondere aus der Sowjetunion, gezählt. Während die ausländischen Arbeiter aus Westeuropa also kranken- und teils auch rentenversichert waren und grundsätzlich Anspruch auf denselben Lohn und dieselben Arbeitsbedingungen wie ihre deutschen Kollegen hatten, waren die Umstände für die »Ostarbeiter« generell ungleich schwieriger.

Die ersten Fremdarbeiter, die bei Jacobs anfingen, waren Ende November 1941 drei Brüder aus dem niederländischen Pekela. Laut Anmeldung bei der Allgemeinen Ortskrankenkasse Bremen wohnten sie auf dem Jacobs-Firmengelände an der Langemarckstraße 8/14 und erhielten als Arbeiter die gleichen Stundenlöhne wie die im Betrieb verbliebenen deutschen Kollegen. Wie die Brüder nach Bremen und zu Jacobs gekommen sind, bleibt unklar. Möglich und aufgrund des relativ frühen Eintrittsdatums und der Dauer des Arbeitsverhältnisses – sie blieben ziemlich genau ein Jahr bei Jacobs, was für derartige Arbeitsverträge üblich war – wahrscheinlich ist, dass sie wie andere Zivilarbeiter aus Westeuropa in den ersten Kriegsjahren noch als Freiwillige angeworben worden waren und in Deutschland auf Arbeit und gute Perspektiven hofften. Sie verließen Joh. Jacobs & Co. Anfang Dezember 1942 und kehrten vermutlich in ihre Heimat zurück.[34]

Die Ägypter und ein Chilene, die im Herbst 1942 zu Jacobs kamen, waren dagegen eindeutig Gefangene aus zivilen Schiffsbesatzungen, deren Schiffe von der deutschen Kriegsmarine versenkt worden waren. Zugewiesen aus dem Lager Westertimke, blieben diese Seeleute zwischen fünf und zwölf Monaten im Betrieb. Auch für sie wurden Lohnsteuerkarten ausgestellt und die obligatorischen Anmeldungen bei der Krankenkasse vorgenommen. Ihre Stundenlöhne entsprachen mit 62, später 80 Pfennig denen der deutschen Arbeiter bei Jacobs; ein Ägypter erhielt, vermutlich als eine Art Vorarbeiter, mit 1,24 Mark sogar denselben Lohn wie einige lang gediente Jacobs-Angestellte. Allerdings wurden den Kriegsgefangenen von ihrem Verdienst die Unterbringung im Lager, die karge Verpflegung sowie Steuern und Sozialabgaben abgezogen, sodass am Ende wenig übrig blieb, was noch als »Lagergeld« ausgezahlt wurde. Ein weiterer Ägypter wohnte auf dem Jacobs-Firmengelände an der Langemarckstraße und erhielt anscheinend nur Kost und Logis.[35]

Über alle übrigen »Ausländer« bei Jacobs in den Jahren von 1943 bis 1945 sind keine Details be-

Blick durch die Obernstraße von der Ecke Sögestraße aus gesehen. Links das Jacobs-Stammhaus, auf dem Grundstück daneben werden die Reste des Nachbargebäudes abgeräumt. Johann Jacobs' Haus wird beim Luftangriff vom 6. Oktober 1944 vollkommen zerstört werden

kannt. Bei Jacobs arbeiteten laut »Ergänzungsmeldung zur Industrieberichterstattung November 1944« zu dieser Zeit noch sechs »Ausländer und Kriegsgefangene«.[36] Der letzte ausländische Arbeiter verließ im Juni 1945 den Betrieb.

Zerstörung und Zusammenbruch

Aus den wenigen erhaltenen Dokumenten der Kriegsjahre lässt sich ablesen, dass sich Jacobs, so gut es ging, mit den Umständen der Kriegswirtschaft arrangierte. Penibel wurde über Kaffeezuteilungen und Verarbeitungsmengen Buch geführt, detailliert Zölle und Umsätze ausgewiesen und pflichtgemäß die geforderten Personalmeldungen und Inventaraufstellungen an die Behörden übermittelt. 1942 konnte aus dem Zuteilungsgeschäft bei Bohnenkaffee und Tee sowie der Herstellung von Kaffeeersatz immerhin noch ein Umsatz von 1.120.000 Reichsmark erzielt werden. Mit dem Kriegseintritt der USA im Dezember 1941, spätestens aber mit dem Beginn des Bombenkrieges gegen deutsche Städte im Frühjahr 1942, wurde aber deutlich, dass diese scheinbare Normalität auf wackeligen Füßen stand. Die Versorgungslage verschlechterte sich dramatisch, und die Luftangriffe brachten nun den Krieg – bisher eher ein fernes Schauspiel mit nur indirekten Auswirkungen auf den Alltag – direkt nach Deutschland.

Bremen war mit seinen Werften und dem Flugzeugbau ein häufiges Ziel der Luftangriffe, und mehr als 60 Prozent der Bausubstanz fielen den Bomben zum Opfer. Auch Jacobs-Firmengebäude blieben nicht verschont: Während des Luftangriffs am 6. Oktober 1944 wurde das Stammhaus »Obernstraße 20« mit dem Laden, Büroräumen und Lager vollständig zerstört und die Rösterei- und Kontorgebäude in der Langemarckstraße schwer beschädigt. Im Dezember 1944 berichtete Walther Jacobs in einem Feldpostbrief an die zur Wehrmacht eingezogenen Betriebsangehörigen: »Die beiden Packhäuser Langemarckstr. 12–14 sind vollkommen ausgebrannt, beim Kontorhaus ist das Dach weg […]. Im Röstereigebäude wurde die Packerei durch das Feuer zerstört und leider auch eine von den beiden Paketiermaschinen. Auch brannte noch der Fahrstuhl aus.«[27] Damit nicht genug: Auch fast eine Tonne Tee und rund 30 Tonnen Getreidekaffee und Kaffeezusatz wurden durch die Feuer vernichtet. Der Gesamtschaden an Gebäuden, Maschinen und Lagerbeständen belief sich auf über 480.000 Reichsmark.

Immerhin waren einige Büroräume in der Langemarckstraße nur leicht zerstört, sodass dort nach intensiven Reparatur- und Aufräumarbeiten Anfang 1945 die Verwaltung der Obernstraße einziehen und ein bescheidenes Versandgeschäft mit Kaffeeersatz einrichten konnte. Und auch für die Produktion entwickelte Walther Jacobs bald wieder erste Pläne: »Wir sind aber froh, daß der Rest noch stehen geblieben ist und wenigstens im begrenzten Rahmen die Tätigkeit hier weitergeführt werden kann«, schrieb er an die Mitarbeiter an der Front, und weiter: »Ein größerer Ausweichbetrieb wird zur Zeit in Steyerberg Krs. Nienburg errichtet, und wenn dieser angelaufen ist, kann die alte Menge [Kaffee-Ersatzmittel] wieder hergestellt werden.« Steyerberg, ein kleiner, etwa auf halber Strecke zwischen Bremen und Hannover gelegener Ort mit rund 1800 Einwohnern, verfügte mit einem Verladebahnhof und Anschluss an die Bahnlinie Diepenau–Liebenau (Weser) über die nötige Infrastruktur. Zudem stand mit der ehemaligen Kartoffelflockenfabrik Ernst Jörns ein geeignetes Gebäude für Jacobs' Ausweichbetrieb zur Verfügung. Also wurden die noch funktionstüchtigen Röst- und Verpackungsmaschinen sowie die verbliebenen Lagerbestände mit Genehmigung der Behörden von Bremen nach Steyerberg transportiert und die alte Kartoffelflockenfabrik für die Herstellung von Kaffeeersatz aus Zuckerrübenschnitzeln und Zichorienwurzeln eingerichtet. Anfang 1945 lief die Produktion an. Bevor jedoch die ersten Waggons mit etwa 15 Tonnen Ladegut Richtung Bremen abfahren konnten, erreichte die Kriegsfront die niedersächsische Provinz. Nun erwiesen sich die Lage des Jacobs-Betriebs am Steyerberger Bahnhof und die Nähe zur Sprengstofffabrik Liebenau – einem der größten Rüstungsbetriebe der NS-Zeit – als fatal.

Abziehende deutsche Einheiten sprengten – bevor der Ort durch alliierte Truppen eingenommen werden konnte – am Bahnhof zur Verladung bereitstehende »V-Waffen«. Durch die heftigen Explosionen stürzte die gesamte Rückfront des nahen Jacobs-Fabrikgebäudes ein, der restliche Teil brannte, bis auf den Röstraum, samt den technischen Anlagen aus, und von den wenigen verbliebenen Fachkräften unter den Mitarbeitern wurden einige schwer verletzt.

Was also war nach Ende des Zweiten Weltkriegs im Mai 1945 von der Bremer Kaffee-Traditionsfirma Jacobs noch übrig? Das Stammhaus in der Obernstraße war zerstört, die Rösterei- und Verwaltungsgebäude an der Langemarckstraße nur noch zu einem kleinen Teil provisorisch nutzbar. Auch am Ausweichstandort Steyerberg war nicht mehr an eine Produktion zu denken. Dazu kam die unsichere wirtschaftliche und politische Lage

Nach den Bremer Zerstörungen produzierte Jacobs nur in Steyerberg im Landkreis Nienburg / Weser. Ganz rechts Karl Mahrenholz, Betriebsleiter in Steyerberg, auf einem 1952 aufgenommenen Belegschaftsfoto

in den ersten Monaten nach der Kapitulation des Deutschen Reiches – es stand also in den Sternen, ob und wann die Jacobs-Firmen ihr angestammtes Geschäft wieder würden aufnehmen können.

Trotzdem gab es schon wenige Wochen nach Kriegsende einen ersten Hoffnungsschimmer. Karl Mahrenholz, langjähriger Jacobs-Mitarbeiter und Betriebsleiter in Steyerberg, wurde vom Landesernährungsamt kontaktiert und gefragt, ob es möglich sei, relativ kurzfristig die Produktion von Kaffeeersatz wieder aufzunehmen. Mahrenholz trug das Anliegen an seinen Chef Walther Jacobs weiter, und dieser entschied, umgehend mit dem Wiederaufbau am ehemaligen Ausweichstandort zu beginnen. Die Bauarbeiten gestalteten sich alles andere als einfach, denn nicht nur Baumaterial oder gar Maschinen waren schwer zu beschaffen. Vor allem fehlte es an Arbeitskräften. Letztlich waren es wohl eine Handvoll »altgedienter« Jacobs-Mitarbeiter, die zusammen mit einigen Ortsansässigen die Fabrik in Steyerberg buchstäblich von Hand wieder aufbauten. Fast ein Jahr dauerte es unter diesen Umständen, bis die Fabrik wieder einsatzbereit war und die Joh. Jacobs & Co. von der Militärregierung die Produktionserlaubnis erhielt. 190 Tonnen Kaffee-Ersatzmittel pro Monat durfte Jacobs laut der behördlichen »Production Permit« fortan herstellen.[28] Ende 1946, nachdem das benötigte Rohmaterial beschafft und insgesamt 13 neue Mitarbeiter eingestellt werden konnten, lief die Produktion wieder an. Zuckerrübenschnitzel und Zichorien, aber auch Feigen und alle Arten von Getreide wurden geröstet, gemahlen, gesiebt und per Hand in 250-g-Tüten verpackt, wobei die Zusammensetzung der Kaffee-Ersatzmischung je nach Verfügbarkeit der einzelnen Rohstoffe stark schwankte. Ob es um die Beschaffung von Roh- und Verpackungsmaterial ging, um Koks, Brennholz oder Reifen für den einzigen Firmenwagen – selbst Schmierstoffe, Glühlampen und Stromversorgung: Alles hing von behördlichen Genehmigungen und den allgegenwärtigen Bezugsscheinen ab. Doch auch wenn die Umstände schwierig und weiter vom Mangel bestimmt blieben: Der Anfang war gemacht.

Das Werk in Steyerberg nach der Räumung, 1958

Walther Johann Jacobs

*17. März 1907 Bremen (Borgfeld)
†4. Juni 1998 in Bremen

In gewisser Weise gleichen sich die Lebenswege von Walther Jacobs und seinem Onkel Johann Jacobs: Beide, geboren und naturverbunden aufgewachsen auf dem elterlichen Hof in Borgfeld, wollten eigentlich Landwirt werden, mussten als jeweils Zweitgeborene ohne Hoferbe aber auf diesen Berufswunsch verzichten und begannen stattdessen ihre bald erfolgreichen Karrieren als Kaufleute.

Walther Jacobs träumte, nachdem er die Grundschule in Borgfeld und die Oberrealschule in der Bremer Dechanatstraße absolviert hatte, als Neunzehnjähriger von einem technischen Studium. Wenn er schon nicht als Landwirt arbeiten konnte, dann wollte er wenigstens mit Maschinen zu tun haben und Ingenieur werden. Doch es kam anders. Sein Onkel Johann redete ihm bei einem Sonntagsspaziergang in Borgfeld ins Gewissen: »Du solltest Kaufmann werden.« Johann Jacobs ließ nicht locker, bis der Neffe schließlich einwilligte, eine Lehre bei einem Bremer Import- und Exportunternehmen zu beginnen. Einerseits sprach Johann Jacobs aus Erfahrung, schließlich hatte sich seine Kaufmannskarriere durchaus positiv entwickelt, und Mitte der zwanziger Jahre standen die Zeichen in seinem Kaffeegeschäft auf Expansion. Insofern gab hier der Onkel dem Neffen einen guten Rat. Andererseits war sein Rat wohl nicht ganz uneigennützig: Johann Jacobs, inzwischen Mitte fünfzig, musste langfristig an die Nachfolge im Unternehmen denken, und da er selbst kinderlos geblieben war, schien der aufgeweckte und ambitionierte Neffe Walther eine gute Wahl zu sein. So sorgte er nicht nur dafür,

Walther J. Jacobs am Schreibtisch in seinem Büro in der Langemarckstraße

dass Walther die Lehre im Import/Export absolvieren konnte, er vereinbarte mit Walthers Lehrherrn auch, dass der junge Mann während der Lehrzeit einmal pro Woche in sein Geschäft kommen durfte, um dort Kaffeeproben zu verkosten. Walther Jacobs erinnert sich später wie folgt an die Anfangszeit bei seinem Oheim und bei seinem Lehrherrn: »Ich hab' damals viel gelernt – bei meinem Onkel erfuhr ich jede Menge über Kaffee, bei meinem Lehrherrn begriff ich, wie man ein Unternehmen und Lehrlinge nicht führt.«[29]

Nach der Lehre arbeitete Walther Jacobs zunächst einige Monate im Kaffeegeschäft des Onkels, bevor er, wiederum auf Anraten und Initiative von Johann Jacobs, für ein Jahr zu einer Braunschweiger Kaffeefirma wechselte. Schließlich entschied Johann Jacobs, es sei Zeit für den jungen Walther Jacobs, die große, weite Welt und die neuesten Entwicklungen im Kaffeehandel kennenzulernen: In Amerika sollte er noch mehr Erfahrungen im Handelsgeschäft sammeln und sich insbesondere über neue Werbe- und Vertriebsmethoden informieren. So bestieg Walther Jacobs Mitte des Jahres 1928, mit gerade 21 Jahren, ein Schiff nach New York. Zunächst arbeitete er dort für einige Wochen als Vertreter für Knöpfe und Kurzwaren, dann nahm er einen Job im Geschäft des deutschstämmigen Otto »Babe« Ruth an. Bei ihm stand Jacobs nicht nur hinter der Theke und verkaufte Lebensmittel und Haushaltswaren, er lernte auch den Großhandel kennen und vor allem, welche Bedeutung Marketing und Vertrieb in den USA hatten. Während in Deutschland »Reklame« vielfach noch als »notwendiges Übel« angesehen wurde, waren in Amerika groß angelegte, systematische Werbekampagnen üblich, für die große Firmen nicht selten zehn Prozent ihres Umsatzes verwendeten. Markenartikel bestimmten viel stärker als in Deutschland das Einzelhandelssortiment. Ausgefeilte Vertriebsorganisationen gehörten zum guten Ton, ebenso Schulungen in Verkaufsförderung, bei denen das Ladenpersonal die neuesten Kniffe der Werbepsychologie lernte.

Walther und Johann Jacobs während eines Betriebsausflugs am 9. September 1934

Für Walther Jacobs eine neue Welt, die den jungen Mann fasziniert haben muss.

Nach seiner Rückkehr trat Walther Jacobs zum 1. Januar 1930 in die Firma seines Onkels ein und begann sofort, seine Ideen umzusetzen. 1934 erhielt er Prokura bei der Joh. Jacobs & Co. und wurde am Gewinn und Verlust der Firma beteiligt. Hauptarbeitsfelder des Juniorchefs waren Werbung und Vertrieb. Er zeichnete für die Einführung von fertig verpacktem Jacobs Kaffee für den Verkauf im Einzelhandel, die »Originalpackung«, verantwortlich, ebenso für das frühe Corporate Design – den Jacobs-Schriftzug und die Hausfarben Schwarz und Gelb sowie deren konsequente Verwendung in Verpackungsgestaltung, Werbung und Kommunikation. Nicht zuletzt organisierte er den Außendienst und spornte den stetig wachsenden Stab von Reisenden und Vertretern über regelmäßige Rundschreiben und Verkaufswettbewerbe zu immer neuen Höchstleistungen an. Der Erfolg gab den neuen Marketing- und Vertriebsideen des jungen Herrn Jacobs recht. In kaum mehr als einem Jahrzehnt war das Bremer Kaffeegeschäft zu einem der bedeutendsten

Jacobs Kaffee-Logo 1934

Werbebroschüre, 1962

Kaffeeröster landesweit geworden und Jacobs Kaffee als weithin bekannter Markenname etabliert. Dies war zu einem großen Teil das Verdienst von Walther J. Jacobs, der die Firma Joh. Jacobs & Co. in der Bremer Neustadt mit großem Engagement führte, während sein Onkel Johann sich mehr und mehr auf das Geschäft des anderen Unternehmens, nämlich des Stammhauses in der Obernstraße, zurückzog.

Auch in Walther J. Jacobs' Privatleben standen große Veränderungen an. Im Februar 1936 heiratete er die Diätistin Lore Beckmann. Im Dezember des Jahres kam Sohn Klaus Johann zur Welt, knapp drei Jahre später, im Februar 1939, Tochter Bärbel, 1943 die zweite Tochter Petra und 1947 der jüngste Sohn Jens. Zwar wurde Walther Jacobs, seit 1934 Mitglied der SS-Reiterstandarte Nordwest, 1939 zur Wehrmacht eingezogen und an die polnische Kriegsfront befohlen, um dort die Pferde der Kommandanten zu betreuen. Doch dank guter Beziehungen und da er als Kaffeeröster in einer »kriegswichtigen Branche« tätig war, also in der Heimat als »unabkömmlich« erklärt werden konnte, durfte er bereits nach wenigen Monaten nach Bremen und zu Familie und Firma zurückkehren. Mit Frau und Kindern zog er bald darauf ins ländliche Cluvenhagen, vor allem, um die Familie vor Luftangriffen in Sicherheit zu wissen, während er selbst in der Firma in Bremen war.

Nach schnellem Neustart und Wiederaufbau folgten für die seit 1950 als OHG von Walther Jacobs und Ludwig Harms geführte Joh. Jacobs & Co. die überaus erfolgreichen fünfziger Jahre mit Umsatzverdopplungen fast im Zweijahrestakt.

Walther Jacobs als einer der drei »kaufmännischen Schaffer« bei der traditionsreichen Bremer Schaffermahlzeit, 1964

Die Firma gratuliert: Zu seinem 80. Geburtstag bekommt Walther Jacobs von Vertriebschef Günther Theilen einen Blumenstrauß und seinen erfolgreichen Galopper »Acatenango« als Bronzeplastik überreicht

Rückblickend fasste Jacobs diese turbulente Zeit und die Gründe für das rasante Wachstum bei Jacobs zusammen: »Wir sind damals in einen Markt hineingekommen, der aufnahmefähig war, und wir hatten zum Glück viele Konkurrenten, die schliefen. Und auf diese Weise war es eben möglich für den, der ein bißchen schneller lief, besser voranzukommen.«[30] Ein bisschen schneller laufen – das bedeutete in diesem Fall, die Vertriebsstrategie, die Werbung und die Markenführung aus der Vorkriegszeit mit gleicher Konsequenz wieder aufzunehmen, weiterzuentwickeln und an sich wandelnde Marktverhältnisse und Verbraucherwünsche anzupassen. Auf diesem Gebiet blieb Walther J. Jacobs in den fünfziger Jahren der Motor, unter anderem, wenn es darum ging, Rundfunk und Film als Werbemedien zu nutzen, das Verpackungsdesign zu modernisieren oder mit dem Slogan »Jacobs Kaffee ... wunderbar« Werbegeschichte zu schreiben. Aber auch was die technische Entwicklung anbelangt, setzte Jacobs, den das Interesse an Technik und Maschinen seit seiner Jugend begleitet hatte, Akzente: Die Kaffeeproduktion im 1961 fertiggestellten Jacobs-Hochhaus »Am Deich« zählte zu den modernsten ihrer Zeit. Nicht wenige Maschinen dort, genauso wie die im kurz darauf in Betrieb genommenen Röstkaffeewerk Berlin, waren Sonderanfertigungen, die speziell für die Firma Jacobs oder vollends hausintern von Jacobs-Technikern entwickelt und gebaut wurden.

In den sechziger Jahren leitete Walther J. Jacobs die Übergabe der Geschäfte an die dritte Jacobs-Generation ein. Seit 1961 war sein ältester Sohn Klaus im Bremer Unternehmen aktiv und arbeitete sich in die Geschäfte ein, während Walther J. Jacobs ab Mitte der sechziger Jahre unter anderem sein Gestüt »Fährhof« in der Nähe von Bremen in eine Vollblutzucht für den Galopprennsport ausbaute und Ämter in der Bremer Kaufmannschaft übernahm. 1964 stand Walther J. Jacobs als Erster Schaffer dem berühmten Bremer Schaffermahl vor, 1965 wurde er für zwei Jahre zum Präses der Bremer Handelskammer gewählt, zudem hielt er einen Sitz im Aufsichtsrat des Norddeutschen Lloyd. Allesamt zeit- und arbeitsaufwendige Aufgaben, die bedeuteten, dass Walther J. Jacobs' Präsenz in der Firma weniger wur-

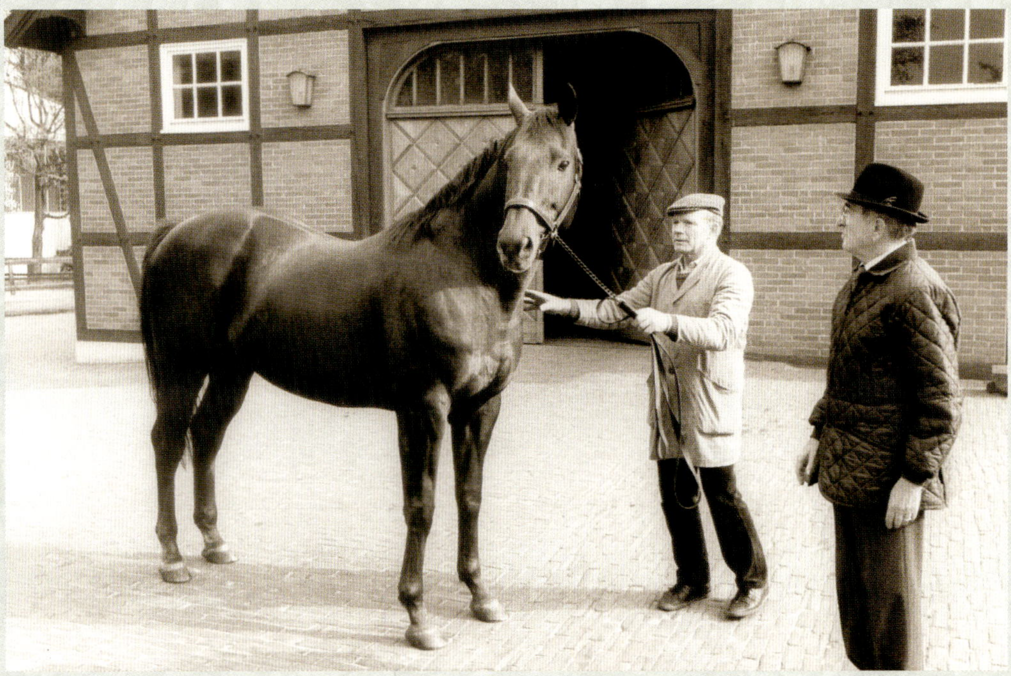

Walther Jacobs mit »Surumu« und Walter Vogelsang auf dem Fährhof. Das erfolgreiche Pferd gewann 1977 das Deutsche Derby und wurde später einer von Jacobs' besten Deckhengsten

de, während Klaus J. Jacobs gleichzeitig mehr und mehr Verantwortung übernahm und seinerseits eine Modernisierung des Unternehmens einleitete.

1972, im Jahr seines 65. Geburtstages, zog sich der Seniorchef Walther J. Jacobs ganz aus der Geschäftsleitung des Unternehmens zurück, auch wenn er dennoch sehr gut informiert blieb und in wichtige Firmenentscheidungen involviert war. Er saß weiterhin als Präsident dem Verwaltungsrat der Jacobs AG und später der Jacobs Suchard AG in Zürich vor. Außerhalb des Unternehmens übernahm Walther J. Jacobs Ämter, wie von 1973 bis 1980 das des Präsidenten des Deutschen Kaffee-Verbandes, sowie zahlreiche Aufsichtsratsmandate. Als Vorstand des Bremer Kunstvereins engagierte er sich für das kulturelle, als Präsident des Bremer Rennsportvereins für das sportliche Leben seiner Heimatstadt. 1986 erhielt Walther J. Jacobs in Anerkennung seiner Lebensleistung das Große Bundesverdienstkreuz.

Aber vor allem widmete Jacobs seine Zeit nun seiner großen Leidenschaft, der Pferdezucht. Unter seiner Führung entwickelte sich der »Fährhof« zu einem der größten und renommiertesten Vollblutgestüte Deutschlands. Mitte der neunziger Jahre standen auf dem fast 100 Hektar großen Hof in Sottrum rund 150 Pferde, und das Gestüt hatte bereits mehrere Gewinner des Deutschen Derbys hervorgebracht. Mehr als 1200 Rennen gewannen die erfolgreichen Pferde vom Fährhof. Zum Aushängeschild wurde der von Adolf Wöhler trainierte Hengst Surumu, den die Bremer Sportjournalisten zum Bremer Sportler des Jahres 1977 wählten. Surumus berühmter Sohn war der Fährhof-Hengst Acatenango, der seinerzeit zu den besten deutschen Nachkriegspferden zählte. Gefragt nach dem Geheimnis des Erfolgs, nicht nur als Kaffeekaufmann, sondern nun auch in seinem »zweiten Leben« als Pferdezüchter, antwortete Jacobs, inzwischen weit über 80 Jahre alt: »Man muß von einer Aufgabe, von dem gesetzten Ziel, besessen sein, egal, ob es sich um Kaffee handelt oder um Pferde!«[31]

Walther J. Jacobs starb im Juni 1998 im Alter von 91 Jahren in Bremen.

1 Rückblick Johann Jacobs' auf die ersten 40 Jahre des Geschäfts »Vor veertig Johr«, in: »Die Kaffeebohne« 2/1935, zit. nach: 100 Jahre Jacobs Kaffee, S. 14.

2 Dieses und folgende Zitate Johann Jacobs': Vor veertig Johr, in: »Die Kaffeebohne« 2/1935.

3 Zu den Anfängen und der grundsätzlichen Funktion der Werbung siehe Alexander Schug: »Deutsche Kultur« und Werbung – Studien zur Geschichte der Wirtschaftswerbung von 1918 bis 1945, Berlin 2010.

4 Stellungnahme der Gewerbeinspektion vom 3.2.1907, zit. nach: Jacobs-Chronik Bd. 3, S. 26.

5 Schreiben Architekt A. Otto Fischers an das Baupolizeiamt vom 8.3.1915.

6 Rundschreiben »An die Herren Vertreter!«, 2.11.1929. Archiv Kraft Foods.

7 Joh. Jacobs, Vor veertig Johr.

8 Zum Kaffeehandel in den USA vgl. William Ukers: All About Coffee, New York 1922; Mark Pendergrast: Kaffee. Wie eine Bohne die Welt veränderte, Bremen 2011, Kap. 7–9.

9 Walther Christen: Der Hamburger Kaffee-Einzelhandel und seine besondere Gestaltung unter dem Einfluß des Standortes als Importplatz. Diss. Hamburg 1935, S. 24.

10 Zur Geschichte von Kaffee HAG ausführlich: Kraft Foods (Hg.): 100 Jahre Kaffee HAG. Die Geschichte einer Marke. Bremen 2006

11 Rede Walther Jacobs' vor der Betriebsversammlung in der Bremer Stadthalle, zit. nach: 100 Jahre Jacobs Kaffee, S. 26.

12 Rundschreiben »An die Herren Vertreter!«, Januar 1930, Archiv Kraft Foods.

13 Rundschreiben »An die Herren Vertreter!«, November 1931, Archiv Kraft Foods.

14 Rundschreiben »An die Herren Vertreter!«, Januar 1930, Archiv Kraft Foods.

15 Rundschreiben »An die Herren Vertreter!« vom 5.1.1933, Archiv Kraft Foods.

16 Die Sorte »Schwarz« wurde, da der Preisunterschied zur Sorte »Braun« zu gering war, schon nach einem Monat wieder aufgegeben.

17 Rundschreiben »An die Herren Vertreter!« vom 13.7.1934, Archiv Kraft Foods.

18 »Neubau an der Grossen Allee«, »Bremer Nachrichten« Nr. 268 vom 30.9.1934.

19 Rundschreiben »An die Herren Reisenden und Vertreter!« vom 18.9.1934.

20 Rundschreiben Nr. 5 vom 27.3.1936, Archiv Kraft Foods.

21 Rundschreiben Nr. 14 vom 11.11.1938 und Nr. 15 vom 12.11.1938, Archiv Kraft Foods.

22 Rundschreiben Nr. 16 vom 3.12.1938, Archiv Kraft Foods.

23 Laut Festlegung vom 6.1.1939 für das 1. Quartal 60 Prozent des Durchschnitts der sechs Quartale vom 1.1.1937 bis 30.6.1938.

24 Anordnung 8 der Reichsstelle für Kaffee vom 9.9.1939 (RAnz Nr. 210 vom 9.9.1939).

25 Schreiben der Joh. Jacobs & Co. an das Zollamt »Hohetor«, Bremen, »Zur Weitergabe an das Statistische Reichsamt, Berlin« vom 31.12.1939, Archiv Kraft Foods.

26 »Fragebogen zur Volks-Berufs-Betriebszählung 17. Mai 1939«, Archiv Kraft Foods.

27 Schreiben Walther Jacobs': »Liebe Arbeitskameraden!«, Dezember 1944, Archiv Kraft Foods.

28 Military Government of Germany, Production Permit Industrial Plants für Joh. Jacobs & Co., datiert 6.5.1946, Archiv Kraft Foods.

29 Zit. nach: Walther J. Jacobs: Kaufmann und echter Bremer, in: Air Bremen highlights, 2/1990.

30 Rede von Walther J. Jacobs [1970], Archiv Kraft Foods.

31 Zit. nach: Umgesattelt! Von Kaffee zu schnellen Pferden. Die zwei Leben des Walther J. Jacobs, in: Bremer vertrackte Geschichten, fotografiert und aufgeschrieben von Georg Schmidt, Bremen 1999, S. 104–119.

32 Auflistung in Jacobs-Chronik Bd. 1, 2178, 1941 ff.: Namen der Ausländer (Fremdarbeiter), S. 32.

33 Schreiben Deutsche Arbeitsfront, Gauleitung Weser-Ems, Kreisverwaltung Bremen: »An alle Betriebe! Betr.: Ausländerbetreuung und Beitragskassierung«, undatiert [vermutlich 1941 oder 1942], Archiv Kraft Foods.

34 Schriftwechsel und Bescheinigungen betr. Abmeldung bei der Allgemeinen Ortskrankenkasse Bremen, Lohn, Urlaub, Unterkunft und Ausgabe von Lebensmittelkarten 1941/42, Archiv Kraft Foods.

35 Schriftwechsel und Bescheinigungen über Auszahlung von Lagergeld, Anmeldung für die Krankenkasse, Lohnsteuerkarten, Verdienst, Archiv Kraft Foods.

36 Ergänzungsmeldung zur Industrieberichterstattung November 1944 für die nur einmal jährlich zu erfassenden Betriebe mit Anlagen, Archiv Kraft Foods.

Jacobs Kaffee ...wunderbar

Von Wiederaufbau und Wirtschaftswunder

Noch immer eine »kaffeelose Zeit«: Die ersten Nachkriegsjahre

Auch wenn der Zweite Weltkrieg im Mai 1945 zu Ende war – die »kaffeelose Zeit«, die für Jacobs mit der Beschlagnahme der Rohkaffeebestände im September 1939 begonnen hatte, war es noch lange nicht. Die Gebäude und Betriebsanlagen weitgehend zerstört, viele Mitarbeiter im Krieg ums Leben gekommen, vermisst oder in Gefangenschaft, die Versorgungslage überaus schwierig, die Zukunft ungewiss – die Bremer Kaffeefirma bot damit ein Spiegelbild der Situation im Deutschland der ersten Nachkriegsjahre. Mangel und Unsicherheit bestimmten den Alltag der Menschen. Die große Aufgabe war nun der Wiederaufbau, für die deutsche Wirtschaft und Gesellschaft im Ganzen wie für die Firma Joh. Jacobs & Co. und das Jacobs-Stammhaus in der Obernstraße im kleinen Einzelfall: Zu Kriegsende umfasste die Belegschaft der Joh. Jacobs & Co. gerade noch 15 Personen. Neben Walther J. Jacobs waren dies der Betriebsleiter Harms, die Herren Becker, Mahrenholz, die Damen und Herren Rodde, Hass, Bönning, Huhn, Sendenhorst, Keil, Meyer, Weseler und Lücke sowie Henny Mackeben und Hanna Ohmstedt, die später die Leitung der Buchhaltung bei der von den Mitarbeitern meist einfach nur »Co.« genannten Firma an der Langemarckstraße übernahm.[1] Das Jacobs-Haus in der Obernstraße 20 hatte bei den Fliegerangriffen einen Totalschaden erlitten, sodass die Verwaltung des Stammhauses Unterschlupf in der Langemarckstraße finden musste, wo trotz großer Schäden an Gebäuden und Anlagen immerhin noch einige Büroräume nutzbar waren. Nur das Empfangszimmerchen und die ehemalige Probenküche – zusammen gerade 20 Quadratmeter – bildeten nun das Domizil der Stammfirma. Bis 1948 spielte sich hier auf engstem Raum die allgemeine Verwaltung ab.

Ausweichstandort für die zerstörte Rösterei in der Langemarckstraße war, wie bereits ausgeführt, schon zu Kriegszeiten die ehemalige Kartoffelflockenfabrik im niedersächsischen Steyerberg, und Jacobs konnte dort ab 1946 wieder Ersatzkaffeemischungen herstellen. Daraus, und wohl auch aus dem Abverkauf von Ersatzmittel- und Rohmaterial-Lagerbeständen, die in diversen Ausweichlagern im Bremer Umland den Krieg überstanden hatten, lässt sich erklären, dass Jacobs schon ab der zweiten Jahreshälfte 1945 wieder Verkaufszahlen notieren konnte, wie zum Beispiel rund 47 Tonnen für den Oktober 1945 und rund 23 Tonnen für den Dezember.[2] Es handelte sich aber ausschließlich um Ersatzkaffeemischungen und Zusatzstoffe, für die in den Jahren 1945 bis 1947 unter anderem die Bremer Kaffee HAG Abnehmer war.

In Zeiten, in denen selbst Ersatzmittel wie Zichorien – eine heimische Nutzpflanze aus der Familie der Korbblütler –, Zuckerrüben oder Getreidemalz knapp und schwer zu bekommen waren, war an den Verkauf von echtem Bohnenkaffee natürlich kaum zu denken. Ganz im Gegenteil: Die Lebensmittelversorgung der deutschen Bevölkerung blieb lange ein Problem, Grundnahrungsmittel wurden per Lebensmittelkarten zugeteilt, und mancher kam damit kaum auf 1000 Kalorien am Tag. Überall herrschte Mangel, und im »Hungerwinter« 1946/47 trieb die katastrophale Ernährungslage die Menschen zu Protesten auf die Straße. Gleichzeitig blühte der Schwarzmarkt. Wer noch Wertsachen hatte oder auch nur ein Paar Schuhe erübrigen konnte, tauschte sie dort gegen Nahrungsmittel und Güter des täglichen Bedarfs ein. Aber auch illegal nach Deutschland eingeführte Genussmittel wie Zigaretten oder Bohnenkaffee waren gegen horrende Summen zu haben und dienten mitunter als eine Art »Zweitwährung«. Allein über die »Aachener Kaffeefront«, das Zentrum des Kaffeeschmuggels im belgisch-niederländisch-deutschen Grenzgebiet südlich von Aachen, wurden jährlich geschätzt mehr als 100 Tonnen Kaffee nach Deutschland gebracht – ein ebenso lukratives wie gefährliches Geschäft. Glücklich konnte sich zudem derjenige (oft auch diejenige) schätzen, der Kontakt zu Besatzungssoldaten oder -behörden hatte und dort gelegentlich etwas Kaffee aus Armeebeständen »abstauben« konnte. Schließlich brachten auch die CARE-Pakete, die ab Juni 1946 nach Deutschland geschickt werden durften, Kaffee ins Land. Ein Standardpaket enthielt neben Grundnahrungsmitteln und Konserven auch zwei Pfund der ersehnten braunen Bohnen.

Der direkte Import von Rohkaffee nach Deutschland blieb bis Mitte 1948 unmöglich. Entsprechend konnten die deutschen Kaffeefirmen vorerst nur versuchen, sich mit der Ersatzmittel-Produktion über Wasser zu halten und ansonsten die meist beschädigten Gebäude und Betriebsanlagen, so gut es ging, wieder aufzubauen. Auch bei Jacobs in der Bremer Langemarckstraße kamen mit der Zeit die ersten Röstanlagen wieder in Gang, und als das Jacobs-Stammhaus die ersten Aufträge erhielt, größere Mengen Rohkaffees für die amerikanischen Besatzungsbehörden zu rösten, wehte 1947/48 der erste echte Kaffeeduft der Nachkriegszeit über die Weser.[3]

Mit der Währungsreform am 21. Juni 1948 verbesserte sich die Versorgungslage in den drei westlichen Besatzungszonen über Nacht. Plötzlich waren die bisher chronisch leeren Schaufenster voll mit Waren aller Art. Brot, Wurst, Obst, Kleidung, selbst Luxusartikel – alles war nun gegen die neue D-Mark wieder zu haben. Das Ende der »Bewirtschaftung« mit ihren rationierten Produkten und von den Alliierten festgesetzten Preisen bedeutete für Westdeutschland die Weichenstellung in Richtung Marktwirtschaft und die Initialzündung für den raschen Wiederaufbau und das spätere »Wirtschaftswunder«. Der damals zwölfjährige Klaus J. Jacobs erinnerte sich später in weniger politischen Dimensionen an diesen besonderen Montag: »Ab dem Tag der Währungsreform konnte man für fünf oder zehn Pfennig die Welt kaufen.«[4]

Auch für seinen Vater Walther J. Jacobs brachten jene Junitage wichtige und gute Nachrichten. Nur einen Tag nach der Währungsreform bekam die Joh. Jacobs & Co. aus der ersten offiziellen Kaffeelieferung nach Deutschland nach dem Zweiten Weltkrieg ihren ersten Nachkriegs-Rohkaffee zugeteilt.[5] Am 9. August 1948 konnte Jacobs die zwölf Kaffeesäcke mit insgesamt 720 Kilogramm Inhalt am Bremer Freihafen in Empfang nehmen.[6]

Zollkontrolle an der Freihafengrenze, 1947

Polizeischutz für die Bohnen aus Brasilien. Als 1948 das erste Schiff mit Kaffee ankam, waren Beamte beim Löschen und Wiegen der Säcke immer in der Nähe

Für die Firma Jacobs war dies gleichsam der Startschuss in eine neue Zeit.

Der Wiederaufbau eines Kaffeegeschäfts

Die Mengen an Rohware, die Jacobs nach und nach aus der ersten Kaffeezuteilung beziehen konnte, waren freilich gering. Die Zollmeldungen aus dem Jahr 1948 geben hier einen guten Einblick:[7] Im August wurden insgesamt 42 Sack Rohkaffee verzollt, im September 130 Säcke. Aus einer zweiten Zuteilung im Oktober verzollte Jacobs bis zum Jahresende weitere 179 Säcke, wobei ein Kaffeesack standardmäßig 60 Kilogramm wog. Das Sackmaß bedeutet aber keinesfalls, dass in den Säcken tatsächlich 60 Kilogramm Kaffee enthalten waren. Vielmehr fanden sich zwischen den Kaffeebohnen oft große Mengen Steine, Holzstücke, Erdklumpen und Sand, Papier und Pappe, selbst Metallstücke und Geld. Jeder Sack musste also vor der Verzollung auf seinen tatsächlichen Inhalt kontrolliert und von Fremdstoffen gereinigt werden, damit nicht wertloser Unrat verzollt wurde. Die Ergebnisse waren oftmals ernüchternd: Zehn Prozent zu vernichtender Abfall pro Lieferung waren die Regel, im schlechtesten Fall, wie bei einer Lieferung aus Belgisch-Kongo im November 1948, überschritt der Anteil der »Beimischungen« sogar den des Kaffees.

Das zweite Problem war die Qualität der gelieferten Bohnen. Einige Länder, vor allem Brasilien, waren zu Kriegszeiten auf großen Mengen minderwertigen Kaffees sitzen geblieben und nutzten nun die Gelegenheit, diese alte »Lagerware« zusammen mit anderen Resten und Minderqualitäten abzuverkaufen. Der Kaffee schmeckte muffig und fad oder roch gar stark karbolhaltig »nach Krankenhaus und Lazarett«.[8] Kein Vergleich also zur Vorkriegsqualität! Dennoch zeigten viele Säcke nach der Lagerung gelegentlich einen großen Gewichtsverlust, der aber nicht durch den üblichen Schwund durch Eintrocknung zu erklären war, sondern vielmehr durch den wegen der horrenden Kaffeesteuern (bis Oktober 1948 stolze 30 D-Mark pro Kilo) immer noch existierenden Kaffeeschwarzmarkt, auf den das ein oder andere mithilfe von Probenziehern aus den Säcken entwendete Pfund entschwand.

Doch trotz aller Widrigkeiten: Der erste Schritt in Richtung Wiederaufbau des Jacobs-Kaffeegeschäfts war mit diesen ersten Kaffeelieferungen gemacht. Ab Herbst 1948 waren sogar wieder die ersten Reisenden für Jacobs unterwegs, um den vorhandenen Röstkaffee und den Kaffee-Ersatz aus Steyerberg zu verkaufen. Der Preis für Bohnenkaffee betrug 25 D-Mark pro Pfund für Wiederverkäufer, nach der Senkung der Kaffeesteuer auf zehn D-Mark pro Kilo im Oktober dann elf D-Mark. 35 Tonnen Röstkaffee standen zunächst zur Verfügung und somit bei Weitem nicht genug, um alle Vorkriegskunden selbst mit kleinsten Mengen zu beliefern. Die Folge waren Kundenbeschwerden und der Vorwurf, Jacobs würde Kaffee zurückhalten. In einem Beschwerdeschreiben an die seit 1947 in der Bi-Zone für die Rohkaffeezuteilungen zuständige »Fachstelle Kaffee« in Hamburg rechnete Jacobs deshalb im Februar 1949 vor: »Im Jahre 1938 haben wir 42.482 Sack Kaffee verarbeitet und an unsere Einzelhändler-Kunden ausgeliefert. In den beiden ersten Zuteilungen [im Jahr 1948] erhielten wir nun 712 Sack, und in der jetzt laufenden werden wir kaum mehr als 400 Sack erhalten. Wenn man im Vergleich zu 1938 die bisher verkaufte Menge mit etwa sechs Prozent annimmt, so hätten wir daraus über 2500 Sack erhalten müssen, um unsere Kunden entsprechend den bisherigen Einfuhren zu versorgen.« Und: »In irgendeiner Form muß für Abhilfe Sorge getragen werden, und wir möchten glauben, daß Ihnen in dieser Hinsicht gewisse Möglichkeiten gegeben sind.«[9] Jacobs sah sich bei den Zuteilungen gegenüber den anderen Röstern, die ihre Kontingente manchmal gar nicht verarbeiten und absetzen konnten, benachteiligt. Die Beschwerde bei der Fachstelle für Kaffee verbesserte indes nichts: Im September 1949 musste Jacobs seinen Kunden die Mitteilung machen, der Kaffee sei restlos ausverkauft.

Von einem Nachbarn in der Langemarckstraße 1948 erworben: Holzbaracke als Neuanfang Obernstraße / Ecke Große Waagestraße

Nach einer erneuten Zuteilung konnte jedoch Mitte Oktober wieder geliefert werden, und nun mit erweitertem Sortiment. Gab es zuvor nur eine Sorte Bohnenkaffee – gemischt aus den gerade verfügbaren Rohkaffeelieferungen und deshalb von schwankender Qualität –, waren nun, in Anlehnung an die Jacobs-Sorten der Vorkriegszeit, zwei Qualitäten im Angebot: »Rot« und »Braun«. Im November erweiterte die Spitzensorte »Blau« das Angebot. Die Endverbraucherpreise betrugen 15, 16 und 17 D-Mark pro Pfund. Daneben verkaufte Jacobs weiterhin Kaffee-Ersatz sowie Tee der Mischungen »Silber« und »Gold«. Wie schon vor dem Krieg, wurde das Sortiment durch lose verkaufte Kaffee- und Teemischungen ergänzt.[10]

Wenn auch die Verkaufsmengen gegenüber den Vorkriegsjahren immer noch gering waren, so befand sich doch das Kaffeegeschäft bei der Firma Joh. Jacobs & Co. deutlich auf dem Weg zur Normalisierung. Walther J. Jacobs erinnerte sich später: »Im Jahre 1948 war wieder ein Umsatz von einer Million erreicht, der sich hauptsächlich aus Kaffee-Ersatz und wenig Kaffee zusammensetzte. Von dann an ging es bei uns verhältnismäßig schnell aufwärts.«[11] Tatsächlich überstieg der Umsatz 1949 schon die Marke von fünf Millionen D-Mark.

Und auch im Jacobs-Stammhaus wurde nach der Währungsreform der Wiederaufbau vorangetrieben. Schon 1947 hatte es von der Wiederaufbaugemeinschaft Bremen die ersten Planungen zur Neugestaltung der zerstörten Obernstraße gegeben, an denen Jacobs beteiligt gewesen war. Allerdings gab es immer wieder Schwierigkeiten bei den Aufräumarbeiten und bei der Verteilung der Zuständigkeiten, Streitigkeiten mit den Nachbarn oder ganz profan Probleme mit den Leitungsmasten der Straßenbahn, sodass die Pläne für eine »neue« Obernstraße 20 vorerst auf Eis gelegt wurden. Immerhin konnte man aber im August 1948 von der Firma Hermann Mähr, einem Jacobs-Nachbarn an der Langemarckstraße, zum Preis von 1000 D-Mark eine noch gebrauchsfähige Holzbaracke erstehen und so weit umbauen, dass sie auf den Keller-Ruinen des alten Jacobs-Hauses in der Innenstadt aufgestellt und als behelfsmäßiger Verkaufs- und Kontorraum nutzbar wurde. Der Behelfsbau mit einer Gesamtfläche von gerade 24 Quadratmetern wurde zum Weihnachtsgeschäft im Dezember 1948 eröffnet.[12]

Dabei hatte die »Obernstraße« ähnliche Probleme wie die »Co.«: Die zugeteilten Kaffeemengen und die Lagerbestände an Tee genügten bei Wei-

Der Neubau an der Obernstraße kurz vor der Einweihung im Dezember 1950

Im Café Hillmann am Herdentor wird 1949 das 25-jährige Betriebsjubiläum von Hermann Lüddecke gefeiert. Ganz links Walther Jacobs, sein Onkel Johann und der Jubilar am linken Tisch

tem nicht zur Deckung der Nachfrage. Zum Geschäftsbereich der Stammfirma gehörte, wie vor dem Krieg, neben dem Ladengeschäft weiterhin die Belieferung der Bremer Einzelhändler und der Schiffsausrüster. Immerhin konnte 1949 für Letztere eine Sonderzuteilung von 50 Tonnen bewirkt werden, sodass das Geschäft langsam Fahrt aufnahm.[13]

Nach der Planung 1949 begannen im Folgejahr die Bauarbeiten für das neue Jacobs-Haus in der Obernstraße. Im Dezember wurde die Eröffnung gefeiert, und im März 1951 wurde wieder geröstet. Auch das Stammhaus befand sich also auf dem Weg zurück zur »Jacobs-Normalität«. Organisatorisch trug man den neuen Gegebenheiten der Nachkriegszeit Rechnung, indem die alte Einzelfirma »Johann Jacobs« zum 1. Januar 1950 in eine offene Handelsgesellschaft (OHG) umgewandelt und der langjährige Prokurist Heinrich Lüddecke neben dem nunmehr 80-jährigen Firmengründer Johann Jacobs als persönlich haftender Gesellschafter einbezogen wurde.[14]

Auf dem Weg ins Wirtschaftswunder

Wer die Außendienstrundschreiben und die Preislisten der Firma Joh. Jacobs & Co. aus den frühen fünfziger Jahren betrachtet, könnte fast auf die Idee kommen, der Krieg und die frühen Aufbaujahre hätten gar nicht stattgefunden, so sehr gleichen sich Themen und Strategien, Sortiment und Erscheinungsbild der Firma. Und tatsächlich knüpfte man bei Jacobs an viele bewährte Konzepte an: Beim Aufbau des Außendienstes wurde auf die Einteilung in vier Geschäftsbezirke zurückgegriffen, und auch Instruktion und Motivation der stetig wachsenden Belegschaft durch regelmäßige Rundschreiben und Verkaufswettbewerbe starteten neu. Als im Dezember 1950 bereits die zweite Nachkriegs-Außendienstkonferenz stattfand, kamen schon 34 »Herren Reisende und Vertreter« in Bremen zusammen.

Auch bei der Werbung beschritt Jacobs zunächst bekannte Wege. »Als erstes von dem jetzt in Auftrag gegebenen Reklamematerial ist ein neuer

Jacobs-Schmuckdose mit Blumendekor, 1949

Schaufensterstreifen geliefert worden. [...] Als nächstes folgen Türschilder (Pappe) zum Befestigen an den Ladentüren und im Laden.«[15] Verpackungs-Attrappen zur Schaufenstergestaltung gehörten ebenso zum Werbemittel-Arsenal wie die bekannten Jacobs-Verkaufsschränke und Standdosen, Plakate aller Art, Glasschilder, die bei den Ladenbesitzern nach wie vor äußerst beliebten (und ständig knappen) Notizblöcke und die Tassendeckchen für die Gastronomie. Die »Jacobs-Festtagsdosen« fanden schon zu Weihnachten 1949 ihre erste erfolgreiche Nachkriegs-Neuauflage. Die landesweite Plakatwerbung an öffentlichen Anschlagplätzen und ebenso die Straßenbahnwerbung nahmen wieder Fahrt auf. Selbst bei der Verpackungsgestaltung blieb die Firma den erprobten Entwürfen der Vorkriegszeit treu: Die 125-g-Kaffeepäckchen trugen fast unverändert das Design der Jacobs-Originalverpackung der dreißiger Jahre. Die Gestaltung der Drucksachen in den Hausfarben Schwarz-Gelb, die Verwendung des »Tassenlogos« – das alles schloss nahtlos an die Vorkriegszeit an.

Der Gedanke »Bei Jacobs nichts Neues ...« drängt sich auf, doch der Erfolg gab dieser »Strategie der Kontinuität« recht. Sie entsprach möglicherweise sogar dem Zeitgeist, der nach langen Jahren des Krieges und der Entbehrung, nach all der Unsicherheit und dem politischen Wandel der unmittelbaren Nachkriegsjahre nun Stabiles und Bekanntes bevorzugte. Einfacher gesagt: Die Menschen freuten sich eben, bekannte und beliebte Produkte der guten alten (Vorkriegs-)Zeit wiederzusehen, und griffen kräftig zu. Entsprechend wuchs der Umsatz bei der Joh. Jacobs & Co. stetig an: auf 20 Millionen D-Mark 1950, nach Überwindung der »Koreakrise« von 1951 auf über 31 Millionen, 1952 auf 39 Millionen, 1953 nach einer weiteren Senkung der Kaffeesteuer sogar auf 45 Millionen D-Mark. Acht Jahre nach Kriegsende wurde mit rund 1900 Tonnen nun wieder fast so viel Kaffee verkauft wie im Vorkriegs-Spitzenjahr 1938.[16]

Ein nicht zu unterschätzender Anteil an diesem Erfolg ist dem großen Engagement und der ständigen Ausweitung des Jacobs-Außendienstes zuzuschreiben. Schon 1950 wurden die ersten Auslieferungslager eingerichtet. Regelmäßig per Express-Post mit Ware beliefert, konnten von

Logo 1952

Straßenbahn mit Jacobs-Weihnachtswerbung, 1954

Berliner Plakatwerbung für Jacobs Kaffee …

dort aus die Einzelhandelskunden und Großverbraucher des jeweiligen Umkreises mit Kaffee und Werbematerial versorgt werden. Doch wegen der ständig wachsenden Mengen und damit auch steigender Porto- und Verpackungskosten stellte Jacobs die Lagerbelieferung um. Von September 1952 an wurden die 13 größten Warenverteilungspunkte per wöchentlicher Lkw-Lieferung versorgt.[17] Kurz darauf verstärkten fest angestellte Verkaufsfahrer das inzwischen fast 70-köpfige

… nahe der Grenze zum Ostsektor, 1954

Außendienst-Team, um die Reisenden, deren erste Aufgabe nun einmal die Kundenbetreuung und die Gewinnung neuer Kunden war, bei der Auslieferung der Ware zu entlasten.[18] »Propagandistinnen« übernahmen ab Ende 1953 »Kochvorführungen« im Einzelhandel, um die Kundinnen vor Ort von Jacobs Kaffee zu überzeugen. Der Probenausschank und die Beratungstätigkeit der Jacobs-Werbedamen stand dabei strikt unter diesem Motto: »Wir wünschen keine Aufdringlichkeit den Hausfrauen gegenüber, sondern eine dezente und individuelle Beratung führt zum Ziel.« Es sollte Überzeugungsarbeit geleistet und langfristig Vertrauen in die Qualität von Jacobs-Produkten gewonnen werden – bei »armen Hausmütterchen« genauso wie bei gut situierten jungen Verbraucherinnen. Damit bei den Kundinnen gar nicht erst der Anschein einer Massenabfertigung aufkommen konnte (und sicherlich auch, um den Wareneinsatz für die Verkostungsaktionen in Grenzen zu halten), durfte der tägliche Ausschank 300 bis 350 Tassen nicht überschreiten.[19]

»Jacobs Kaffee ... wunderbar« – ein Slogan macht Karriere

Doch letztlich war absehbar, dass Qualität, Solidität und ein guter Außendienst allein nicht ausreichen würden, um auf Dauer eine führende Marktposition ausbauen zu können. Die Konkurrenz vor allem der Versender – namentlich Tchibo aus Hamburg – wuchs beständig. Wer auch zukünftig Erfolg haben wollte, musste neue Werbemethoden und -möglichkeiten versuchen.

Angesichts des Wirtschaftswunders traten Mitte der fünfziger Jahre langsam die Erinnerungen an die Vorkriegszeit und die Kriegsjahre in den Hintergrund, viele hatten sich an die neue Stabilität gewöhnt und machten erste Wohlstandserfahrungen. Wenn auch keine radikalen Umbrüche gefragt waren, so wuchs doch sehr das Interesse an etwas Neuem, kurz an Modernität. Und genau dies spiegelt sich in der Marketingstrategie von Joh. Jacobs & Co. wider, was ein Blick auf das Jahr 1954 belegen soll:

Gleich im Februar erwartete die Jacobs-Kunden die erste von drei tief greifenden Neuerungen: Jacobs Kaffee erschien in verändertem Gewand, in einer Packung aus cellophanierter Goldfolie.

Jacobs-Verkaufsschrank, 1956

Das Jacobs-Signet mit dem stilisierten Kaffeesack-Logo, das zuvor die gesamte Packungsvorderseite eingenommen hatte, erschien nun etwas verkleinert und leicht schräg gestellt in Verbindung mit einer Streifenbanderole in den Hausfarben Schwarz und Gelb. »Diese Packung aus Goldfolie hat neben dem guten Aussehen noch

Jacobs-Kinowerbung: Diamotive, rechts mit dem neuen »... wunderbar«-Slogan, 1953–59. Unter der weißen Linie konnten Cafés mit ihren Namen und Adressen werben

Schaufensterklebebild mit der neuen goldenen Verpackung, 1955

den Vorteil der wesentlich verlängerten Frischhaltung und des Aromaschutzes gegen äußere Einflüsse«, erläuterte dazu ein Rundschreiben an den Einzelhandel und sprach von »modernster Verpackung«.[20] Die Farbe Gold stand dabei für die Hochwertigkeit und das Besondere an Jacobs Kaffee. Sie half, die parallel annoncierten Preiserhöhungen zu rechtfertigen. Zugleich war sie mit ihrer edlen Anmutung als Unterscheidungsmerkmal zur Kaffeeversender-Konkurrenz gedacht, die vielfach als preiswerter galt. Einen radikalen Bruch mit der Vergangenheit bedeutete die neue Gestaltung dank der prominenten Position des bekannten Markensignets dennoch nicht. Es ist vielmehr als vorsichtige Modernisierung anzusehen.

Als zweite Neuerung wurde ab Mitte des Jahres 1954 der Slogan »Jacobs Kaffee ... wunderbar« einheitlich in der Werbung verwendet. War er, in diversen Abwandlungen, schon im Jahr zuvor sporadisch auf Briefköpfen oder Preislisten aufgetaucht, wurde der Schriftzug nun zu einem prägenden Element der Markenkommunikation. Wer genau den Slogan »erfunden« hat, darüber scheiden sich die Geister. Allgemein wird er aber Walther J. Jacobs zugeschrieben, der, wie schon in den dreißiger Jahren, mit als federführend in der Werbekonzeption und Markenpositionierung bei der Joh. Jacobs & Co. zeichnete und sich dabei wohl häufiger gegen den in diesen Dingen wesentlich konservativeren Seniorchef Johann Jacobs aus der Obernstraße durchsetzen musste.[21]

Als dritte Neuerung des Jahres 1954 wurde die Werbung intensiviert und auf neue Kanäle ausgeweitet. Die Massenmedien sollten dabei die Hauptrolle übernehmen, was für Jacobs durchaus ein Novum war. Bisher hatte man sich mit Ladenwerbung, Plakaten und Verpackungspräsentation auf die traditionellen Werbemittel verlassen und nur vorsichtige Ausflüge in die Welt der Anzeigenwerbung gewagt. Der neue »... wunderbar«-Slogan dagegen sollte nun groß kommuniziert werden. Bei sechs Rundfunksendern wurden die ersten Hörfunk-Werbespots für Jacobs gebucht, und bis auf das Sendegebiet des damaligen Nordwestdeutschen Rundfunks NWDR, der noch keine Werbung sendete, war Jacobs im Jahr 1954 im ganzen Bundesgebiet und in Westberlin per »Werbefunk« vertreten. Dabei war man von diesem Werbemedium besonders überzeugt: »Überlegen Sie bitte, welche Wirkung von den regelmäßigen Werbedurchsagen ausgeht, die Millionen Hörern immer wieder JACOBS KAFFEE ins Gedächtnis rufen. Gerade die Frauen, die unsere Erzeugnisse kaufen sollen, sind in erster Linie Hörer des Werbefunks.«[22] Parallel dazu wurde die Kino-Werbung intensiviert. Erstmals kamen nicht mehr nur die altbekannten »statischen« Dia-Motive zum Einsatz, sondern unter dem Titel »Schöne Stunden voller Behaglichkeit« wurde in ausgewählten Kinos ein eigens produzierter Werbefilm gezeigt.

Zur ersten »... wunderbar«-Werbeoffensive gehörten ferner eine für Jacobs-Verhältnisse ungewöhnlich breit angelegte Anzeigenkampagne in über 500 Tageszeitungen, verschiedenen Wochenblättern, 45 kirchlichen Blättern und 23 Zeitungen der Vertriebenen mit einer Reichweite von zusammen über 16 Millionen Exemplaren allein im Dezember und Straßenbahn- und Außenwerbung im Umfang von insgesamt 50.000 Plakaten.[23]

Im folgenden Jahr wurde die Werbung sogar noch einmal wesentlich erweitert. Im September 1955 erschienen erstmals auch in Rundfunk- und Frauenzeitschriften »... wunderbar«-Anzeigen, und zwar in über 20 verschiedenen Titeln, von »Funk-Uhr« und »HÖRZU« über »Brigitte« und »Constanze« bis hin zur »Katholischen Frau« und dem »Hausschatz«. Insgesamt stieg das Jacobs-Werbeengagement in den gedruckten Medien damit auf eine Gesamtauflage von etwa 23 Millionen Exemplaren an. Zum Weihnachtsgeschäft wurde zudem die Schaltfrequenz der Tageszeitungs-Annoncen von 14-täglich auf wöchentlich intensiviert, und gleich zu Jahresbeginn 1956 kamen 180 Zeitungstitel hinzu, die die Werbeauflage allein der Tageszeitungen – inzwischen war Jacobs in mehr als 800 Blättern bundesweit vertreten – auf mehr als zwölf Millionen steigerte.[24] Der Schwerpunkt bei den Druckanzeigen lag »wie immer bei den Streifenanzeigen in Tageszeitungen [...]. Wir haben – sicherlich mit Erfolg – versucht, sie noch wirksamer zu gestalten.«[25]

Es waren künftig zwei zentrale Argumente, die die Werbung in Verbindung mit dem stets gleichbleibenden »... wunderbar«-Slogan herausstellen sollte: »1. JACOBS KAFFEE ist Deutschlands meistgetrunkener Markenkaffee. 2. Täglich werden Mil-

Zeitschriftenanzeige, 1956

Achten Sie auf diese Frau!
In diesen Tagen werden Sie ihre Bekanntschaft machen. Zu Ihrem eigenen Nutzen übrigens, denn sie wird Millionen Menschen ansprechen. Millionen Menschen sind Millionen Verbraucher mit all ihren großen und kleinen Wünschen, mit ihren täglichen Einkaufssorgen und mit dem Verlangen nach fachlicher und freundschaftlicher Beratung. Ja, darunter sind auch Ihre Kunden. Und deshalb hat diese Frau Ihr ganzes Interesse verdient. Um es kurz zu sagen:
Wir werben weiter!
In unserem letzten Prospekt haben wir bereits zum Ausdruck gebracht, daß es uns eine selbstverständliche Verpflichtung ist, den Einzelhändler durch umfassende Werbemaßnahmen in seinen Verkaufsbemühungen wirksam zu unterstützen. Der Beifall, den unsere verstärkte Weihnachtswerbung allgemein gefunden hat, ist uns ein klarer Beweis dafür, daß der Einzelhandel die absatzfördernde Hilfe zu schätzen weiß. Diese erfreuliche Feststellung macht es uns leichter, auf dem von beiden Seiten als richtig erkannten Wege klar und unbeirrt fortzuschreiten.
Mit gelegentlichen Einzelaktionen ist dem Einzelhändler - auch in seinem ständigen Kampf gegen Hausier- und Versandhandel - nicht gedient. Deshalb erscheinen unsere Anzeigen laufend in Tageszeitungen, unterhaltenden Wochenzeitungen und in kirchlichen Blättern; deshalb haben wir unsere regelmäßigen Durchsagen im Werbefunk noch verstärkt.
Wir tun aber noch mehr. In einigen bedeutenden Zeitschriften wird Ihnen und Ihren Kunden diese Frau entgegenlächeln und überzeugend und eindringlich für JACOBS KAFFEE werben. Deshalb rufen wir Ihnen noch einmal zu:
Achten Sie auf diese Frau!
CONSTANZE
HÖR ZU
Film
Kristall
Der Stern
Quick

lionen Tassen JACOBS KAFFEE getrunken.«[26] Das galt nicht nur für die Zeitungsannoncen, sondern selbstverständlich auch für die Jacobs-Rundfunkwerbung, die inzwischen zweimal wöchentlich bundesweit ausgestrahlt wurde. »Millionen Tassen begeistern Tag für Tag anspruchsvolle Kaffeetrinker aus Stadt und Land. Aus voller Überzeugung sagt man überall: JACOBS KAFFEE – wunderbar« oder »Liebe Kaffeefreunde! Wußten Sie schon, daß Ihr JACOBS KAFFEE, an dem Sie sich doch jeden Morgen erfreuen, der meistgetrunkene Markenkaffee Deutschlands ist?« – Spots wie diese sollten nicht nur neue Kunden gewinnen, sondern auch eingefleischten Jacobs-Freunden das Gefühl vermitteln, sie hätten die richtige Kaffeewahl getroffen.[27]

Ende 1957 konnte Willi Stuth, bei Jacobs für die Werbeplanung zuständig in der hauseigenen Außendienst-Zeitschrift »Kontakt«, nach einem Resümee der laufenden Werbeaktivitäten schließlich verkünden: »Aus voller Überzeugung können wir ohne Zweifel sagen, daß JEDER unsere Anzeigen zu Gesicht bekommen wird.« Bei einer Gesamtauflage von über 34 Millionen der von Jacobs mit Werbung belegten Zeitungen und Zeitschriften konnte er mit dieser Einschätzung durchaus recht behalten, zumal zu den Titeln auch die »BILD-Zeitung« mit einer täglichen Auflage von mehr als 2,6 Millionen Exemplaren zählte. In

Jacobs-Verkostungsstand, o. J. (links), Zeitungsanzeigen aus den Jahren 1953 und 1955

Linke Seite: Zeitschriftenanzeige, 1957

der »größten Tageszeitung des europäischen Kontinents« waren Jacobs und der »... wunderbar«-Slogan wöchentlich ein Mal mit einer zweifarbigen Anzeige am Kopf der Titelseite vertreten.[28]
Die Jacobs-Werbung war also in der Welt der Massenmedien angekommen, ohne die traditionellen Werbeformen – namentlich die Werbung vor Ort im Einzelhandel und die Plakatwerbung an öffentlichen Anschlagplätzen, Litfaßsäulen und Straßenbahnen – aufzugeben. Mit den vielfältigen Aktivitäten, die auch Prospekt- und Kostprobenwerbung einschlossen, war Jacobs mit dem Slogan »... wunderbar« nicht nur zum meistgetrunkenen Markenkaffee in Deutschland, sondern wohl auch zum meistbeworbenen geworden.[29]

»Moccapress – Der Puderkaffee für Sie!« – Neue Produkte im Jacobs-Sortiment

Auch im Sortiment gab es Mitte der fünfziger Jahre erste vorsichtige Anpassungen an die »modernen Zeiten«. Im Frühjahr des »Modernisierungsjahres« 1954 führte Jacobs die Sorte »Coffeinfrei« ein, um auch auf dem Markt für koffeinfreien Kaffee mitmischen zu können. Die größte Konkurrenz für das Jacobs-Sortiment stellten allerdings weiterhin die Kaffeeversender und -Filialisten dar, die sich einen regelrechten Preiskampf lieferten. Jacobs entschloss sich daher, eine eigene »Kampfmarke« im unteren Preissegment herauszubringen. Diese kam als »Merido« 1955 auf den Markt und lag preislich noch deutlich unter der bisher günstigsten Jacobs-Sorte »Braun«.[30]
Die große Produktinnovation bei Jacobs aber war 1957 die Ergänzung des Sortiments um einen löslichen Kaffee. Schon seit Beginn des Jahrzehnts bestanden Pläne, mit einem eigenen Angebot in das bisher auch in Deutschland von Nescafé dominierte Geschäft mit Instantkaffee einzusteigen. Doch es stellte sich heraus, dass das aufwendige und entsprechend teure Verfahren der Kaffee-Extraktion für Jacobs allein nicht umsetzbar war. Es bedurfte also der Initiative des Hamburger Unternehmers Bernhard Rothfos, dem es 1955 gelang, die großen Kaffeeröster zur Gründung der Deutschen Extrakt-Kaffee-Gesellschaft mbH an einen Tisch zu bringen. Tchibo, Eduscho und Jacobs, so die Idee, sollten mit einigen Kaffee-Importeuren zusammen die Kaffee-Extraktion gemeinsam betreiben und dabei Kosten für die Investitionen in Know-how und Technik teilen. Ein entsprechendes Werk zur Sprühtrocknung von Kaffee, an dem Jacobs mit 22 Prozent beteiligt war, wurde 1957 in Hamburg-Wilhelmsburg fertiggestellt. Fortan konnte Jacobs dort nach eigenen Auflagen und auf Qualitätsbasis der Sorte »Grün« Extraktkaffee herstellen und diesen unter eigenem Namen in den Markt bringen.[31]
»Moccapress«, wie der letztlich für das jüngste Produkt aus dem Hause Jacobs gefundene Name lautete, kam im Herbst 1957 in die Geschäfte. Neben 25-g-Dosen zum Verkaufspreis von 2,90 D-Mark wurden auch Portionsbecher aus Kunststoff mit 3,5 Gramm Inhalt zu 50 Pfennig angeboten. Zielgruppe waren »verwöhnte Genießer, die nicht viel Zeit für die Zubereitung haben«,

»Jacobs Kaffee coffeinfrei« im Design 1958–62. Der Schlüssel zum Öffnen der Dose befindet sich auf der Unterseite

Anzeige zur Einführung von Moccapress, 1957

und damit ein, wie man hoffte, wachsender Markt.[32] Bei der Werbung setzte Jacobs auf das Qualitätsversprechen »aus 100 % echtem Jacobs Kaffee ... wunderbar«. Und: »Moccapress wird in ganz kurzer Zeit ein Qualitätsbegriff sein, wie es JACOBS KAFFEE nun schon seit Jahrzehnten ist. [...] Moccapress ist der Schnell-Kaffee für anspruchsvolle Kunden.«[33] Der Außendienst war angewiesen, sich besonders für den Verkauf des neuen Löskaffees einzusetzen. Die Devise lautete: »Wir wollen um jeden Preis MOCCAPRESS einführen und zum Markenartikel machen«.[34] Eine groß angelegte Werbeaktion in der Presse und im Rundfunk sollte die Markteinführung unterstützen. Doch der große Erfolg blieb aus. Zuerst machten »Kinderkrankheiten« dem neuen Produkt zu schaffen, denn die Verpackungen erwiesen sich als ungeeignet. Die Dosen und mehr noch die Portionspackungen neigten dazu, nicht völlig luftdicht zu schließen, sodass Feuchtigkeit eindringen konnte, die den feinpudrigen Löskaffee schon vor dem Verkauf »grießig« oder gar klumpig werden ließ – verständlicherweise gab es Beschwerden von Händlern und Verbrauchern. Die Umstellung auf eine Tubenverpackung löste das Problem nur bedingt.[35] Auch Preissenkungen und weitere Werbemaßnahmen wie eine große Plakataktion verhalfen »Moccapress« nicht zum Durchbruch. 1959 lag der Marktanteil bei enttäuschenden fünf Prozent. Gegen die etablierte Konkurrenz von Nescafé und Maxwell blieb der Bremer Löskaffee chancenlos.

Angesichts dieser mageren Bilanz stand der lösliche Kaffee bei Jacobs 1960 vor dem Aus. Doch der Chef entschied: »Noch ein letzter Versuch!«, und so wurde mit einem Preisabschlag unter das Niveau des Marktführers Nescafé und neuen Vakuum-Dosenverpackungen in einem frischeren Design ein neuer Anlauf gewagt. In der Werbung wurden Urlaub und Freizeit zu zentralen Motiven.[36] Aus neuen Freizeittrends wie beispielsweise dem Camping waren neue Kunden für den praktischen Löskaffee zu erwarten. So war Jacobs auf Veranstaltungen wie der Deutschen Campingausstellung 1962 in Essen mit einem Stand vor Ort, um Moccapress mit Probenausschank und

Moccapress in der Dose und sofortlöslicher Kaffeeextrakt in der 25-g-Verpackung, Design von September 1957 bis Juli 1960

Jacobs-Werbebroschüre für Moccapress und Jacobs Tee im praktischen Aufgussbeutel – alles, was man zum Camping-Urlaub braucht, 1963

der Broschüre »Auf froher Campingfahrt« als unkomplizierten und mobilen Kaffeepartner bei Touren mit Zelt und Wohnwagen zu präsentieren. Der Jacobs-Außendienst wurde derweil angewiesen, auch Campingplätze in die Verkaufstouren aufzunehmen: »Die Plätze sind heute so durchorganisiert, daß meist ein Verkaufskiosk darauf zu finden ist« – der aufkommende Freizeitkonsum bescherte hier ganz praktisch einen neuen Absatzmarkt.[37]

Auch wurden die für viele Menschen relevanter werdenden Themen »berufliche Belastung« und »Zeitmangel« angesprochen: »Abgespannt? Schnell eine Tasse Moccapress« oder »In der Pause Moccapress – der tut gut!«, lauteten die knappen Werbebotschaften, die Jacobs in den redaktionellen Teilen der Tageszeitungen einstreuen ließ. Die Welt der Deutschen wurde schnelllebiger, und Moccapress half in Zeiten wachsender Arbeitsbelastung ohne großen Zubereitungsaufwand über so manchen »toten Punkt«.[38]

Abgesehen von der frühen »Jota«-Werbung war Moccapress bis Mitte der sechziger Jahre der einzige Jacobs-Artikel, der in der Verbraucherwer-

Die moderne Hausfrau trinkt zur Stärkung gern mal einen Moccapress – für die kurze Pause zwischendurch, Anzeige Ende der 1950er bis Mitte der -60er Jahre

MP 5/151
...erst mal 'ne Tasse
MOCCAPRESS!
Sie brauchen eine kurze Pause –
... eine Pause, die erquickt und belebt! Dann nehmen Sie eine Tasse, heißes Wasser und einen Löffel MOCCAPRESS. Schon fertig – und schon erleben Sie herzerfrischende Kaffeefreude. MOCCAPRESS – mit jedem Schluck genießen Sie sein köstliches Aroma, spüren Sie seine belebenden Kräfte. Darum erst mal 'ne Tasse MOCCAPRESS!
Jetzt 50 g DM 3.40
Mocca PRESS
aus echtem JACOBS KAFFEE
Von JACOBS Bremen — 70 Jahre Kaffee-Erfahrung

Anzeige von 1957

bung gesondert und damit wie eine eigenständige Marke auftrat. Er stand außerhalb des traditionellen Röstkaffeesortiments, das in Werbeanzeigen, auf Plakaten oder in Rundfunkspots immer im Ganzen als »Jacobs Kaffee« beworben wurde. Selbst der sonst so unverzichtbare »... wunderbar«-Slogan fehlte bei »Moccapress«. Die Sorten »Grün« oder »Blau« waren »nur« Qualitätsstufen von »Jacobs Kaffee«, unterschieden sich aus werblicher Sicht in ihren Eigenschaften zu wenig, um gesonderte Aufmerksamkeit auf sich zu ziehen. Selbst die Sorte »Coffeinfrei« und die ab 1960 auf den Markt gekommene »Milde Sorte« wurden werbemäßig unter der gut eingeführten Dachmarke Jacobs eingegliedert. Für Moccapress und dessen besondere Eigenschaften (neu, löslich, praktisch, schnell) ließ sich dagegen ein eigenes Profil aufbauen. In den frühen sechziger Jahren erreichte Moccapress damit Marktanteile um die zwölf Prozent – wenn noch kein durchschlagender, so dennoch ein Erfolg, der Jacobs zur Weiterführung der Marke ermutigte.[39]

Jacobs-Werbewelten: Von jungen Damen, Großmüttern und dem Maler Ooievaar

Wie bereits geschildert, stieg die Jacobs-Werbepräsenz in den Printmedien ab Mitte des Jahres 1954 im Rahmen des »... wunderbar«-Werbefeldzugs hinsichtlich der Anzahl der belegten Titel ebenso wie bei der Gesamtauflage und der Frequenz der geschalteten Anzeigen. Bei der überwiegenden Mehrzahl der Motive handelte es sich weiterhin um die schlichten, allenfalls zweifarbig gedruckten Streifenannoncen. Sie umfassten in der Regel lediglich den gestalteten Schriftzug und einen knappen Text. Motive mit fotografischen oder gar farbigen Abbildungen ließen sich im Zeitungsdruck der damaligen Zeit ohnehin technisch nur sehr aufwendig wiedergeben, und auch bei den Werbeanzeigen in den Rundfunk- und Frauenzeitschriften hielt Jacobs sich zunächst noch an den bewährten einfachen Auftritt.

Doch die Illustrierten wurden immer populärer, und auch die Drucktechniken entwickelten sich weiter. Damit lockte und bestand die Möglichkeit, mit großformatigen Werbeanzeigen mehr als nur »nüchternen« Text zu vermitteln: Bilder nämlich, ausgestaltete Werbemotive, die Botschaften deutlich emotionaler transportieren konnten, was zur gefühls- und genussbetonten Welt des Kaffees ebenso gut passte wie zur Hauptzielgruppe, die weiblich war. Jacobs buchte also Ende 1956 die ersten vierfarbigen, ganzseitigen Anzeigen bei den vier großen Illustrierten »Constanze«, »Stern«, »Quick« und »Revue«. Darüber hinaus erschienen ab Anfang 1957 halbseitige einfarbige Anzeigen in über zwölf illustrierten Frauen- und Rundfunkzeitschriften, von »Brigitte« bis »Funk und Familie«.[40]

Zu den ersten Motiven dieser neuen Art zählte im März 1957 die Anzeige »Junge Frau«. Vor einem tapetenähnlich mit gelb-schwarzem Kaffeetassenmuster gestalteten Hintergrund lächelt eine adrette, schick frisierte junge Dame über ihre Kaffeetasse hinweg ihre Betrachter an. Die Textzeile »Tag für Tag Millionen Tassen ›JACOBS KAFFEE‹!« ist technisch nüchtern in Schreibmaschinentypografie gehalten und lässt den schräg darunter in roter Handschriftanmutung prangenden Schriftzug »wunderbar« umso prägnanter wirken. Die Abbildung der Jacobs-Goldpackung komplettiert das »Junge Frau«-Anzeigenmotiv. Ähnlich modern, wenn auch mit deutlichem Jahreszeitenbezug, war das bunte April-Motiv mit dem comicartig gezeichneten Osterhasen.[41]

Im Mai dagegen vollzog die Jacobs-Werbung gleichsam eine »Rolle rückwärts«. Die neue, ganzseitig geschaltete Anzeige zeigte eine ältere Frau vom Typ »kerngesunde Großmutter«. Schneeweiße Haare, Strickweste, Halsbrosche, ein freundlicher Blick in die Kamera – und als der eigentliche Clou prägt eine gute, alte Kaffeemühle auf dem Schoß der Dame das Motiv. Nicht nur die Werbefigur, auch die gesamte Aufmachung der Anzeige mit dem Schwarz-Weiß-Foto in rüschenartigem Rahmen und dem einfach schwarz-gelben Hintergrund musste in der zweiten Hälfte der fünfziger Jahre eigentlich altmodisch und damit nahezu anachronistisch wirken. Der Text begann zudem in verschnörkelter Schrift mit »Seit alters her«[42] – keine Spur mehr von Jugendlichkeit und Modernität.

Doch die »Großmutter«-Kampagne fand großen Anklang. Sophie Engmann, so hieß die Dame aus dem Dorf Harpstedt bei Bremen, die im Übrigen niemals zuvor vor einer Kamera posiert hatte und mit denkbar einfachen Mitteln vor einer dunklen Decke auf der Diele bei Walther Jacobs zu Hause in der Schwachhauser Heerstraße fotografiert worden war, stellte eine Art Idealtypus dar, eine »Großmutter der Nation«. Mit der freundlichen Autorität würdigen Alters und lebenslanger Erfahrung legte sie den Verbraucherinnen aller Altersstufen den Genuss von Jacobs Kaffee vertrauensvoll ans Herz. In allen Anzeigen der »Großmutter«-Kampagne war Sophie Engmann

Sophie Engmann: Das Gesicht der Jacobswerbung bis 1957

Zwei Anzeigen aus der Serie des niederländischen Malers Max Ooievaar (1959 /61) ...

stets gleich gekleidet und mit traditionellen Motiven der Kaffeezubereitung abgebildet und immer auf die gleiche freundlich-weise Art lächelnd dargestellt. Das gesamte Erscheinungsbild atmete somit Vertrautheit und Geborgenheit; die entsprechenden Anzeigentexte, beginnend mit »Seit zig Jahren« oder »Mit Liebe bereitet ...« in alter deutscher Schreibschrift, vermittelten Tradition und Sicherheit. Was diese Frau zum Thema Kaffee riet, konnte nicht falsch sein: »Frisch gemahlen wird er besonders gut«, sagte schon die Großmutter, »... und immer wieder heißt es dann: JACOBS KAFFEE ... wunderbar.«

So altmodisch, schon fast antiquiert, das Ganze auf den ersten Blick schien: Die Kampagne erwies sich als großer Erfolg, während das eigentlich zeitgemäß erscheinende Motiv mit der adretten jungen Frau im modernen Design offensichtlich scheiterte. Über die Gründe für den Erfolg der »Großmutter«-Kampagne lässt sich viel spekulieren: Versuchten inzwischen zu viele Werbetreibende mit dem Image von Jugend und Modernität zu punkten, sodass gerade das Altmodische originell war? Passte die bedächtige Großmutter einfach besser zum Produkt Kaffee, das tendenziell weniger kühle Moderne als vielmehr angenehme Gefühle wie Behaglichkeit und Genuss symbolisierte? Sehnten sich die Deutschen nach getaner Wiederaufbauarbeit doch nach Ruhe, Geborgenheit und Verlässlichkeit und damit nach Werten, die eher mit dem Alter verbunden sind?[43] Selbst bei Jacobs schien man sich über die Beliebtheit der Großmutter etwas zu wundern und suchte in der Werbepsychologie eine Erklärung, als man in der Mitarbeiterzeitschrift auszugsweise einen Artikel aus der »Süddeutschen Zeitung« abdruckte. »Wirb mit weißem Haar«, lautete der Beitrag, der sich mit den Werbe- und Verkaufsmethoden in den USA befasste, und die Autorin Eva Noack-Mosse kam darin zu folgenden Schlüssen: »Vertraut mit den Methoden der modernen Werbung, weiß man, daß graue Haare, ein vorgerücktes Alter und reife Fraulichkeit Zuverlässigkeit Er-

fahrung und Vertrauen ausströmen. [...] Die modernen Psychologen haben in vielen Tests festgestellt, daß der Mutterkomplex – die Sehnsucht nach Geborgenheit und Sicherheit – beim Einkauf eine erhebliche Rolle spielt.«[44] Offensichtlich war die Großmutter gar nicht antiquiert, sondern ihrer Zeit voraus! Wie auch immer, Sophie Engmann blieb bis 1959 das Gesicht von Jacobs Kaffee in der Werbung und spielte sogar in einem 1958 gedrehten Kino-Werbefilm eine Hauptrolle.

Bei dem Erfolg des »Großmutter«-Motivs ist es nicht weiter verwunderlich, dass auch in einem der ersten Motive der nachfolgenden Anzeigenserie eine reifere Dame die Hauptrolle spielte. Im September 1959 erschien die erste von dem niederländischen Maler Max Ooievaar gestaltete farbige Anzeige ganzseitig in einer Reihe von Illustriertentiteln. »Ja, ein – wahrer Kaffee-Genuß!«, hieß es dort und: »So urteilt die erfahrene Hausfrau über JACOBS KAFFEE«. Abgebildet war eine Kaffee trinkende ältere Frau in gemütlicher häuslicher Umgebung – die Ähnlichkeit mit Sophie Engmann ist unübersehbar, selbst Kleidung und Pose stimmten. Diese Anzeige bildete den Auftakt zu einer ganzen Motivserie, die die Jacobs-Anzeigenwerbung bis 1962 prägen sollte. Ooievaar, der später auch selbst als Anzeigenmotiv auftauchen sollte, malte für Jacobs eine heile Werbewelt, in der zufriedene Familien oder gute Freunde und Kollegen die Protagonisten in beschaulicher Umgebung waren und erfolgreiche Professoren, Ingenieure oder Dirigenten ebenso wie die Hausfrau und der Hobbygärtner bei einer Tasse Jacobs Kaffee Ausgleich und Harmonie fanden. Für einen Hauch Glamour sorgten die feine Dame im Abendkleid und die Schauspielerin in der Theaterpause, für jahreszeitlichen Bezug der Schornsteinfeger, der zum Jahreswechsel grüßt, und die Familie am Weihnachtsbaum, kurz: Für jede Zielgruppe war etwas dabei, und Ooievaar traf mit seinem unverwechselbaren Stil den Geschmack der Zeit. Schon auf die erste Anzeige hin erhielt Jacobs begeisterte Zuschriften: »Ich lese soeben die ›Constanze Nr. 18‹, welch eine ansprechende Reklame Ihres Hauses!«, schrieb beispielsweise Frau E.-L. W. in O.[45] Frau H. W. in T. schickte gleich ein selbst verfasstes Gedicht, zu dem sie die »herrliche, phantastische Reklame,

… und eine weitere mit dem Künstler selbst bei der Arbeit als Motiv (1960)

betitelt mit ›Probe des Sinfonie-Orchesters‹«, in der Zeitschrift »HÖRZU« inspiriert hatte.[46] Eine der Jacobs-Propagandistinnen berichtete von einem Vorfall, bei dem sich zwei Kinder in einem von ihr betreuten Hotel so sehr stritten, wer denn das Jacobs-Bild aus der Zeitung bekommen sollte, dass der Vater schließlich noch eine zweite Zeitung kaufen musste. »Sehr geehrter Herr Ooievaar! Alle Gäste sprechen im Moment nur von Ihnen und halt eben auch von Jacobs Kaffee.«[47] Tatsächlich waren die Ooievaar-Motive in den großen Illustrierten überaus präsent – die Auflage der ganzseitigen Farbanzeigen betrug pro Motiv fast 13 Millionen. Jacobs war damit regelmäßig im »Stern«, der »Quick«, der überaus populären »HÖRZU« und zahlreichen weiteren Titeln vertreten und endgültig im Zeitalter der Illustrierten-Werbung angekommen.

»Frischdienst« und »Jacobs-Hummeln«

Neben den Modernisierungen, die im Sortiment, im Erscheinungsbild der Ware und in der Werbung bei Jacobs in der zweiten Hälfte der fünfziger Jahre stattgefunden hatten, gab es mit dem »Jacobs-Frischdienst« auch eine wichtige Weiterentwicklung im Vertrieb. Sein äußerliches Kennzeichen sollte die schnell wachsende Flotte schwarz-gelber VW-Transporter werden.

Jacobs-Fahrer mit seinem Goliath-Express bei der Auslieferung in Bremens Neuer Vahr, um 1960

Der Frischdienst entstand mit der Intensivierung der direkten Belieferung der Kunden durch Außendienstmitarbeiter und Verkaufsfahrer von den Auslieferungslagern aus. Bis 1954 wurden rund 100 Lager eingerichtet, die ihrerseits von vier Zentrallagern in Frankfurt, Hannover, Köln und Berlin beliefert wurden, während der Paketversand aus Bremen immer weiter zurückgefahren wurde.[48] 1955 kam bereits die Hälfte aller Bestellungen auf dem neuen Belieferungsweg bei den Kunden an. Jacobs konnte durch schnelle Auslieferung garantieren, dass der Kaffee innerhalb von zwei bis drei Tagen, spätestens aber am vierten Tag nach der Röstung im Laden angeliefert wurde und damit das Qualitätsversprechen »... wunderbar« um die Dimension »besondere Frische« erweitern.

Diese neue Art der Belieferung führte zu erhöhtem Mitarbeiterbedarf. Die Zahl der Außendienstler stieg bis 1955 auf 140 Reisende an, und auch die Fahrzeugflotte musste beständig erweitert werden. Im Jacobs-Außendienstfuhrpark waren zunächst noch die verschiedensten Pkw- und Lieferwagenmodelle vertreten, vom Volkswagen »Käfer« über Opel Olympia und Ford Taunus bis hin zum Hanomag-Lieferwagen. Es stellte sich aber bald heraus, dass der VW-Transporter (Typ T1) für die täglichen Anforderungen als kombiniertes Vertreter- und Lieferfahrzeug am besten geeignet war. Entsprechend wurde die Außendienstflotte nach und nach auf diesen Fahrzeugtyp umgestellt. Dabei erfüllten die wegen ihrer schwarz-gelben Sonderlackierung auch liebevoll »Hummeln« genannten Volkswagen nicht nur den reinen Transportzweck. Mit den Hausfarben und der großen Aufschrift »Jacobs Kaffee ... wunderbar« ganz im Jacobs-Design gehalten, fungierten die auffälligen Transporter gleichzeitig als rollende Werbeträger.

1958 waren bereits 500 »Hummeln« im Einsatz, und als VW 1959 seinen 500.000sten Transporter auslieferte, ging dieser selbstverständlich an Jacobs, neben der Deutschen Bundespost der größte Kunde des Wolfsburger Automobilherstellers. Wie alle Jacobs-Wagen von der Firma Schmidt & Koch in Bremen mit den nötigen Einbauten für den Außendiensteinsatz versehen und in Schwarz-Gelb umlackiert, war dieser Jubiläumstransporter übrigens schon Nr. 700 im Ja-

Ein stolzes Jubiläum: der 3000. Transporter im Schaufenster eines Bremer Autohändlers, 1966

cobs-Fuhrpark.[49] Der 1000. Transporter wurde 1962 in Dienst gestellt und nur zwei Jahre später der 2000. in einer werbewirksamen Feierstunde von Walther Jacobs persönlich in Empfang genommen.[50] Entsprechend waren die schwarzgelben Jacobs-Wagen in den sechziger Jahren aus so manchem Stadtbild kaum noch wegzudenken. Selbst auf Postkartenmotive oder offizielle Stadtansichten schafften es die »Hummeln« mit ihrer allgegenwärtigen Präsenz und ergänzten damit effektvoll die »offizielle« Verkehrswerbung von Jacobs an Bussen und Straßenbahnen.[51] Derartig zahlreich und bekannt, wurden die Jacobs-Fahrzeuge selbst zu Werbestars.[52] Sie tauchten in Anzeigenmotiven auf, um bei Verbrauchern und Einzelhändlern für den Frischdienst zu werben, und spielten sogar eine Hauptrolle in einem der frühen Jacobs-Fernsehwerbespots.

Die Schattenseite des Großfuhrparks: Je mehr Fahrzeuge täglich im Einsatz waren, desto mehr wurden unsachgemäße Behandlung der Technik und Unfälle durch riskantes Fahren zu unerfreulichen Erscheinungen. Das Thema »sicheres Fahren« erhielt in der Außendienstmitarbeiter-Zeitschrift »Kontakt« sogar eigene Rubriken wie »Mit dem Auto auf Du« oder »Wer weiß sie noch – Führerscheinfragen für Führerscheinbesitzer«, um die Außendienstmitarbeiter zum umsichtigen Fahren zu motivieren. Schließlich bedeuteten Unfälle nicht nur Gefahren für alle Beteiligten und den Ausfall wichtiger Fahrzeuge – die Jacobs-Fahrer

Ein Schwarm »Jacobs-Hummeln« vor der Stadthalle bei der Außendienstkonferenz in Bremen 1973

Ausschankwagen für Tee zum Einsatz in Ostfriesland. Auf der Rückseite des 1961 in Bremen aufgenommenen Fotos aus dem Archiv Kraft Foods: »Jacobs Kaffee eine Pflicht, Jacobs Tee ein Gedicht«

waren in ihren »Hummeln« ja im Straßenverkehr auch deutlich sichtbare Repräsentanten ihrer Firma und sollten deren guten Ruf nicht durch rüpelhaftes Verhalten schädigen.

Entsprechend der rigorosen Umstellung der Kundenbelieferung auf Frischdienst wurden Pakete aus Bremen bald nur noch in Ausnahmefällen verschickt.[53] Und die Mitarbeiterzahl des Außendienstes wuchs rasant weiter. 1956 gab es 14 Gebietsgruppen in der Bundesrepublik, in denen die inzwischen fast 300 »Außendienst-Herren« organisiert waren.[54] Für 1957 musste die jährliche Reisendenkonferenz erstmals dezentral nach Gebietsgruppen stattfinden, da alle Mitarbeiter auf einmal in der Langemarckstraße nicht mehr unterzubringen waren.[55] 1958 hatte sich der Mitarbeiterkreis gegenüber 1956 um 50 Prozent auf rund 450 vergrößert,[56] und bei der Reisenden-Konferenz 1959 reisten bereits mehr als 600 »Herren« an. Die Organisatoren hatten alle Mühe, ausreichend Unterkünfte in Bremen bereitzustellen und einen geeigneten Tagungsort zu finden. Für die Rückfahrt der Teilnehmer vom bekannten Vegesacker Restaurant »Strandlust« musste sogar ein Sonderzug eingesetzt werden.[57] Dabei gehörten zum Außendienst nicht mehr nur die Reisenden und Verkaufsfahrer, sondern inzwischen auch eine große Gruppe von »Nachwuchsreisenden«, Lagerverwaltern, Dekorateuren, die den Einzelhandel bei der Warenpräsentation unterstützten, und natürlich die inzwischen über 170 Werbedamen, die Ausschankaktionen in den Einzelhandelsgeschäften oder bei Messen und Veranstaltungen durchführten.

Ein Hochhaus »Am Deich«

»Der steile Aufschwung unserer Firma machte es notwendig, daß der technische Betrieb erheblich erweitert und gleichzeitig für die Verwaltung Platz geschaffen werden mußte«[57], fasst die »Jacobs-Chronik« die beengte bauliche Situation der Firma Joh. Jacobs & Co. an der Bremer Langemarckstraße Mitte der fünfziger Jahre zusammen, und in der Tat war der Mehrbedarf an Platz für Produktion und Administration nicht mehr zu ignorieren. Der Wiederaufbau bis 1950 hatte die Firmengebäude in nur leichten Abwandlungen zum Stand von 1934 wiederhergestellt, doch 1954 überstieg allein die Produktion mit rund 2900 Tonnen Röstkaffee die Vorkriegszahlen erheblich. Dazu kamen neue Aufgaben in Werbung und Vertrieb, die Büroraum für immer mehr Mitarbeiter erforderten. Kurz: Es musste so schnell wie möglich Platz geschaffen werden.

Schon 1953 hatte es die ersten Planungen für einen Ausbau der Betriebsgebäude gegeben, es stellte sich aber heraus, dass bei den Bremer Behörden noch kein beschlossener Bebauungsplan vorlag und zudem die Eigentümer der Nachbargrundstücke, darunter Beck & Co., die Haake-Beck-Brauerei und die Kistenfabrik Schädling, Vorbehalte hegten. Erst nach zähen Verhandlungen konnte daher die Bauerlaubnis für die geplanten Um- und Anbauten bei Jacobs erteilt werden. Im März 1955 begannen unter Federführung des Bremer Architekten Theodor Rosenbusch die ersten Bauarbeiten. Zur Vergrößerung von Rösterei und Lager entstanden zunächst Anbauten an die unteren Stockwerke des alten Röstereiturms. Der Büroteil des Altbaus von 1934 wurde um einen neuen Verwaltungsbau ergänzt und enthielt auf insgesamt fünf Geschossen fortan Lagerräume, Packerei, Buchhaltung und Einkauf, die Versandabteilung mit den Hollerith- und Adrema-Maschinen sowie die Kantine und Küche. Die bisherigen Verwaltungsräume wurden zu Büros für die Firmenleitung und zu Sozialräumen für die Belegschaft mit Umkleiden und Waschmöglichkeiten umgebaut. Alles musste im »laufenden Betrieb« geschehen, denn die Produktion durfte während der Bauphase natürlich nicht unterbrochen werden. Der neu entstandene Gebäudekomplex an der Langemarckstraße wies eine Straßenfront von mehr als 50 Meter Länge auf. Auf der Rückseite des Gebäudes lag der große, später teilweise überdachte Hof, in dem ein Querbau entstand. Dieser diente als »Sammelgarage« für die Firmenfahrzeuge, enthielt im Obergeschoss auch zwei Hausmeisterwohnungen und bildete den Abschluss des neuen Jacobs-Gebäudeensembles. Baukosten für die gesamten Maßnahmen: fast 1,5 Millionen D-Mark.[58] »Das

Es wird gebaut – und dazu gehört ein Richtfest!

Blick auf den neuen Jacobs-Turm, im Vordergrund die kleine Weser im August 1964

Ergebnis kann sich sehen lassen«, urteilte die »Bremer Bürger-Zeitung« im Oktober 1956 über die Fertigstellung der Bauarbeiten, »Zweckmäßigkeit und Schönheit wurden auf einen Nenner gebracht.« Besonderen Eindruck hinterließen auch die moderne Gestaltung der neuen Arbeitsplätze und die großzügigen, vorbildlich ausgestatteten Sozialräume. »Die Kantine – mit farbenfrohem Wandschmuck des Kunstmalers Borchers – ist eine der schönsten in Bremen.«[59]

In Rösterei und Packerei wurde derweil die Modernisierung und Rationalisierung von Anlagen und Arbeitsabläufen vorangetrieben: »Nach dem Urteil der Fachleute dürfte es zur Zeit keine zweite Röst- und Mischanlage geben, die moderner und rationeller ist als diese. Das Rationalisierungsprinzip mit dem Fließband wurde auch in der Packerei, die ein ausgedehntes Versandgeschäft zu bedienen hat, außerordentlich entwickelt.«[60] Mit dem Umbau konnte Jacobs die Betriebsfläche an der Langemarckstraße nahezu verdreifachen. Doch auf der anderen Seite war die Belegschaft allein während der Bauphase stark angewachsen. Zu Beginn der Arbeiten im Frühjahr 1955 gab es 600 »Jacobiner«, und bei der Fertigstellung im Herbst 1956 waren schon fast 900 Arbeitskräfte bei der Joh. Jacobs & Co. beschäftigt. Ebenso ließ die mehr als 60-prozentige Steigerung des Röstkaffeeabsatzes im selben Zeitraum schon damals erahnen, dass die neuen Räumlichkeiten in absehbarer Zeit zu klein werden würden. Auch der Bau des »Teehauses« für die Lagerung, Verarbeitung und Verpackung von Tee auf dem neu erworbenen Grundstück an der Ecke Am Deich/Häschenstraße sorgte 1958 nur kurzzeitig für Entlastung von der chronischen Raumnot bei Jacobs.[61] Somit wurde schon bald der nächste Neubau geplant, und diesmal in noch größeren Dimensionen.

Die Baugenehmigung »A 273/60« vom 1. Februar 1960 umschreibt das Projekt auf dem Grundstück »Am Deich 51/52« in nüchternem Behördendeutsch als »Neubau einer 10-geschossigen Kaffeerösterei einschließlich Kantinenbau über der Einfahrt, sowie ein 6-geschossiger Ansatzteil an der Langemarckstraße«.[62] Tatsächlich sollte der »Koloss«, der ab Oktober 1960 an der Weser in den Himmel wuchs, mit seinen 36 Metern Höhe zu einem der markantesten Gebäude in der Umgebung werden. Der Architekt Theodor Rosenbusch hatte den Neubau nicht zuletzt auch als bauliches Gegengewicht zur Brauerei Beck & Co. auf der gegenüberliegenden Straßenseite entworfen – mit dem neuen Jacobs-Hochhaus wurde in wahrhaft städtebaulicher Dimension ein neues

Die neue Produktion, 1961

Tor zum Eingang in die Bremer Neustadt geplant und umgesetzt.
Das Röstereigebäude entstand als reiner, mit Leichtbeton ausgefachter Stahlskelettbau. Die Fassade wurde mit Leichtmetall verkleidet, und ein Muschelkalkverputz sorgte für eine helle, moderne Ausstrahlung. Die Nebengebäude, also der in der Baugenehmigung erwähnte Kantinenbau und der Ansatzbau an der Langemarckstraße, waren dagegen in traditionellerem Rotstein gehalten und bildeten damit die optische Verbindung zu den bestehenden Jacobs-Gebäuden. Auf rund 400 Quadratmetern Grundfläche entstanden so in knapp eineinhalb Jahren Bauzeit 3650 Quadratmeter Betriebsfläche. Insgesamt vier Millionen D-Mark hatte die erneute Erweiterung gekostet.[63]

Schon Monate bevor das Gebäude im Laufe des Jahres 1962 endgültig fertiggestellt wurde, waren die ersten der zwölf Röstmaschinen im November 1961 eingebaut und in Betrieb genommen worden. Wie die gesamten Anlagen im neuen Produktionsgebäude entsprachen sie dem neuesten Stand der Technik: Die Beschickung der Röster erfolgte ebenso wie der Röstvorgang automatisch, die anfallenden Dämpfe wurden durch eine moderne Rauchverbrennungsanlage beseitigt. Die Verlesung der gerösteten Bohnen erfolgte nicht mehr wie noch kurz zuvor in aufwendiger Handarbeit an langen Verlesebändern, sondern mittels elektronisch gesteuerter Verleseautomaten, die die Kaffeebohnen einzeln in eine Lichtkammer einführten und in rasender Geschwindigkeit die Farbe und damit den Röstgrad beurteil-

Die halb automatisierte Verpackungsstraße, 1961

ten. Die schlechten, zu wenig oder zu stark gerösteten Bohnen wurden automatisch durch ein kleines Pressluftgebläse in einen Abfallbehälter geschossen. Abgesehen von der größeren Geschwindigkeit ermöglichte diese Art des Verlesens auch eine höhere Präzision und damit eine Qualitätsverbesserung.[64] Am Ende des Produktionsvorgangs erfolgte nun auch die Verpackung vollautomatisch durch Maschinen.

Doch verschaffte das neue Hochhaus »Am Deich« Jacobs nicht nur Platz für neue, effiziente Anlagen und Raumreserven für das sich abzeichnende weitere Firmenwachstum. Der markante Bau stand an prominenter Stelle an der Weser und an der verkehrsreichen Bürgermeister-Smidt-Brücke und bot sich damit auch als prestigeträchtiger Werbeträger an. Auf dem Dach des Hochhauses wurden vier frei stehende Leuchtschriften »JACOBS KAFFEE« angebracht, die nun nachts in alle Himmelsrichtungen strahlend verkündeten, was in dem imposanten Neubau produziert wurde. An der Stirnseite des Anbaus prangte zudem der Slogan »Zu jeder Stunde JACOBS KAFFEE wunderbar« neben einer großen Uhr mit leuchtenden Zeigern und Stundenmarken.[65]

Das neue Hochhaus war damit mehr als nur ein neues Firmengebäude, es stand zugleich als Symbol für den Erfolg von Jacobs Kaffee in der »Wirtschaftswunderzeit«. Es zeigte außerdem, wie

Walther Jacobs bei der Kaffeeverkostung, 1961

schnell alles viel größer und moderner geworden war, als es sich viele noch während des Wiederaufbaus vorgestellt hatten. »Wiederaufbau« war kein Thema mehr, ganz im Gegenteil: »Vorwärts in neue Dimensionen«, schien das Motto zu lauten, nicht nur bei dem Domizil der Joh. Jacobs & Co. Während 1961/62 an der Langemarckstraße gebaut wurde, war Jacobs in der Werbung – in Zeitungen, Zeitschriften, in Kino, Hörfunk und seit 1959 sogar mit den ersten Spots im noch jungen Werbefernsehen – massenmedial präsent. Ein Außendienst-Mitarbeiterstab von mehr als tausend Personen war täglich im gesamten Bundesgebiet unterwegs, um die inzwischen fast 160.000 Kunden zu beliefern.[66] Doch nicht nur nach außen war Jacobs so deutlich sichtbar auf Erfolgskurs. Auch die »nüchternen« Zahlen sprechen eine deutliche Sprache: Von 1955 bis 1960 war die Mitarbeiterzahl der Firma an der Langemarckstraße von 650 auf 1640 Personen gestiegen, der Umsatz hatte sich im gleichen Zeitraum von 90,5 Millionen D-Mark auf 267,7 Millionen D-Mark sogar verdreifacht. 1961 überschritt der Jahresabsatz von Röstkaffee bei Jacobs erstmals die 20.000-Tonnen-Marke.[67] Das entsprach einem Marktanteil von etwa 21 Prozent.[68] Jacobs zählte damit zu den wenigen »Giganten« auf dem deutschen Röstkaffeemarkt und stritt sich nur mit dem Hauptkonkurrenten Tchibo um die Marktführerschaft.

Doch auf der anderen Seite zeichnete sich ab: Der große »Nachholbedarf« der Nachkriegszeit war gedeckt. Der Pro-Kopf-Verbrauch an Röstkaffee wuchs inzwischen langsamer als noch in den stürmischen fünfziger Jahren, und der Kaffeemarkt in der Bundesrepublik Deutschland verengte sich allmählich. Um in der Spitzenposition dauerhaft bestehen zu können, gab es für Jacobs zwei Möglichkeiten: Auf der einen Seite den Ausbau der Anteile auf dem bestehenden Markt – hier sollten Werbung und Marketing eine entscheidende Rolle spielen –, auf der anderen Seite die Expansion auf neue Märkte, und die lagen im Ausland.

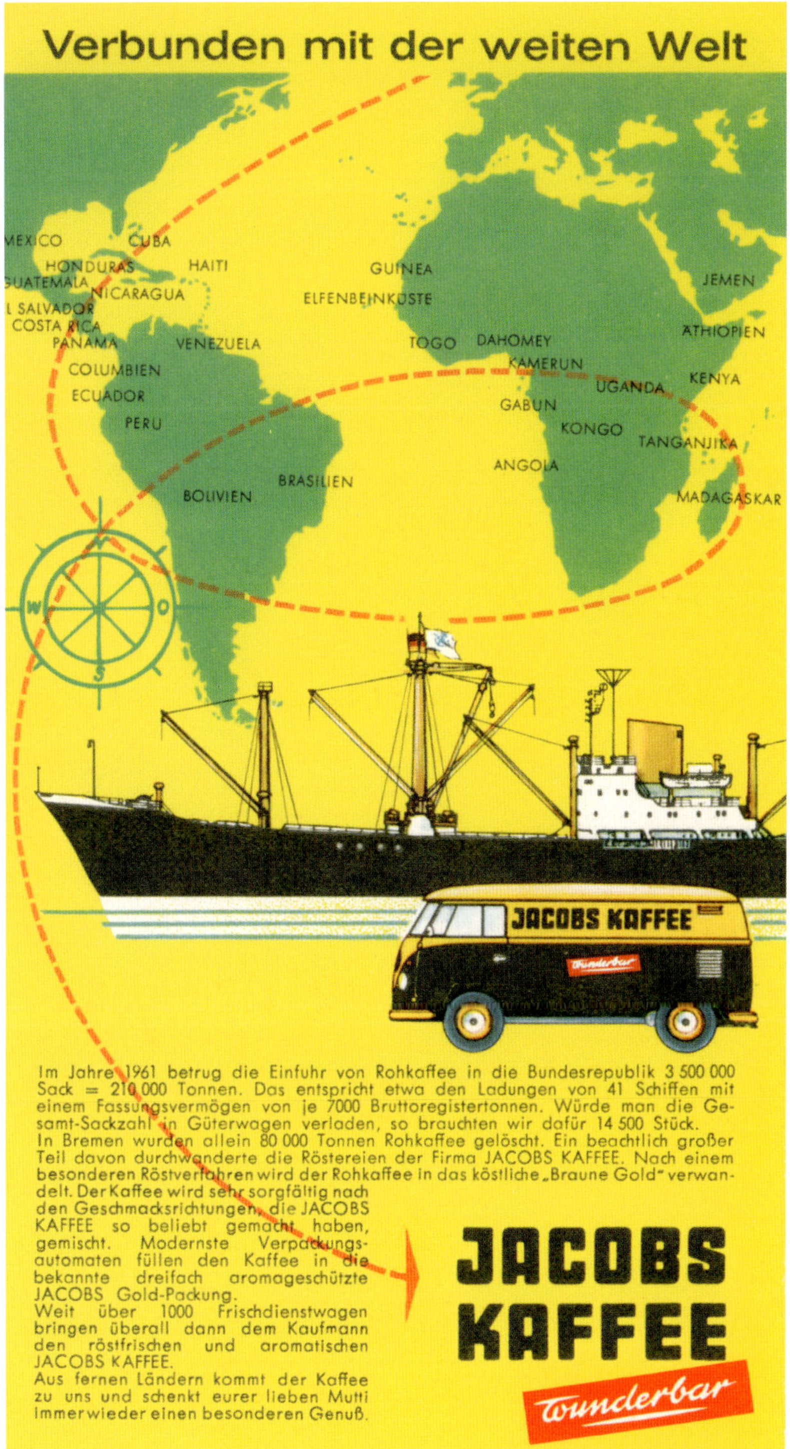

»Reichtum der Erde«, lautet der Titel dieser Jacobs-Broschüre aus den 1960er Jahren

Ersatzkaffee aus Steyerberg: Jota

Während am Jacobs-Stammhaus in der Obernstraße und bei der Joh. Jacobs & Co. in der Langemarckstraße Ende der vierziger Jahre noch am Wiederaufbau gearbeitet wurde, lief in der Jacobs-Zweigniederlassung im niedersächsischen Steyerberg bereits die Produktion. Seit Herbst 1946 wurden mit Genehmigung der Britischen Besatzungsbehörden hier wieder Ersatzkaffee-Mischungen hergestellt, und obwohl es in den ersten Jahren immer wieder Probleme mit der Beschaffung von Rohstoffen und Verpackungsmaterial gab, nahm der Betrieb rasch Fahrt auf. Ende 1946 betrug die monatliche Fertigungsmenge bereits 65 Tonnen Kaffee-Ersatzmittel. Dabei schwankte die Zusammensetzung des Produkts je nach Versorgungslage: Mal war Getreide knapp, mal keine geeigneten Zichorien aufzutreiben. Die jeweils verfügbaren Ersatzstoffe wurden geröstet, gemahlen, gesiebt und, zunächst noch von Hand, in 250-g-Tüten verpackt. Ende 1948 waren in der Fabrik in Steyerberg 22 Arbeiter beschäftigt; im Frühjahr 1949 stiegen die monatlichen Umsätze auf über 80.000 D-Mark an.[69]

Jacobs-Preisliste 1949

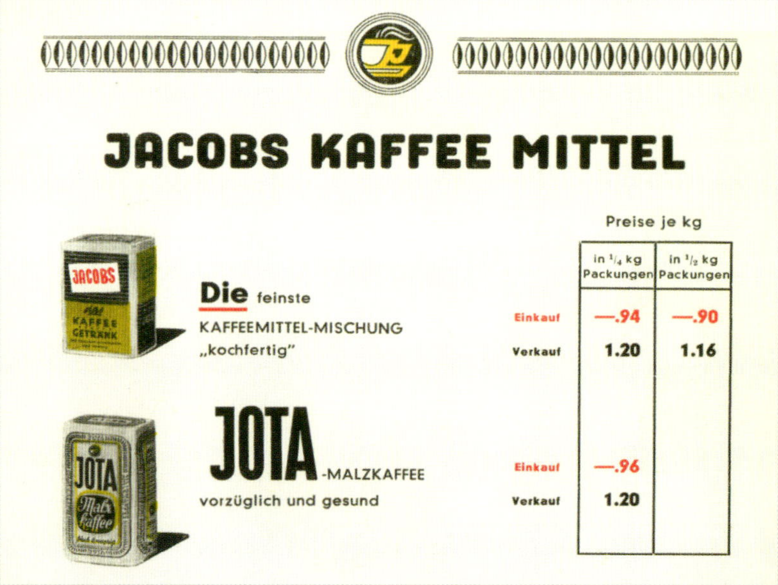

Ab Ende des Jahres 1949 wurde neben der Kaffeemittel-Mischung »Jacobs Kaffee Ersatz-Getränk« ein reiner Malzkaffee unter dem Namen »Jota« eingeführt und in das Verkaufsprogramm der Bremer Jacobs-Kaffeereisenden aufgenommen. Ab Sommer 1950 führten die Preislisten dann »Jota 200« als Edelmischung und »Jota kochfertig« auf. Obwohl inzwischen wieder echter Bohnenkaffee verfügbar war: Für den Kaffee-Ersatz bestand weiterhin eine große Nachfrage. Als »vorzügliches Kaffeemittel-Getränk für die Kinder und den kleinen Geldbeutel« wurde Jota beworben, oder auch als »gesund für Alt und Jung«. Entscheidend blieb aber das Spar-Argument, betrug doch der Preis für das Viertelpfund Jota gerade mal 30 Pfennig, während 125 Gramm der mittleren Jacobs-Sorte »Braun« dem Verbraucher mit etwa vier D-Mark rund das Zwölffache abverlangte – für viele Haushalte in der jungen Bundesrepublik unbezahlbar oder ein Luxus, den man sich nur selten leisten konnte. Entsprechend wichen die Verbraucher auf Ersatzprodukte wie eben »Jota« aus. 1949 trank jeder Bundesbürger fast 170 Liter »Muckefuck«, aber weniger als 60 Liter Bohnenkaffee.

Trotz der potenziell großen Nachfrage und ständiger Qualitätsverbesserungen am Produkt: Für die Jacobs-Außendienstler war der Verkauf von Jota offensichtlich nicht sehr attraktiv. Nur wenige Reisende legten sich für den Ersatzkaffee richtig ins Zeug, die meisten erreichten, trotz wiederholter Mahnungen, sich doch mehr für Jota zu engagieren, nicht einmal die als monatlichen Mindestabsatz geforderten 5000 Kilogramm. Obwohl Jacobs im Sommer 1950 die Werbung für Jota intensivierte – fortan lagen den Jota-Packungen Sammelkarten mit Märchenmotiven bei, und auch für die Ladenwerbung wurde mittels Standplakaten, Klebestreifen und Verpackungsattrappen gesorgt –, letztlich waren doch die Bemühungen des Außendienstes für den Verkaufserfolg entscheidend. Im Herbst 1951 gab es deshalb den ersten Verkaufswettbewerb für Jota, außerdem

Der erste Jota-Lieferwagen auf dem Gelände in Steyerberg …

attraktive Rabattsätze für den Einzelhandel, die den Reisenden als neues Verkaufsargument dienen konnten. Eine weitere Quartett-Bilderserie »Völkerkunde« sowie Rundfunk-Werbespots sollten 1953 die Verbraucher gewinnen. Im Sommer 1954 kam außerdem der Jota-Werbefilm »In Erwartung« in die Kinos, ein aufwendig produzierter Farb-Zeichentrickfilm.

Es half alles nichts: »Leider müssen wir feststellen, daß das Interesse für Jota immer weiter absinkt«, hatte es bei Jacobs schon im September 1953 geheißen.[70] Dennoch sollte die Produktion in Steyerberg nicht aufgegeben werden, nicht zuletzt, da man sich die Option »Kaffee-Ersatzmittel« für die Zukunft erhalten wollte: »Wir glauben, auch für alle richtig zu handeln, wenn JOTA weiterhin bestens vertrieben wird. Es gibt uns niemand die Garantie, dass Kaffee-Ersatzmittel eines Tages wieder ›begehrter‹ sind, und in diesem Fall könnten die Kaffee-Ersatzverkäufe entscheidend sein.«[71] Deshalb wurde der Jota-Verkauf zum Jahresbeginn 1955 umorganisiert. Außerhalb Niedersachsens sollten die Reisenden Jota nun direkt ab Wagen verkaufen und nicht mehr wie zuvor nur Bestellungen entgegennehmen, die dann nach Steyerberg weitergeleitet und von dort verschickt wurden. Außerdem erhielten die Reisenden für Jota-Verkäufe eine zusätzliche Provision, die sie zu mehr Einsatz für den Ersatzkaffee motivieren sollte.

Letztlich war der Standort Steyerberg aber schon längst im Niedergang begriffen. Obwohl seit 1951 neben Jota auch Zichorienpulver und ab 1955 auch Feigenkaffee für den Export hergestellt wurden, war die Produktionskapazität des Werkes nicht annähernd ausgeschöpft, und die rund 25 Mitarbeiter mussten regelmäßig mit Kurzarbeit leben. Mit zunehmendem Wohlstand verlor der Ersatzkaffee seinen Markt. Bohnenkaffee wurde für breite Schichten erschwinglich, und die Verbraucher zogen das »Echte« natürlich dem »Ersatz« vor. Ende August 1957 wurde die Produktion von Jota deshalb endgültig eingestellt und der Standort Steyerberg geschlossen. Während viele Mitarbeiter der Zweigstelle nach Bremen übernommen wurden, hatte der Ersatzkaffee in der Wirtschaftswunder-Bundesrepublik keine Zukunft mehr und wurde aus dem Jacobs-Sortiment gestrichen.

… und Kino-Werbedia, Anfang der 1950er Jahre

Das Jacobs-Stammhaus in der Obernstraße 1950–1991

Das Jacobs-Stammhaus mit dem Ladengeschäft der Traditionsfirma hatten die Fliegerbomben des Zweiten Weltkriegs hart getroffen. Während bei der Joh. Jacobs & Co. in der Langemarckstraße trotz schwerer Schäden noch Teile der Gebäude und Anlagen nutzbar waren, erlitt das Firmengebäude in der Obernstraße 20 bei dem schweren Luftangriff auf Bremen am 6. Oktober 1944 »Totalschaden«. Das Gebäude mitsamt Laden- und Büroeinrichtung, Röst- und Verpackungsmaschinen sowie den noch vorhandenen Tee- und Ersatzkaffeebeständen war verloren, der Schaden belief sich auf fast 500.000 Reichsmark. Die Verwaltung der Obernstraße musste in ein provisorisches Quartier in der Langemarckstraße umziehen, an einen neuen Laden für die Bremer Kundschaft war vorerst nicht zu denken.

Erst im Dezember 1950 konnte in einem Neubau an alter Stelle das traditionsreiche Jacobs-Ladengeschäft wieder eröffnet werden. Wie in der Vorkriegszeit setzte Jacobs bei der Gestaltung des Verkaufsraums auf eine gehobene Ausstattung, denn schließlich war der Laden das lokale »Aushängeschild« der Firma und die Kundschaft anspruchsvoll. Dunkle Hölzer dominierten das Interieur, Schauvitrinen und edle Dekorationsstücke wie originale chinesische Porzellanvasen schufen eine gediegene Atmosphäre. Dazu kamen die vielen großen Tee- und Kaffeedosen in den Regalen und die edlen Messingwaagen auf den Verkaufstresen, denn Kaffee und Tee wurden für die Kunden einzeln abgepackt. Aufwendige Schaufensterdekorationen, häufig mit historischen Kaffee- und Teemotiven, präsentierten das Geschäft zur Straßenseite.

Auch die Rösterei im neuen Jacobs-Haus kam Anfang der fünfziger Jahre langsam wieder in Gang. Obwohl vom Platz überaus begrenzt – die Grundfläche betrug wenig mehr als 150 Quadratmeter –, war in dem Gebäude eine komplette Röstkaffee-Produktion untergebracht: Aus dem Lager im Keller wurde der Rohkaffee mittels Fahrstuhl in die Rösterei im 4. Obergeschoss transportiert. Dort lief eine Probat-Röstmaschine mit zunächst 60, später mit 90 Kilogramm Fassungsvermögen fast rund um die Uhr. Der frisch geröstete Kaffee lief von dort in die Verleserei im Stockwerk darunter, wo zu wenig oder zu stark geröstete Bohnen per Hand aussortiert wurden. Im zweiten Stockwerk befanden sich die Kaffee-Packerei sowie die Tee-

Jacobs-Neubau in der Obernstraße 1951

Das erste Weihnachtsfenster in der Obernstraße, 1950

Abteilung, und das erste Obergeschoss war Büros und der Probenküche vorbehalten. Das Ladengeschäft nahm das Erdgeschoss ein.[72]

Wie bereits vor dem Zweiten Weltkrieg arbeitete das Jacobs-Stammhaus – seit 1950 eine Offene Handelsgesellschaft (OHG) – als eigenständige Firma rechtlich unabhängig von der »Langemarckstraße« und war dabei nicht nur für den Betrieb des hauseigenen Ladens zuständig, sondern sorgte auch für die Belieferung der Einzelhändler und der Gastronomie in Bremen und in dessen Umland und übernahm die Versorgung der Reedereien und Schiffsausrüster in Bremen, Hamburg und Kiel mit Jacobs Kaffee und Tee. Gerade das Schiffsausrüstergeschäft war dabei mit einigem Prestige verbunden. Zu den Kunden zählten so renommierte Reedereien wie der Norddeutsche Lloyd mit den großen Passagierschiffen »Berlin« und später der »Bremen«, für die bei Jacobs exklusive Kaffee- und Teemischungen aus den besten Sorten zusammengestellt wurden. Entsprechend gab es für die Obernstraße nicht nur einen eigenen Rohkaffee-Einkauf, ein eigenes Zoll-Lager und eine gesonderte Produktion, sondern auch einen eigenen Außendienst. 1956 waren somit wieder über 66 Mitarbeiter in Produktion, Verwaltung und Verkauf in der »Obernstraße« beschäftigt, der Röstkaffee-Umsatz lag in diesem Jahr, ohne das Schiffsausrüstergeschäft, bei fast 350 Tonnen. Zwischenzeitlich betrieb das Jacobs-Stammhaus auch eine Filiale in der Obernstraße 31.

Dabei blieb das Stammhaus die Domäne von Johann Jacobs. Obwohl Heinrich Lüddecke, der langjährige Mitarbeiter und Prokurist seit 1934, ab 1950 als Gesellschafter an der OHG beteiligt war und das Tagesgeschäft führte, erschien der Firmengründer bis zu seinem Tod 1958 weiterhin fast täglich im Haus. Noch im siebten Jahrzehnt nach Eröffnung seines ersten Ladens ließ sich Jacobs von seinem Chauffeur Rudolf Wille standesgemäß im Maybach in die Obernstraße fahren, um dort über die Geschäfte und die in der »Jacobs-Familie« vereinten Mitarbeiterschaft zu wachen.

Der Verkaufsraum in der Obernstraße 20, Mitte der 1950er Jahre. Auf der linken Seite wurde Kaffee verkauft, und wer keine Originalpäckchen wollte, bekam seine losen Bohnen aus den Holzfässern direkt am Tresen abgewogen

Ebenso legendär wie die Präsenz des strengen, aber allseits geschätzten und respektierten Chefs und die familiäre Atmosphäre war die »freundschaftliche Konkurrenz« zur Langemarckstraße. Dort führte der Neffe des Firmengründers, Walther J. Jacobs, mit der Joh. Jacobs & Co. ein inzwischen ungleich umfangreicheres Geschäft, produzierte in einer modernen Großrösterei den Markenartikel »Jacobs Kaffee« und verkaufte ihn bundesweit mit neuesten Vertriebs- und Werbemethoden – eigentlich kein Vergleich mit der weitgehend handwerklich geprägten Rösterei und dem beschaulich-eleganten Laden in der Obernstraße. Doch das Stammhaus konnte auf die längere Tradition und das größere Renommee in der Hansestadt pochen – und noch heute schwören ehemalige Obernstraßen-Mitarbeiter auf die bei ihnen natürlich »viel besseren Kaffeemischungen und Röstungen«.[73]

Dennoch, bei allem Wettbewerb hinter den Kulissen und vermutlich auch so mancher Auseinandersetzung zwischen Johann Jacobs mit seinen eher traditionellen Vorstellungen vom Kaffeegeschäft und Walther J. Jacobs mit seinen moderneren Sichtweisen, nach außen verstanden es beide Jacobs-Firmen, geschlossen aufzutreten. Durch die familiären Bande, die Eigentumsverhältnisse an den Unternehmen und nicht zuletzt durch den gemeinsamen Markennamen »Jacobs Kaffee« überschnitten sich in vielen Bereichen die Firmeninteressen. Viele Maßnahmen waren eng abgestimmt, zum Beispiel die grundlegende Sortimentspolitik, die Verpackungsgestaltung, bestimmte Werbemaßnahmen oder, ab 1954, die Verwendung des »wunderbar«-Slogans.

Als der Firmengründer Johann Jacobs im Februar 1958 im Alter von 88 Jahren starb, wurde die Firma in der Obernstraße neu organisiert. Die bisherige OHG wurde in eine Kommanditgesellschaft umgewandelt, die Erben von Johann Jacobs übernahmen seine Anteile, darunter Daniel Jacobs, Johanns Neffe, als neuer Kommanditist. Das Geschäft lief indessen weiter wie zuvor, nicht zuletzt, da der zweite Kommanditist Heinrich Lüddecke als Garant für Kontinuität weiter an entscheidender Stelle in der Obernstraße wirkte.

Ernst Fehr am Probat-Röster in der Obernstraße, Mitte der 1950er Jahre

Lüddecke war es auch, der den Gedanken einer Filiale wieder aufnahm. Im Zuge des Wirtschaftswunders war auch die »Warenhausseite« der Obernstraße wieder aufgebaut worden und mit den Filialen von Karstadt, Hertie und Neckermann zur stark frequentierten »Laufseite« der Straße geworden. Nahe der Ecke Papenstraße wurde daher 1960 ein zweites, kleineres Jacobs-Geschäft eingerichtet, das sich dort zehn Jahre lang gut hielt. Überhaupt verlief die Geschäftsentwicklung in den sechziger Jahren eher unspektakulär, ganz im Zeichen eines stabilen Wachstums. 1965 hatte die Joh. Jacobs KG 86 Mitarbeiter. Allein im Ladengeschäft waren bis zu 15 Angestellte beschäftigt, eine ähnliche Zahl von Verkaufsfahrern sorgte weiterhin für die Belieferung der Einzelhändler und Gastronomiebetriebe in Bremen und Umland sowie für das Reedereigeschäft. Der Umsatz in der zweiten Hälfte der sechziger Jahre pendelte sich bei zehn bis zwölf Millionen D-Mark ein.

Im Jahr 1968 kündigten sich dann die ersten tief greifenden Änderungen an. Die Belieferung der bremischen Einzelhandelskundschaft, seit jeher Domäne der Obernstraße, wurde aus dem Stammhaus ausgegliedert und der hauseigene Reisendenstab der Frischdienst-Verkaufsorganisation der Joh. Jacobs & Co. an der Langemarckstraße unterstellt. Vom 1. Januar 1969 an wurde auch das Sortiment für die Belieferung des Bremer Gebiets an das allgemeine Jacobs-Markensortiment angepasst.[74] Gleichzeitig schieden Heinrich Lüddecke und Daniel Jacobs gegen Beteiligung an der Joh. Jacobs & Co. aus der Johann Jacobs KG aus, während die Joh. Jacobs & Co. als neue Gesellschafterin in die Stammfirma eintrat. Im Laufe des Jahres 1969 erfolgten weitere formale Schritte zur Eingliederung der alten Firma Johann Jacobs in die Firmenstrukturen der Langemarckstraße. Weil sich in dem kleinen Betrieb mit den alten Maschinen kaum noch kostendeckend arbeiten ließ, wurde dann auch die Produktion in der Obernstraße aufgegeben. Eine Erweiterung oder Modernisierung war schon wegen

Jacobs Tee gab es der Kaffeeabteilung gegenüber – und wurde jederzeit aus edlem Porzellan zur Verkostung angeboten

Die Obernstraße um 1980

Das Ladengeschäft im neuen Design des Jahres 1987

der baulichen Beschränkungen nicht infrage gekommen, zudem hatten sich an dem innerstädtischen Standort Beschwerden der Anwohner über die Rauch- und Duftentwicklung beim Rösten gemehrt.

Ende des Jahres 1971 wurde die Firma Johann Jacobs, Bremen, gegründet 1895, schließlich aufgelöst. Ihr Vermögen und die Geschäftstätigkeit gingen auf die Joh. Jacobs & Co. über. Auch wenn sich die Firmenstrukturen damit grundlegend geändert hatten, der Ladenverkauf in der Obernstraße lief wie gewohnt weiter und führte damit die Tradition des ursprünglichen Jacobs'schen »Specialgeschäfts« fort. Seit 1950 in der Einrichtung kaum verändert, blieb der Laden in den siebziger und achtziger Jahren das Bremer Aushängeschild von »Jacobs Kaffee«. Neben dem Jacobs-Markensortiment gab es weiterhin lose Sorten zu kaufen, die erst im Laden nach Kundenwunsch abgewogen und verpackt wurden. Außerdem führte Jacobs an der Obernstraße ein großes Sortiment von hochwertigen Tees, ein Angebot, das insbesondere die qualitätsbewussten, anspruchsvollen Kunden schätzten. Bis zu 90 Prozent waren Stammkunden.[75] Dies zeigt, dass lokale und persönliche Verbundenheit weiterhin großgeschrieben wurde – und für die Kundschaft hatte sich am Jacobs-Standort Obernstraße 20 seit der Eröffnung 1913 doch so sehr viel gar nicht verändert.

1987 dann wurde das Jacobs-Stammhaus vollständig umgebaut. Die Verkaufsräume wurden von Grund auf neu gestaltet und zeigten bei der Neueröffnung im November modernes internationales Flair. Der Erlebniseinkauf sollte fortan im Vordergrund stehen, und der neue Laden war nicht mehr »nur« Kaffee- und Teegeschäft, sondern vielmehr das Bremer Vorzeigegeschäft des internationalen Konzerns Jacobs Suchard, der das gesamte Sortiment – von Kaffee über Tee bis hin zum Süßwarensortiment von Suchard und Tobler – nicht nur verkaufen, sondern auch angemessen repräsentieren sollte. Eine große Degustationsabteilung ermöglichte es den Kunden, traditionelle Kaffee- und Schokoladenspezialitäten zu verkosten. Neue Produkte konnten probiert werden, und neue Mitarbeiter wurden zu Schulungszwecken in der Obernstraße eingesetzt, um dort Sortiment und Verkaufsphilosophie des Hauses kennenzulernen.[76]

Beim Verkauf von Jacobs Suchard an den amerikanischen Konzern Philip Morris 1990 war das Gebäude an der Obernstraße 20 ausgenommen worden. Es verblieb im Besitz der Familie, die sich jedoch vollständig aus dem Kaffeegeschäft zurückzog. Nach fast 80 Jahren »Jacobs-Geschichte« wurde daher Ende April 1991 das Jacobs Suchard Geschäft im früheren Firmen-Stammhaus geschlossen.

Von »Li Mong Chung« zu »Pickwick mix«: Jacobs Tee 1895–1970

Auch wenn bei »Jacobs« die erste Assoziation unweigerlich »Kaffee« lautet, ist die Geschichte des Unternehmens ebenso eine Teegeschichte. Schon die Eröffnungsanzeige von Johann Jacobs' »Specialgeschäft« aus dem Jahr 1895 nannte Kaffee und Tee in einem Atemzug, und Tee blieb ein wichtiger Bestandteil seines Verkaufssortiments, auch als sich Jacobs später mit der eigenen Rösterei auf den Kaffeehandel konzentrierte. Eine Preisliste von 1907 nennt allein zwölf Tee-Standardsorten, von »Assam« über »Java« bis hin zur »Ostfriesischen Mischung«, dazu bot Jacobs »besondere Mischungen in jeder gewünschten Preislage« an. Von 1926 an wurde der Tee von Jacobs selbst importiert und sowohl im Laden in der Obernstraße verkauft – der Teeausschank dort genoss fast schon einen legendären Ruf – als auch an Handelfirmen, Gastronomiebetriebe und Schiffsausrüster ausgeliefert.

Auch die Joh. Jacobs & Co. nahm selbstverständlich Tee in ihr Sortiment auf. Anfang der dreißiger Jahre waren noch acht Sorten und Mischungen im Angebot, später wurde das Sortiment auf sechs Standardsorten reduziert, die sowohl lose als auch in Viertel- und Achtelpfund-Packungen verkauft wurden. Besonders beliebt waren die Sorten »Ostfriesische Mischung« und »Ceylon Orange Pekoe«. Sie wurden für Wiederverkäufer im Einzelhandel in einem aufwendig gestalteten Verkaufskarton angeboten, der insgesamt 60 Päckchen »Jacobs Tee« zu 25 Gramm in charakteristischer Markenverpackung mit dem Wappen »Jacobs Tee Bremen« enthielt. Und sogar einen eigenen »Werbestar« hatte der Jacobs Tee in den frühen dreißiger Jahren: Der chinesische Teepflanzer und Plantagenbesitzer Li Mong Chung – »Der große Deutschenfreund« – stand auf Preislisten und Werbemotiven Pate für die ausgezeichnete Qualität des Jacobs Tees und transportierte damit auch gleich etwas Exotik nach Bremen.[77]

Im Jahr 1949 kam Jacobs Tee sowohl als »Silber«- bzw. »Gold«-Mischung und »Originalverpackung« wieder auf den Markt als auch in vier lose verkauften Mischungen. 1951 ergänzte die 10-g-Kleinpackung das Angebot, außerdem kam eine aufwendig gestaltete Verkaufsdose für den Handel heraus und bildete damit eine Art Pendant zum Kaffee-Verkaufsschrank. Wie inzwischen auch die Originalpackungen, zierte die Dose das Motiv einer chinesischen Dschunke.

Im Laufe der fünfziger Jahre weitete Jacobs das Angebot an vorverpacktem Tee stark aus. Neben

Jacobs Tee, Preisliste von 1932

Der große Deutschenfreund Herr Li Mong Chung erzählt …

Seit 40 Jahren bin ich Tee-Pflanzer und Besitzer von Plantagen in Indo-China, auf Ceylon, Java und Sumatra. Auf jeder Plantage bin ich in jedem Jahre ungefähr zwei Monate, um das Pflanzen der Sträucher, aber besonders das Pflücken und Bearbeiten der Blätter zu überwachen.

Mit großer Vorsicht werden auf meinen Plantagen die ersten Pflückungen behandelt, da bei sorgfältigster Bearbeitung hieraus die feinsten Tees entstehen. Es ist bedauerlich, daß es hiervon nur immer sehr geringe Mengen gibt, die aber dadurch natürlich um so wertvoller werden. Ich behandle gerade diese Tees wie etwas besonders Liebes und will sie beim Verkauf stets nur in solche Hände geben, die den Genuß wohl zu schätzen wissen. In dem Duft dieser Blätter spiegelt sich die ganze geheimnisvolle Romantik meiner Heimat wieder.

Meine alten Freunde, die Firma Joh. Jacobs & Co., erhielten bisher nur immer einen beschränkten Teil dieser hochwertigen Tees, während das übrige Quantum nach anderen Häfen verladen wurde. Durch die jahrelange Freundschaft habe ich mich aber veranlaßt gesehen, die gesamten ersten Pflückungen nach Bremen zu verschicken, und ich bin glücklich, auch Ihnen sagen zu können, daß die Firma Joh. Jacobs & Co. jetzt nur diese Tees verwendet.

Bitte wenden!

Teefenster mit Elefant und Kajenszene, 1950

der »Silber«- und »Gold«-Mischung gab es eine »Ceylon«- und eine »Darjeeling«-Mischung, und 1958 kamen als große Neuerung die ersten Aufgussbeutel auf den Markt. Analog zum »... wunderbar« beim Kaffee erhielt der Jacobs Tee den Slogan »vorzüglich«, und die Bemühungen des Außendienstes in Sachen »Tee« wurden forciert. Ein eigens entwickelter Verkaufsständer zur Präsentation des vollständigen Teeangebots und besondere Rabatte sollten Jacobs Tee ab 1960 für den Handel attraktiver machen. Gleichzeitig wurde das Sortiment auf die beliebtesten Produkte reduziert: Fortan gab es drei Sorten in Originalpackungen – Darjeeling, Ceylon-India und Frisia, jeweils in 25- und 50-g-Päckchen – und die drei lose verkauften Mischungen Darjeeling-Ceylon, Indische Mischung und Ostfriesische Mischung, die allesamt im Jacobs-»Teehaus« auf dem Betriebsgelände an der Langemarckstraße gemischt und abgepackt wurden. Mitte der sechziger Jahre schrumpfte das Angebot an vorverpacktem Tee im Zuge der Rationalisierung auf die beiden Sorten »Schwarz-Gold« (Darjeeling-Ceylon) und »Grün« (Frisia) in 50-g-Packungen zusammen.[78]

Neben den bundesweit vertriebenen Sorten produzierte Jacobs immer wieder spezielle Mischungen für das »Teetrinkergebiet« in Norddeutschland, insbesondere für Ostfriesland. Ob »Spezial-

Blick in die Teeproduktion in der Langemarckstraße, 1959

Blatt-Mischung«, »Jacobs Best« oder »Ostfriesen Broken« – Jacobs musste sich dem Geschmack der Teetrinker im hohen Norden anpassen. Dort war Tee und nicht, wie sonst in der Bundesrepublik, Kaffee das Alltagsgetränk – entsprechend größer fielen auch die Verkaufseinheiten aus (500-g-Packungen waren keine Seltenheit!), und entsprechend intensiv wurde die Teekundschaft hier umworben. Es gab Festtagsdosen zu Weihnachten, Werbeaktionen im Handel oder Anzeigenkampagnen in regionalen Zeitungen – und 1963 das erste Jacobs-Tee-Preisausschreiben, bei dem zehn Fernseher und 25 Fahrräder als Gewinne bereitstanden. Sogar einen eigenen Werbeslogan gab es für Jacobs Tee in Ostfriesland: »Jacobs Tee – best up Stee« hieß es in Aurich, Leer oder Emden, was in lokaler Mundart so viel wie »sehr gut« oder »sehr zu loben« bedeutete.[79]
Aber auch für die bisher noch weniger von Tee begeisterten Gebiete sah man bei Jacobs durchaus Potenzial für das Heißgetränk. Seit Mitte der fünfziger Jahre stieg der Teeverbrauch in Deutschland langsam an, und natürlich wollte Jacobs sich auf diesem Wachstumsmarkt eine gute Position sichern. Wegen des firmeneigenen Vertriebsnetzes über den Frischdienst, des konsumentenfreundlichen Sortiments und der günstigen Preise sah man große Chancen für Jacobs Tee, die es nun mit neuen Verkaufs- und Werbeanstrengungen zu nutzen galt.[80] Ab 1962 wurde deshalb auch der Tee bundesweit mit Fernsehspots beworben. Ob klassisch ostfriesisch, in der Freizeit beim Camping oder als erfrischender Eistee im Sommer – Jacobs Tee, so die Botschaft der Werbefilme, war das ideale, »anregende, aber nicht aufregende« Getränk für viele Gelegenheiten.[81]
Außerdem erhielten die Verpackungen ein neues, moderneres Gesicht und der Handel praktische Verkaufskartons mit Werbemotiven, um Jacobs Tee ansprechend in den Regalen zu platzieren.[82]
Doch trotz des Know-hows und der Vertriebsanstrengungen in Sachen »Tee« – Jacobs blieb vor allem ein Kaffee-Unternehmen und wurde von

Werbung für Jacobs Tee in Aufgussbeuteln, 1962/63

Handel und Verbrauchern als solches wahrgenommen. Gegen die traditionellen Teehäuser wie Bünting, Meßmer oder Teekanne hatte der Kaffeeröster aus Bremen deshalb langfristig kaum eine Chance.

Jacobs und Grosch – eine gute Zusammenarbeit

1965 kamen daher bei Jacobs Überlegungen auf, für das Teegeschäft die Zusammenarbeit mit

Anzeigenmotiv in einer Preisliste, 1955

einem anderen Unternehmen zu suchen und die Marke »Jacobs Tee« mit einer bekannten und gut eingeführten Teemarke zu fusionieren. Die Suche nach einem idealen Partner für das Vorhaben endete bald bei der Firma Ernst Grosch in Oberhöchstadt. 1912 in Frankfurt gegründet, hatte sich das Unternehmen in den fünfziger und sechziger Jahren zu einem der Marktführer im Bereich Tee-Aufgussbeutel entwickelt, insbesondere im zukunftsträchtigen Bereich der Discount- und Verbrauchermärkte und in der Gastronomie. Am modernen Produktionsstandort im Taunus konnte Grosch auf speziell entwickelten Hochleistungsmaschinen 380 Teebeutel pro Minute produzieren und verfügte zudem über gute Beziehungen zum weltweiten Teegeschäft. Eigentlich beste Voraussetzungen für eine weitere Expansion – allein

Teewerbung auf einer Einkaufstüte

ein Firmennachfolger fehlte. Eberhard Grosch, der die Firma 1955 von seinem Vater übernommen hatte, war auf der Suche nach einer Nachfolgeregelung.[83] Somit überschnitten sich die Interessen, und da sich Eberhard Grosch und Walther J. Jacobs überdies auch persönlich gut verstanden, kam ein Geschäft zustande: Zum 1. Januar 1967 beteiligte sich die Joh. Jacobs & Co. mit 50 Prozent an der Firma Ernst Grosch.

Als erster Schritt der Kooperation wurden im Laufe des Jahre 1967 die Sortimente der beiden Firmen angeglichen. Jacobs behielt den Namen »Jacobs Tee«, passte aber das Verpackungsdesign für vorverpackten Tee an das Grosch-Logo an. Zudem übernahm Jacobs von Grosch den Markennamen »Horseguard Tee« für Aufgussbeutel. Da Grosch bereits Tee unter diesem Namen verkaufte und sich »englische Teesorten beim deutschen Verbraucher besonderer Beliebtheit erfreuen«, erhoffte man sich von dem nach britischer Teetradition klingenden Namen gute Verkäufe für die neue Marke.[84] Ein Trugschluss, wie das Jacobs-Teemarketing nach den ersten Testverkäufen schnell feststellen musste: »Vor allem in den ländlichen Gebieten scheint die Packung mit der englischen Beschriftung beim Verbraucher nicht anzukommen.«[85] Die Verpackungen erhielten daher umgehend eine neue Gestaltung mit deutschsprachiger Beschriftung und erzielten bei Markttests vielversprechende Ergebnisse. Ende 1967 ergänzte das Produkt »Sonne von Ceylon«, eine weitere Aufgussbeutel-Mischung für den einfachen und modernen Teegenuss, das Sortiment.[86]

Der zweite Schritt der Zusammenarbeit war die Zusammenführung von Vertrieb und Produktion. Nach und nach übernahm Grosch von Anfang des Jahres 1968 an die Belieferung der einzelnen Verkaufsgebiete. Jacobs wollte die Marke »Jacobs Tee« mittelfristig aus dem Markt zurückziehen und für traditionelle Teemischungen voll auf den Namen »Grosch« vertrauen. Allein Horseguard-Tee wurde noch vom Jacobs-Außendienst vertrieben, als 1969 die letzten Verkaufsgebiete an Grosch gingen.[87] Gleichzeitig wurde die Teeproduktion bei der Joh. Jacobs & Co. an der Bremer Langemarckstraße eingestellt und ins moderne Grosch-Werk nach Oberhöchstadt verlegt.

Als letzten Schritt übernahm Jacobs zum 1. Januar 1971 auch die restlichen 50 Prozent der Anteile an Grosch und gliederte die Firma in die eigenen Unternehmensstrukturen ein. Jacobs hatte weiterhin das erklärte Ziel, sich als eine der führenden Teefirmen Deutschlands zu etablieren.[88] Ganz im Sinne dieses Ziels betrieb die Firma in den siebziger Jahren eine aktive Sortiments- und Markenpolitik mit dem deutlichen Schwerpunkt »moderne Produkte«. Natürlich bestanden die traditionellen Schwarzteemischungen und auch das umfangreiche Grosch-Kräuterteesortiment weiter, aber daneben sollte Tee auch als »junges« Getränk jenseits des etwas angestaubten klassischen Teetrinker-Images etabliert werden. Bereits 1969 war daher »Pickwick Tee« mit einer breit angelegten Werbekampagne auf den Markt gekommen, um die Verbraucher mit einem auffälligen Design, praktischer Verpackung mit Dosierer und dem Slogan »Abschalten und Tee trinken« zu überzeugen.[89] Im Sommer 1970 wurde die Marke mit der Einführung des Instant-Getränks »Pickwick Mix« weiter ausgebaut.[90]

Pickwick-Anzeige, 1971

Vom klassischen Teesortiment im »Spezialgeschäft« bis zum Erfrischungsgetränk für junge, aktive Leute – ähnlich wie der Kaffee hatte sich auch der Tee bei Jacobs in 75 Jahren Firmengeschichte an die sich wandelnden Konsumgewohnheiten und Verbraucherwünsche angepasst und als Marke wie als Produkt dabei eine große Wandlung durchgemacht.

1 Jacobs-Chronik Bd. 1, S. 38, 2206.
2 Jacobs-Chronik Bd. 1, S. 39, 2209 f.
3 Jacobs-Chronik Bd. 3, S. 14, 62.
4 Zit. nach: René Lüchinger, Birgitta Willmann: Der Jacobs Weg, Die autorisierte Biographie des Unternehmers Klaus J. Jacobs, Zürich 2007, S. 64.
5 Die Zuteilungsquote richtete sich nach den verkauften Mengen des Jahres 1938, Anm. der Verf.
6 Jacobs-Chronik Bd. 1, S. 42, 2219.
7 »Zollabmeldungen 1.8.–31.12.1948«, zit. nach: Jacobs-Chronik Bd. 1, S. 42, 2218.
8 Ebd.
9 Abschrift/Kopie des Schreiben Joh. Jacobs & Co. an die Fachstelle für Kaffee Hamburg vom 11.2.1949 in der Jacobs-Chronik Bd. 1, nach S. 50.
10 Jacobs-Chronik Bd. 1, S. 50, 3003.
11 Rede von Walther J. Jacobs 1970, Archiv Kraft Foods.
12 Jacobs-Chronik Bd. 3, S. 14/61; Kopie des Bauantrags für die Aufstellung der Baracke mit Zeichnungen im Archiv Kraft Foods.
13 Jacobs-Chronik Bd. 3, S. 15/66 f.
14 Gründungsurkunde und Handelsregisterauszug in Kopie siehe Jacobs-Chronik Bd. 3, Anlagen zum Kapitel.
15 Rundschreiben Nr. 5 »An die Herren Reisenden und Vertreter!« vom 17.2.1950, Archiv Kraft Foods.
16 Aufstellung »Joh. Jacobs & Co. Bremen – Mitarbeiterzahlen, Umsatz, Tonnage«, Archiv Kraft Foods.
17 Rundschreiben »Betr.: Belieferung der Auslieferungsläger«, vom 2.9.1952, Archiv Kraft Foods.
18 Anhang zum Rundschreiben vom 29.9.1953 »Betr.: Verkaufsfahrer«, Archiv Kraft Foods.
19 Rundschreiben Nr. 5. »An die für uns tätigen Propagandistinnen«, 8.10.1954, Archiv Kraft Foods.
20 Preisliste und Rundschreiben, Anfang Februar 1954, Archiv Kraft Foods.
21 Zeitzeugeninterview mit Erika Lüddecke und Martin Lüddecke vom 27.10.2010, Archiv Kraft Foods.
22 Werbung wird großgeschrieben, in: »Kontakt« 1/1955.
23 Ebd. und Auflistung »Werbung für Kunden und Verbraucher 1950–1971«, Jacobs-Chronik Bd. 2, S. 1–9.
24 Wir verstärken die Werbung, in: »Kontakt« 5/1955; Werbung, in: »Kontakt« 8/1955; Werbung, in: »Kontakt« 2/1956.
25 Ebd.
26 Werbung, in: »Kontakt« 5/1956.
27 Werbung, in: »Kontakt« 6/1956.
28 Werbung, in: »Kontakt« 11/1956.
29 Aufstellung zu Aufwendungen der Anzeigenwerbung aller inserierenden Kaffeefirmen für den Monat Januar, in: »Kontakt« 2/1957.
30 Jacobs-Chronik Bd. 2, Die Geschichte des Billigkaffees MERIDO, ohne Seitenangaben.
31 Jacobs-Chronik Bd. 4, S. 56 ff.: »Das neue Produkt, der sprühgetrocknete, lösliche Pulver-(Instant-)Kaffee MOCCA-PRESS.«
32 Rundschreiben an den Außendienst »Was jeder von MOCCA-PRESS wissen muß«, 17.9.1957, Archiv Kraft Foods.
33 Rundschreiben »Lieber Geschäftsfreund« vom 17.9.1957, Archiv Kraft Foods.
34 Rundschreiben »An die Herren Verkaufsleiter« vom 24.3.1958, Archiv Kraft Foods.
35 Rundschreiben an den Außendienst »Lieber Mitarbeiter!« vom 21.8.1958, Archiv Kraft Foods.
36 Siehe dazu Stefanie Abke: Als Großmutter den Kaffee noch selber kochte ..., in: Klaus Berthold/Designzentrum Bremen (Hg.): Von der braunen Kaffeebohne zum Verwöhnaroma. Die Designgeschichte der Marke Jacobs, Bremen 1998, S. 46–55.
37 Camping – ein neuer Absatzweg, in: »Kontakt« 5–6/1962.
38 Werbung, in: »Kontakt« 1–2/1958.
39 »Grundzüge über die Belebung des MOCCAPRESS-Marktes«, August 1970, Archiv Kraft Foods und Jacobs Chronik.
40 Werbung, in: »Kontakt« 11/1956.
41 Ankündigung der Motive und Abbildungen siehe »Kontakt« 2/1957.
42 Ankündigung des Motivs und Abbildung siehe »Kontakt« 4–5/1957.
43 Zur Interpretation der »Großmutter«-Kampagne s. auch Stefanie Abke, S. 51 f.
44 Großmutter kommt wieder zu Wort, in: »Kontakt« 9–10/1957.
45 Ansprechende Reklame, in: »Kontakt« 9/1959.
46 Abgedruckt in: »Kontakt« 11–12/1960.
47 Alle sprechen von Ooievaar, in: »Kontakt« 1/1961.
48 Rundschreiben Nr. 35 »An die Herren Reisenden und Vertreter« vom 15.10.1954, Archiv Kraft Foods.
49 Das Geheimnis, in: »Kontakt« 9/1957.

50 Aufstellung »Außendienst und Fuhrpark der Firma Jacobs Kaffee Bremen«, Archiv Kraft Foods.

51 Z. B. die »Hummel« auf der Ansichtskarte des Ortes Schneverdingen in der Lüneburger Heide, in: »Kontakt« 9/1958.

52 Tausend JACOBS-Wagen im ständigen Einsatz, in: »Kontakt« 5–6/1962.

53 So überschritt die Belieferung per Frischdienst 1960 erstmals die 90-Prozent-Marke, vgl. Aufstellung »Paket-Versand-Zahlen« in: Jacobs-Chronik Bd. 4, S. 35.

54 Rundschreiben Nr. 3 »An die Herren Verkaufsleiter« vom 9. 8. 1965, Archiv Kraft Foods.

55 Außendienstrundschreiben »Lieber Mitarbeiter« vom 8. 8. 1957, Archiv Kraft Foods.

56 Außendienstrundschreiben »Lieber Mitarbeiter« vom 5. 9. 1958, Archiv Kraft Foods.

57 Jacobs-Chronik Bd. 6, S. 12.

58 Jacobs-Chronik Bd. 6, S. 13 ff.

59 Mit 900 Arbeitskräften, in: »Bremer Bürger-Zeitung«, 6. 10. 1956.

60 Ebd.

61 Jacobs-Chronik Bd. 6, S. 22 f.

62 Jacobs-Chronik Bd. 6, S. 25 ff.

63 Ebd. und »Kaffee-Hochhaus in der Neustadt«, in: »Bremer Nachrichten«, 30. 8. 1962.

64 Neues aus dem Hause Jacobs Kaffee, in: »Kontakt« 8/1959.

65 Jacobs-Chronik Bd. 6, S. 26 f.

66 Aufstellung zur Entwicklung der Mitarbeiterzahlen und Gruppen-Gliederung des Außendienstes siehe Abschnitt »Die Verkaufsorganisation« in Jacobs-Chronik Bd. 4, S. 40 f.; zur Entwicklung der Kundenzahlen im Einzelhandel und bei den Großverbrauchern vgl. Aufstellung in: Jacobs-Chronik Bd. 4, S. 36 f.

67 Aufstellung »Umsatzentwicklung von 1948–1972« in: Jacobs-Chronik Bd. 4, S. 12.

68 Statistischer Teil zum Abschnitt »Jacobs und seine Mitbewerber« in: Jacobs-Chronik Bd. 4.

69 Zur Entwicklung der Jacobs-Zweigniederlassung in Steyerberg vgl. Jacobs-Chronik Bd. 3, S. 50 ff.

70 Außendienst-Rundschreiben Nr. 24 vom 25. 9. 1953 »An die Herren Reisenden und Vertreter, Betr.: JOTA«, Archiv Kraft Foods.

71 Außendienst-Rundschreiben Nr. 42 vom 30. 12. 1954 »An die Herren Reisenden und Vertreter, Betr.: JOTA-Kaffeemittel«, Archiv Kraft Foods.

72 Fotos und Grundrisse im Archiv Kraft Foods. Zur allgemeinen Geschäftsentwicklung der Obernstraße 1950–1972 und den Firmenstrukturen vgl. Jacobs-Chronik Bd. 3, S.16 ff. und 30 ff.

73 Informationen zur Rolle des alten Johann Jacobs, zum Betriebsklima in der Obernstraße und zum Verhältnis zwischen Obern- und Langemarckstraße aus den Zeitzeugeninterviews mit Erika Lüddecke und Martin Lüddecke vom 27. 10. 2010/4. 11. 2011, Max Lorenz vom 13. 11. 2010 und mit Horst Hilken vom 9. 12. 2010, alle Archiv Kraft Foods.

74 Jetzt mit dem Stammhaus verbunden, in: »Kontakt« 2/1965.

75 Ein Team aus dem Laden Obernstraße, in: »Kontakt« 5/1975.

76 Stammhaus in der Obernstraße in neuem Glanz und internationalem Flair, in: »contact deutschland« 3/1987.

77 Zum Jacobs-Teegeschäft vor dem Zweiten Weltkrieg vgl. Jacobs-Chronik Bd. 1., S. 21 ff.

78 Zur Entwicklung des Teesortiments in den fünfziger und sechziger Jahren vgl. Jacobs-Chronik Bd. 1, S. 91 ff., sowie Jacobs-Preislisten für Kaffee und Tee, Archiv Kraft Foods.

79 Was ist »best up Stee-Tee«?, in: »Kontakt« 6/1963.

80 Große Chancen für Jacobs Tee, in: »Kontakt« 3/1961 und Kommt die »Tee-Welle«?, in: »Kontakt« 6/1964.

81 Tee wird forciert, in: »Kontakt« 5–6/1962.

82 Unser Tee-Mixer hat das Wort, in: »Kontakt« 6/1963 und Der Tee-Verkauf wird lohnender, in: »Kontakt«: 8/1964.

83 Mit Grosch den deutschen Teemarkt angreifen, in: »Kontakt« 6/1970.

84 Außendienst-Rundschreiben »Lieber Mitarbeiter!« vom 6. 4. 1967, Archiv Kraft Foods.

85 Außendienst-Rundschreiben »Betr. Tee-Horseguard-Packung« vom 14. 7. 1967, Archiv Kraft Foods.

86 Außendienst-Rundschreiben »Betr. Tee-Aufgußbeutel« vom 29. 11. 1967, Archiv Kraft Foods.

87 Außendienst-Rundschreiben an die Verkaufsleiter »Sehr geehrte Herren!« vom 18. 9. 1968, Archiv Kraft Foods.

88 Interview mit Klaus J. Jacobs, »Pläne, Chancen und Aussichten«, in: Unternehmensbericht Joh. Jacobs & Co. GmbH 1971.

89 Vgl. Pickwick-Botschaft »Abschalten und Tee trinken«, in: »Kontakt« 12/1969; Außendienst-Rundschreiben »Betr.: Pickwick-Tee« vom 11. 9. 1969, Archiv Kraft Foods.

90 Pickwick Mix, in: »Kontakt« 5/1970.

Expansion und Modernisierung in den sechziger und siebziger Jahren

Jacobs wächst weiter

Für das Geschäft im bundesdeutschen Markt konnte Jacobs Ende der fünfziger Jahre eine durchweg positive Bilanz ziehen. Was lag nach dem geglückten Wiederaufbau und der »... wunderbaren« Jacobs-Erfolgsgeschichte im »Wirtschaftswunder«-Deutschland näher, als an eine Expansion auf neue Märkte, sprich: ins benachbarte Ausland, zu denken?

Ganzseitige Zeitungsanzeige zur Wiedereinführung von Jacobs Kaffee im Saarland, 1959

Erste Schritte in neue Märkte: Das Saarland

Rückblickend erscheint die Einführung von Jacobs Kaffee im Saarland 1959 wie ein »Testlauf« für die Ausweitung der Verkaufstätigkeit über die bundesdeutschen Grenzen hinaus. Nach dem Zweiten Weltkrieg war das Saargebiet unter französischem Protektorat eigenständig und erhielt neben einer eigenen Verfassung, Regierung und Staatsangehörigkeit auch eine eigene Währung, den »Saar-Franken«, der zum französischen Franc konvergent war und zusammen mit einer Zollunion die enge wirtschaftliche Anbindung des Saarlands an Frankreich stabilisierte. Zu den drei westlichen Besatzungszonen und später zur Bundesrepublik Deutschland bestand dagegen eine Zollgrenze, und auch sonst blieb das Verhältnis der »Sarrois« zum östlichen Nachbarland distanziert. Erst am 1. Januar 1957, nach jahrelanger politischer Diskussion auf beiden Seiten der Grenze und einer Volksabstimmung, trat das Saarland der Bundesrepublik Deutschland als zehntes Bundesland bei. Damit war die »Wiedervereinigung« zwar politisch vollzogen, das Saarland gehörte aber weiterhin zum französischen Zollgebiet. Auch der Saar-Franke wurde beibehalten. Doch Anfang des Jahres 1959 war absehbar, dass diese Hürden für ein gemeinsames Wirtschaftsgebiet mit der Bundesrepublik in nicht allzu ferner Zukunft fallen würden.

Auf diesen »Tag X« wollte man natürlich auch bei Jacobs vorbereitet sein, um danach so schnell als möglich auf dem neuen Markt mit immerhin einer Million Saarländern Fuß fassen zu können. Dank der hohen Dichte von Industriebetrieben wurden dort gute Löhne und Gehälter gezahlt, weshalb der Pro-Kopf-Verbrauch an Kaffee mit 4,2 Kilogramm jährlich um fast 50 Prozent höher lag als im Bundesdurchschnitt. Auch war die Kon-

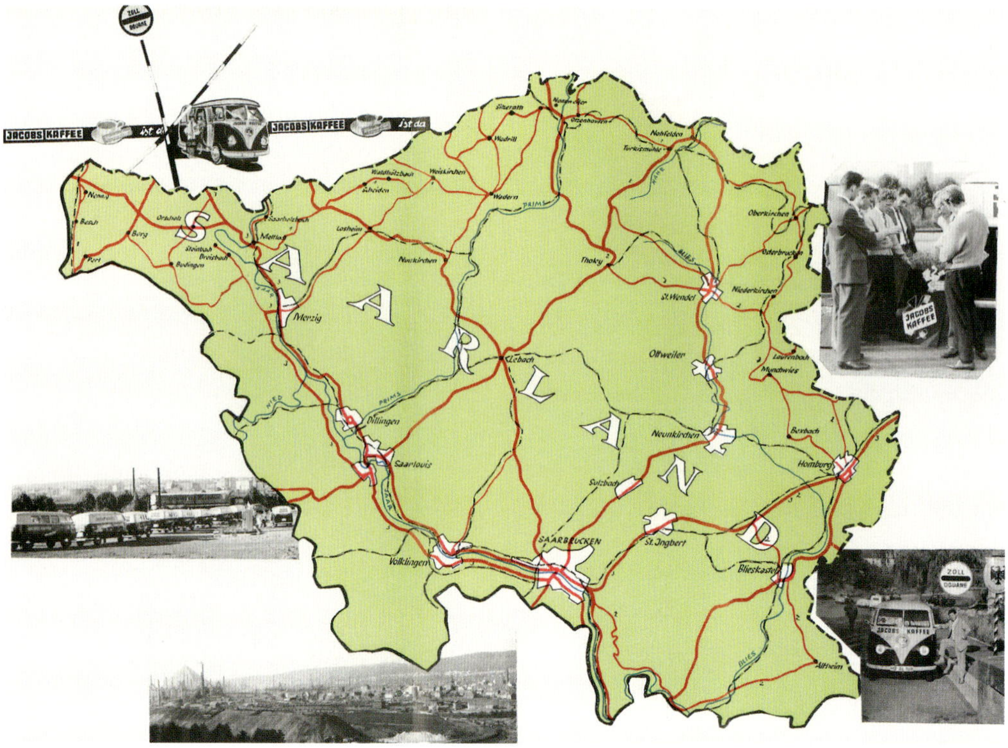

Alle Mitarbeiter werden informiert: Jacobs ab sofort wieder im Saarland, »Kontakt« 1959

kurrenz auf dem Röstkaffee-Markt noch wenig ausgeprägt, kurz: Das kleine Land an der deutschen Westgrenze verhieß gute Geschäfte.[1] Das Saarland wurde also nach dem Muster der Bundesrepublik in zukünftige Verkaufsgebiete eingeteilt, und ab April 1959 schickte Jacobs, sozusagen als Vorhut, je zwei Außendienstmitarbeiter zu »Kontaktbesuchen« zu den Einzelhändlern in die neuen »Gebiete 851 bis 858«. Es ging dabei nicht nur darum, Marktchancen auszuloten und Adressen potenzieller Kunden zu sammeln, sondern es sollten auch, quasi in praktischer Vorwegnahme der wirtschaftlichen Wiedervereinigung, Muster, Werbematerial und Preislisten verteilt und sogar schon erste Bestellungen für den »Tag X« entgegengenommen werden.

Die Kontaktaufnahme war behördlich genehmigt. Das Verteilen von Warenmustern und Bestellkarten und natürlich das Aufnehmen von Bestellungen lagen dagegen – vorsichtig formuliert – in einer rechtlichen Grauzone, aber »[...] bei richtiger Handhabung dürfte es wohl keine Schwierigkeiten bereiten, eine kleine Musterkollektion unbeschadet über die Grenze zu bringen.« Und: »Im Übrigen vertrauen wir auf Ihr persönliches Geschick bei der Gesprächsführung«, so der Wortlaut der Verkaufsleiterrundschreiben.[2] Die Kontaktaufnahme stieß im saarländischen Einzelhandel auf ein großes Echo, denn Jacobs Kaffee war aus dem grenzüberschreitenden Werbefunk, der Werbung in deutschlandweit erscheinenden Zeitungen und Zeitschriften und selbst noch aus den Erinnerungen an die Vorkriegszeit bei Handel und Verbrauchern im neuen Bundesland sehr präsent. Viele der rund 5000 Einzelgeschäfte gaben zu verstehen, dass sie nach dem wirtschaftlichen Zusammenschluss selbstverständlich Jacobs-Produkte in ihr Sortiment aufnehmen würden, und bald stapelten sich die Postaufträge für den »Tag X« in Bremen.

Dank der guten Vorbereitung konnte also, als im Juli 1959 endlich die Zollschranken fielen, der eigentliche Großeinsatz im Saarland schnell und reibungslos beginnen. Zur (Wieder-)Einführung wurde eine breit angelegte Werbekampagne in saarländischen Zeitungen, im Rundfunk und in den Kinos lanciert. »Jacobs stellt sich der Vertrauensprobe!«, lautete das Motto der Kampagne, die durch Probenausschank und Schaufensterdekorations-Aktionen unterstützt wurde. Schon in den ersten Wochen und Monaten konnte der Verkauf »recht beachtliche« Zahlen nennen[3], und als sich die Lage nach der ersten turbulenten Zeit normalisierte, wurden die Gebiete 851 bis 858 schnell als ganz normale Verkaufsgebiete in das Jacobs-Vertriebsnetz integriert. Der »Testlauf« für die Expansion auf neue Märkte war geglückt.

Jacobs Kaffee in Benelux: Zwei Erfolgsgeschichten und eine Niederlage

Ermutigt durch die Erfolge im Saarland, standen als Nächstes die Benelux-Länder auf dem Expansionsplan des Jacobs-Vertriebs. Gerade in Luxemburg und im deutschsprachigen Teil Belgiens versprach man sich einen leichten Markteinstieg, denn auch dort war Jacobs Kaffee aus der Vorkriegszeit, der Rundfunk- und Zeitungswerbung und dem täglichen Grenzverkehr bereits relativ bekannt. Zudem kauften nicht wenige Luxemburger oder Belgier aus den grenznahen Gebieten auch in Deutschland ein.

»Wir freuen uns, Ihnen heute die Mitteilung machen zu dürfen, daß wir aufgrund vieler Anfragen aus dortigen Verbraucherkreisen ab August 1960 auch nach Luxemburg JACOBS KAFFEE liefern werden. Einer unserer Herren Reisenden wird sich erlauben, in den nächsten Tagen bei Ihnen vorzusprechen, um Sie mit JACOBS KAFFEE bekannt zu machen und Ihnen mit allem Wissenswerten zu dienen.«[4] Mit diesem Rundschreiben an die Einzel- und Großhändler in Luxemburg läutete Jacobs den Start auf dem neuen Absatzmarkt ein. Zwar waren im Vorfeld einige Zoll- und Devisenfragen zu klären, aber insgesamt verlief die Einführung von Jacobs Kaffee in dem kleinen Großherzogtum eher unspektakulär. Man wollte mit einer breit angelegten Einführungswerbung »von vornherein einen nachhaltigen Eindruck erwecken«[5]; und so verkündeten nach bewährter Manier Zeitungen, Rundfunk, Kinospots und Plakatwerbung die Jacobs-Werbebotschaften (auch hier natürlich »... wunderbar«). Dabei war Jacobs die erste deutsche Kaffeemarke, die sich auf dem luxemburgischen Markt versuchte. »Den anderen eine Länge voraus« – dieses Prinzip schien aufzugehen, denn schon einen Monat nach der Einführung konnte man bei Jacobs »befriedigt feststellen, daß wir auf dem besten Wegen sind, einen, wenn auch kleinen, aber neuen Markt für uns zu erschließen«.

Einige Monate später sorgte die Jacobs-Präsenz auf der Internationalen Messe Luxemburg 1961 für große und äußerst positive »Publicity«, wozu besonders der Besuch der luxemburgischen Erbgroßherzogin Charlotte am Jacobs-Stand beigetragen hatte. Das örtliche »Tageblatt« berichtete unter der Überschrift »Ein Name – ein Begriff,

Jacobs-Kaffeeausschank auf der Luxemburger Messe, 1961

Werbeanzeige für die beiden Sorten »Lux Special« und »Gelb«, 1961

eine Qualitätsmarke: JACOBS KAFFEE!«: »JACOBS KAFFEE wird stets frisch nach unserem Land geliefert. [...] Am Stand herrscht stets lebhafter Andrang. Die Vorzüge der Jacobs-Qualität werden hier konkret goutiert. Überall hat sich der Name Jacobs für feinsten Kaffee durchgesetzt – oder ist im Gange, sich durchzusetzen.«[6] Und so konnte Verkaufsleiter Erken, der die drei Luxemburger Verkaufsgebiete im Rahmen der Verkaufsgruppe 80 (Aachen) mit betreute, bereits im Oktober 1961 in seinem »Erfahrungsbericht über Luxemburg« verkünden, dass Jacobs Kaffee trotz einiger regionaler Besonderheiten »bei vielen Kunden sehr gut Fuß gefaßt« habe.[7] Tatsächlich betrug der Umsatz mit Röstkaffee und Moccapress 1961 in Anbetracht des kleinen und relativ ländlich geprägten Verkaufsgebiets schon beachtliche 383.000 D-Mark.

In der ersten Zeit wurden dabei dieselben Sorten wie in Deutschland verkauft, also neben den klassischen Jacobs-Mischungen auch koffeinfreier Kaffee und der lösliche Moccapress. Es stellte sich aber heraus, dass die Kaffeegewohnheiten der Luxemburger anders waren als die ihrer deutschen Nachbarn – unter anderem wurde der Kaffee im Großherzogtum oft nicht als Filterkaffee, sondern im »Frenchpress«-Verfahren in Glaskannen mit Siebeinsatz zubereitet. Um also dem Geschmack und den Gewohnheiten der Luxemburger entgegenzukommen, wurden Mitte 1962 die Sorten »Lux Spécial« und »Lux Merido« eingeführt und in einer großen Werbekampagne beworben.[8] Mitte der sechziger Jahre hatte Jacobs sich auch in Luxemburg einen beachtlichen Platz auf dem Kaffeemarkt erobert, der Umsatz stieg auf fast eine Million D-Mark an.[9] Und, so stellte man bei Jacobs in einem Rückblick auf die Luxemburger Erfahrungen der ersten Jahre fest: »Auch im Hinblick auf das weitere Vordringen unserer Marke auf den europäischen Markt war das Verhalten der Verbraucher in Luxemburg zu JACOBS KAFFEE hochinteressant.«[10]

Tatsächlich betätigte sich Hans Erken von Luxemburg aus schon seit 1961 auch in Richtung der anderen Benelux-Länder als »Kundschafter«. Auf zahlreichen Reisen ins deutschsprachige Belgien und in die Niederlande machte er sich ein Bild von den dortigen Kaffeepreisen, Geschmacksvorlieben und Handelsstrukturen und berichtete darüber detailliert an die Abteilung Verkaufsleitung in Bremen.[11] Erken sah aufgrund der Marktstrukturen, der Konkurrenzsituation und nicht zuletzt wegen historisch bedingter Vorbehalte gegenüber deutschen Firmen zwar gewisse Hindernisse, schätzte einen Markteintritt, insbesondere in Belgien, aber doch als insgesamt lohnend ein. Jacobs schloss sich dieser Einschätzung an und beauftragte Erken in einem Schreiben vom 14. September 1962, mit dem Verkauf von Jacobs Kaffee in den drei belgischen Kreisen Eupen, Malmedy und St. Vith sofort zu beginnen. Die Belieferung erfolgte zunächst von Luxemburg aus und mit den dort verkauften Sorten.

Schon von 1964 an wurde Belgien zum eigenständigen Verkaufsgebiet. Auch hier entwickelten sich die Umsätze positiv. Bereits vier Jahre später überschritten sie die »Eine-Million-DM«-Marke, was angesichts der Tatsache, dass nur etwa 70.000

Einwohner im deutschsprachigen Verkaufsgebiet wohnten, eine beachtliche Leistung war.
Für die Niederlande dagegen scheiterte der Aufbau eines eigenständigen Verkaufs. Die in Meppel (bei Zwolle) ansässige Firma »N.V. Verenigde Tabaksfabrieken Gebroeders Jakobs« konnte in diversen Gerichtsprozessen bewirken, dass das Wortzeichen »Jacobs« von der deutschen Firma Jacobs in den Niederlanden für Kaffee, Kaffee-Ersatz, Tee und Kakao nicht verwendet werden durfte. Selbst der Gebrauch des eigenen Firmennamens wurde Jacobs untersagt.[12] Mit einem Trick gelang es dennoch, kleinere Mengen Jacobs Kaffee in Holland zu verkaufen: Die Firma Paul Import-Export kaufte und verkaufte in Rotterdam Jacobs Kaffee, was deshalb legal war, weil der Rhein dort unter die Bestimmungen der Internationalisierung fiel und deshalb nicht zum niederländischen Staatsgebiet gehörte, für das das »Jacobs/Jakobs«-Urteil ja nur galt. Letztlich blieben die verkauften Mengen aber gering, und der jährliche Umsatz bewegte sich bis zur Aufgabe des Rotterdam-Geschäfts 1968 in einer Größenordnung von lediglich 30.000 bis 40.000 D-Mark.[13]

»Jacobs Kaffee ... wunderbar« – jetzt auch in Österreich!

»Ihnen allen wird nicht unbekannt sein, daß jährlich Hunderttausende deutscher Besucher nach und durch Österreich nach Italien fahren, um dort ihren Urlaub zu verbringen. Die Zahlen der letzten Jahre haben einen enormen Aufschwung der Wandertätigkeit von Deutschland nach Österreich erkennen lassen, und sicherlich wird mancher, der seine Ferien bereits in Österreich verbracht hat, wissen, wie es auf dem Kaffeemarkt aussah. Immer wieder hörte man, daß Österreich zwar ein sehr schönes Land sei, der Kaffee aber sehr zu wünschen übrig lasse.« So berichtete im Jahr 1961 die Jacobs-Mitarbeiterzeitschrift »Der Kontakt«. Viele große Hotels, so begründete Jacobs seinen Einstieg in den österreichischen Markt weiter, hätten deshalb trotz Zoll und hoher Transportkosten in den letzten Jahren Jacobs Kaffee aus Deutschland bezogen, um ihren deutschen Gästen die gewohnte »wunderbar«-Qualität bieten zu können. Nachdem Ende 1960 Vermutungen laut wurden, Österreich würde sich möglicherweise bald der Europäischen Wirtschaftsunion anschließen, mithin die Geschäfte dort für ausländische Firmen einfacher werden, wurde der Entschluss gefasst: Es sollte eine Jacobs-Zweigniederlassung in Wien geben, um auch in der Alpenrepublik Qualitätskaffee nach Bremer Vorbild auf den Markt zu bringen.[14]

Werbeanzeige zur Einführung von Jacobs Kaffee in Österreich, 1961

Im Februar 1961 kaufte die Joh. Jacobs & Co., Bremen, deshalb die ehemalige Schokoladenfabrik Karl Seidl's Söhne in Wien, Zeilergasse 20–22, um dort eine eigene Rösterei einzurichten. Eine Aufgabe, die sich als echte Herausforderung herausstellte, befand sich das Gebäude samt den mit übernommenen alten Maschinen doch in einem beklagenswerten Zustand. Neben den nötigen baulichen Maßnahmen musste die gesamte Technik ausgetauscht und an die Bedürfnisse einer modernen Kaffeerösterei angepasst werden. Die meisten Anlagen für die Produktion kamen im März und April 1961 aus Bremen, darunter gebrauchte Verpackungsmaschinen, Verlesetische und ein Vakuum-Vollautomat für Runddosen. Aber auch Büromaschinen und nicht zuletzt über 40 der gelb-schwarzen VW-Transporter für den Außendienst wurden aus Deutschland importiert. Allein die technischen Anlagen, obwohl sie eher zu den älteren Semestern zählten, hatten einen Zollwert von rund 650.000 D-Mark. Die Zeilergasse 20–22 verwandelte sich in eine große Baustelle, auf der Anfang Mai der erst 24-jährige Klaus J. Jacobs eintraf. Er war zuvor von einem längeren Mittelamerika-Aufenthalt zurückgekehrt und von seinem Vater mit dem Aufbau des österreichischen Geschäfts betraut worden. Die Wiener Jacobs-Rösterei musste betriebsbereit gemacht und eine passende Belegschaft für Produktion und Vertrieb gewonnen werden. Da in Österreich der Kaffeevertrieb ausschließlich über den Großhandel lief, war der Direktvertrieb und damit das Berufsbild des »Kaffeereisenden« gänzlich unbekannt. Die zentrale Aufgabe war somit, geeignete Kandidaten zu finden. »Natürlich mußten diese Herren auch erst einen Eindruck davon bekommen, was JACOBS KAFFEE in Deutschland darstellt und welche Aufgaben sie als Repräsentanten einer Markenfirma haben« – deswegen wurden die aus Hunderten Bewerbern ausgewählten zukünftigen Jacobs-Außendienstler zunächst zu Schulungen nach Bremen geschickt, während gleichzeitig erfahrene deutsche Jacobs-Reisende, Dekorateure und Werbedamen

Die ehemalige Schokoladenfabrik von Karl Seidl in Wien wurde 1961 zum Jacobs-Kaffeewerk umgebaut

Die ersten Angestellten …

dazu aufgerufen wurden, sich zum Aufbau der österreichischen Verkaufsorganisation für einen drei- bis viermonatigen »Auslandseinsatz« in Wien zu melden.[15]

Nun musste die neue Führungsmannschaft in Wien – neben Klaus J. Jacobs waren das auch der Außendienstleiter Ludwig Springler und die von der alten Seidel-Schokoladenfabrik übernommene Finanzprokuristin Margarethe Hausendorfer – die Werbung zur Markteinführung von Jacobs Kaffee in Österreich organisieren. Die auf die türkische Belagerung von Wien im Jahre 1683 zurückgeführte österreichische Kaffeetradition war eine Art Nationalheiligtum und die Konkurrenz auf dem Markt groß, besonders durch die alteingesessene Firma Julius Meinl. Wie also sollte man den Österreichern ausgerechnet deutschen Filterkaffee, der so gar nicht der gewohnten Espresso-Zubereitungsart und extrem dunklen Röstweise entsprach, schmackhaft machen? Nach einigem Hin und Her stand die Strategie für einen auf die nationalen Kaffee-Vorlieben abgestimmten Werbefeldzug, der »an Durchschlagskraft alles übertraf, was bisher auf dem österreichischen Kaffeemarkt erschienen war«.[16] Im Juni 1961 ging die erste Preisliste an die Händler, der Außendienst nahm Bestellungen auf, und so stand »mit einem Paukenschlag« am 6. Juli landesweit Jacobs Kaffee im Handel. Der Termin war durchaus mit Bedacht gewählt. Die Hochsaison im Fremdenverkehr könnte für eine gewisse »Startnachfrage« sorgen, gleichzeitig lief der Kaffeeumsatz noch nicht auf vollen Touren, sodass man sich mit etwas mehr Ruhe auf den österreichischen Markt einstellen konnte. Zudem musste die Ware zunächst aus Bremen importiert werden, da die Wiener Rösterei mit Startschwierigkeiten zu kämpfen hatte – ein Verkaufsstart in der betriebsreichen Vorweihnachtszeit wäre gar nicht zu bewältigen gewesen.

Die Bilanz nach den ersten Wochen fiel uneinheitlich aus. Es gab deutliche regionale Unterschiede im Verkaufserfolg. In den typischen Touristenregionen in Vorarlberg, Oberösterreich und Tirol lief das Geschäft gut an, während im Osten des Landes – in Niederösterreich, im Burgenland oder im Mühlenviertel – der Absatz hinter den Erwartungen zurückblieb. Dennoch gaben die ersten Zahlen Anlass, optimistisch in die Zukunft zu blicken. Anfang Oktober, gerade drei Monate nach Markteinführung, konnte die Jacobs-Zweigniederlassung bereits einen Kundenstamm von 6000 Einzelhändlern verzeichnen. 35 Jacobs-

… und Kontorarbeit in Wien, 1961

Werbebroschüre 1963

Der Firmenchef sollte mit seiner Prognose recht behalten. Die Entwicklung von Jacobs Kaffee auf dem österreichischen Markt verlief in den folgenden Jahren überaus erfolgreich. Bereits im Herbst 1962 hatte sich die Zahl der belieferten Geschäfte auf rund 11.000 Kunden nahezu verdoppelt, der Betrieb in Wien umfasste mit Außendienst, Innendienst und Produktion über 160 Beschäftigte. Das erste volle Geschäftsjahr konnte die Jacobs-Kaffee GmbH Wien mit fast 670 verkauften Tonnen Röstkaffee und einem Umsatz von über 45 Millionen Schilling abschließen. Als 1964 von der Gesellschaft für Konsumforschung erstmals die Marktanteile erhoben wurden, lag Jacobs beim »Haushaltsverbrauch Bohnenkaffee« schon bei über 15 Prozent, und der Mengenabsatz überschritt die 1000-Tonnen-Marke.[18]

Der ganz »große Sprung nach vorn« gelang allerdings erst mit der Einführung eines speziell auf den österreichischen Kaffeegeschmack abgestimmten Produkts: »Monarch« hieß die neue Spitzensorte für den Markt der Alpenrepublik, die 1964 aus 60 Mischungen ausgewählt wurde, um der Vorliebe der Verbraucher für kräftigen Kaffee entgegenzukommen. Der Erfolg war durchschla-

Reisende übernahmen die Belieferung per Frischdienst. Damit war Jacobs Kaffee in fast jedem vierten Geschäft, das Kaffee führte, zu kaufen. Als die bisherige »Außenstelle Wien« der Joh. Jacobs & Co. dann am 18. Dezember 1961 offiziell als Firma »Jacobs-Kaffee GmbH, Wien«, mit den Geschäftsführern Ludwig Springler und Kurt Ahlers, ins Wiener Handelsregister eingetragen wurde, waren bereits über 170 Tonnen Jacobs Kaffee verkauft und zehn Millionen Schilling Umsatz gemacht. So konnte Walther J. Jacobs in seiner Rückschau auf das Jahr 1961 feststellen: »Nach dem Anlaufen im Juli wurden schon recht beachtliche Erfolge erzielt, die zu der Hoffnung berechtigen, daß JACOBS KAFFEE in wenigen Jahren in Österreich zu den großen Marken gehören wird.«[17]

Jacobs-Lieferwagen in Wien Anfang der 1960er Jahre

In Österreich heißt die Spitzensorte »Monarch«, sie wurde 1964 eingeführt

gend. Innerhalb von sechs Jahren stieg Jacobs mit dem speziell für den österreichischen Markt aufgemachten und beworbenen »Monarch« zum österreichischen Marktführer bei Bohnenkaffee auf, und zehn Jahre nach Gründung der Wiener Dependance betrug der Jahresumsatz dort 277 Millionen Schilling. Über 3000 Tonnen Röstkaffee wurden verkauft. Für diese Mengen und den stetig wachsenden Mitarbeiterstab war der alte Firmensitz in der ehemaligen Schokoladenfabrik an der Zeilergasse zu klein geworden. Jacobs hatte bereits Mitte der sechziger Jahre nach Alternativen gesucht und 1968 modernere Produktions- und Verwaltungsgebäude in der Zimbagasse in Wien-Auhof bezogen. Doch bald musste erneut an Erweiterung gedacht werden.

Anfang der siebziger Jahre war Jacobs vom österreichischen Kaffeemarkt nicht mehr wegzudenken. Insbesondere »Monarch«, das Flaggschiff des Sortiments, wurde von den Verbrauchern als typisch österreichischer Kaffee verstanden und akzeptiert. Werbung und Gewinnspielaktionen erreichten Millionen Verbraucher, der Expansionskurs hielt ungebrochen an, und Jacobs hatte die 30-Prozent-Hürde bei den Marktanteilen fest im Visier.[19] Und nicht nur über die erfolgreichen Produkte war der Name Jacobs inzwischen fest in Österreich verankert, auch im Straßenbild war Jacobs Kaffee nicht nur mit fast 130 Frischdienstwagen präsent. Apropos Straße: Im August 1972 erfuhr die Firma mit der Umbenennung eines Teils der Wiener Zimbagasse in »Jacobsgasse« eine schöne Anerkennung, denn nach den jährlichen Geschäftsberichten spiegelte nun auch der Wiener Stadtplan den Erfolg der Bremer in Österreich wider.[20]

Eine Generalvertretung in Südtirol und die Lizenzproduktion in Jugoslawien

Obwohl mit der Wiener Firma erfolgreich der österreichische Markt erschlossen werden konnte, fühlte sich das Unternehmen für den Schritt auf weitere große Märkte, wie zum Beispiel Frankreich, noch nicht bereit. Zwar wagte man sich in weitere Länder vor, allerdings in sehr bescheidenem Rahmen und ohne eigene Firmen oder Vertriebsorganisationen zu gründen.

Für den deutschsprachigen Markt Südtirols holte Jacobs mit dem Import-Unternehmer Benedikt Gramm einen Generalvertreter ins Boot. Er sollte die Nachfrage nach Jacobs Kaffee besonders von Hotels und Touristen bedienen. Gramm lieferte die Markteinschätzung und plante den Vertrieb in der norditalienischen Region. Jacobs organisierte von Bremen aus die Werbung und lieferte die Ware. Im September 1963 begann, begleitet von umfangreicher Einführungswerbung, der Verkauf eines ausgesuchten Sortiments von Jacobs-Produkten in Südtirol. Die »Sorte Grün« zielte auf den Geschmack der deutschen Touristen, die auf die gewohnte Jacobs-Spitzensorte auch im Sommerurlaub nicht verzichten wollten. Der kräftig geröstete »Jacobs Espresso« sollte die einheimischen Verbraucher überzeugen. Jacobs Tee in Aufgussbeuteln rundete das Südtiroler Angebot ab.[21] Die Besonderheit war, dass die beiden Kaffee-Sorten ausschließlich gemahlen in »Ziehfix«-Vakuumdosen geliefert wurden. Vermutlich ein Zugeständnis an den langen Transportweg, bei dem nur der Vakuumschutz das Kaffeearoma erhalten konnte.

Für Jacobs war dieses Engagement mit wenig Risiko verbunden, ging die Firma in Südtirol doch keinerlei Verpflichtungen ein. Für den vergleichsweise geringen Aufwand von rund 8000 D-Mark finanzierte sie lediglich die Einführungswerbung: Versand von Werbebriefen, Anzeigen in der deutschsprachigen Zeitung »Dolomiten«, Radiowerbung im seit 1960 sendenden deutschsprachigen »Rai Bozen« und Dekorationsmaterial für den Einzelhandel. So sorgte die Firma zugleich dafür, dass das Erscheinungsbild von Jacobs Kaffee in Südtirol von Anfang an den heimischen Standards entsprach. Von den Vorlagen der Werbebriefe bis zu den Texten der Durchsagen im Radio und Annoncen in den Zeitungen – alles war von der Bremer Werbeabteilung entworfen oder abgesegnet worden. Das Südtirol-Sortiment wurde 1964 um Großverbraucher-Packungen der Sorten »Blau« und »Braun« sowie »Moccapress« erweitert. Hotels und Gaststätten rückten in den Mittelpunkt der Verkaufsaktivitäten, denn man hoffte verstärkt darauf, dass deutsche Urlauber zugriffen, wenn sie in Südtiroler Cafés, Hotels und Restaurants Jacobs Kaffee »nach deutscher Art« auf der Karte entdeckten.[22] Doch insgesamt verlief das Südtirolgeschäft in eher bescheidenem Rahmen.

Die ersten Beziehungen zu einem im Vergleich zu Südtirol dann mit sehr viel mehr Aufwand erschlossenen Markt entwickelten sich 1967 in Wien. Die dortige Jacobs-Firma hatte schon häufiger Anfragen aus den Ländern des Ostblocks erhalten. Nun konkretisierten sich die Kontakte zu einem Agenten der jugoslawischen Lebensmittelfirma Podravka. Nach fast einjähriger Verhandlungsdauer über mögliche Formen der Zusammenarbeit wurde ein Lizenzabkommen unterzeichnet. Jacobs würde den Markennamen, Produktionsmaschinen und technisches Know-how zur Verfügung stellen, und Podravka durfte gegen Lizenzzahlungen Kaffee am Firmenstandort Koprivnica bei Zagreb rösten und unter dem Namen »Jacobs Kava« in Markenaufmachung auf dem jugoslawischen Markt vertreiben. Röst-, Verlese- und Verpackungsmaschinen aus Bremen und Wien wurden nach Koprivnica geliefert und

Werbeanzeige zur Einführung von Jacobs Kaffee in Südtirol, 1963

Jacobs-Werbung in Bozen, Südtirol

dort von Jacobs-Technikern aufgebaut. Zugleich wurden Podravka-Mitarbeiter sechs Wochen lang in Bremen in Betriebstechnik und Vermarktung geschult. Im Sommer 1969 war es schließlich so weit: Die Produktion von »Jacobs Kava« in Jugoslawien lief an, und »Jacobs« war, zumindest mit Namen und Qualitätsversprechen, auf einem weiteren europäischen Markt vertreten.[23]

Ein Kaffee-Werk in Berlin

Jacobs suchte während der sechziger Jahre nicht nur im Ausland nach Möglichkeiten zur Expansion. Eine große neue Dependance sollte zu Beginn des Jahrzehnts in Berlin aufgebaut werden. Im Frühjahr 1961, wenige Monate vor dem Bau der Berliner Mauer, wurde an der Prinzenstraße in Kreuzberg der erste Spatenstich zur Errichtung einer modernen Jacobs-Kaffeerösterei samt Lager und Verwaltungsgebäude getan. Die Entscheidung zum Bau eines eigenen Berliner Produktionsstandorts war gefallen, als sich immer deutlicher abgezeichnet hatte, dass die Belieferung des Westberliner Marktes von Bremen aus auf Dauer nicht zuverlässig möglich sein würde. Zu unsicher war doch die politische Lage, zu zeitintensiv der Lkw-Transport über die Transitstrecken durch die DDR und vor allem zu groß die benötigten Mengen: Im Jahr 1960 verkaufte Jacobs in Berlin Kaffee im Wert von rund 27.500.000 D-Mark. Dazu machten Steuervergünstigungen (»Berlinpräferenz«) die Stadt als Produktionsstandort attraktiv. Und nicht zuletzt hatte Jacobs Kaffee in Berlin bereits eine lange Tradition.

Schon Mitte der zwanziger Jahre, kurz nach der Gründung der Joh. Jacobs & Co., hatte es einen Repräsentanten für Jacobs gegeben, der in Berlin-Karlshorst eine Art Kommissionslager für den Markenkaffee aus Bremen unterhielt. In den dreißiger Jahren waren bis zu fünf Reisende in der Hauptstadt in Sachen »Jacobs« unterwegs. 1938, im letzten »Kaffeejahr« vor dem Zweiten Weltkrieg, betrug ihr Jahresumsatz 535.000 Reichsmark und damit etwa fünf Prozent des Jacobs-Gesamtumsatzes.

Richtfest in Berlin am 5. Oktober 1961. Das Werk entstand unweit der Sektorengrenze auf den Grundstücken Prinzenstraße 32/33

Nach dem Krieg konnte Jacobs die Belieferung des Westteils der nun geteilten Stadt ab 1954 wieder aufnehmen, und als Mitte der fünfziger Jahre die Jacobs-Zentrallager zur Belieferung des Frischdienstes entstanden, war auch Berlin unter den ersten Standorten, die per Lkw von Bremen aus mit Ware beschickt wurden. Zunächst befand sich das Berliner Lager in Neukölln in der Treptower Straße 41–43, bevor 1958 eine größere Räumlichkeit an der Kreuzberger Fidicinstraße nahe dem Flughafen Tempelhof bezogen wurde.[24] Der Standort diente nicht nur als Lager für die Kaffeelieferungen aus Bremen, sondern auch als »Hauptquartier« der Berliner Außendienstmitarbeiter: Etwa 50 Kaffeereisende trafen sich hier regelmäßig, um »im Kreis der Berliner Jacobs-Familie« Ideen für den Verkauf zu schmieden und Erfahrungen aus dem manchmal nicht ganz einfachen Berliner Verkäuferalltag auszutauschen. Denn das Kaffeegeschäft innerhalb der in vier Sektoren aufgeteilten Stadt barg einige Besonderheiten: So waren auf vielen Verkaufstouren die Sektorengrenze und die Kontrollpunkte allgegenwärtig, und oft musste die eine oder andere Kaffeepackung den Besitzer wechseln, um das Durchkommen zu erleichtern. Außerdem bescherte die Belieferung der Ost-West-Märkte am Stadtrand, an denen sich die DDR-Bürger mehr oder weniger legal mit Westwaren – ganz besonders auch Kaffee – eindeckten, so manche Überraschungen, die im Abschnitt über das DDR-Geschäft noch gesondert zu schildern sind.[25]
Viel mehr Sorgen als diese alltäglichen und mitunter auch komischen Begebenheiten bereitete dagegen die politische Gesamtlage rund um Berlin. Nach dem »Chruschtschow-Ultimatum«, jener diplomatischen Note vom 10. November 1958, in dem der Sowjetchef die Umwandlung Westberlins in eine selbstständige politische Einheit und den Abzug der westalliierten Truppen aus der Stadt gefordert hatte, war die zweite Berlin-Krise im vollen Gange. Und nicht nur die Politik in Westdeutschland sorgte sich um die Zukunft der Stadt und deren Insellage inmitten der »Ostzone«. Auch für die Wirtschaft und die Unternehmen, die in Westberlin tätig waren, barg die angespannte Situation viele Unsicherheiten, ganz besonders natürlich, was die Versorgungslage betraf. Bei Jacobs in Bremen entschloss man sich daher Anfang 1959, neben dem Lager in der Fidicinstraße vorsorglich eine Rösterei einzu-

Seit Juli 1962 in Betrieb: das neue Werk an der Prinzenstraße / Ecke Ritterstraße im Berliner Bezirk Kreuzberg. Der Betrieb endete 1982 mit der Einweihung des neuen Werkes in der Nobelstraße in Berlin-Neukölln

richten, um im Notfall auch vor Ort produzieren zu können. Im Sommer 1959 ging die Anlage in Betrieb.[26]

Die kleine Rösterei in den provisorisch hergerichteten Räumen konnte aber keine Dauerlösung sein. Ihre Kapazität reichte bei Weitem nicht aus, um die Berliner Nachfrage nach Jacobs Kaffee zu befriedigen. Deshalb entschloss sich Jacobs 1960 zum Neubau eines modernen Produktionsstandorts in der Stadt. 1961/62 entstand also an der Prinzenstraße ein fünfstöckiges Geschäfts- und Produktionsgebäude mit zugehöriger Lagerhalle – insgesamt waren es über 3000 Quadratmeter Fläche. Allein das Rohkaffeesilo im Tiefkeller fasste zehn Tonnen, weitere Lagerkapazitäten standen im Palettenlager zur Verfügung. Die gesamte Rohkaffee-Einlagerung und Beförderung war elektronisch gesteuert, und auch die vollautomatischen Röst- und Verlese- und Verpackungsmaschinen entsprachen dem neuesten Stand der Technik. Die Kapazität war zunächst auf die Verarbeitung von 5000 Tonnen Rohkaffee jährlich ausgelegt, dabei sollten sämtliche aus Bremen bekannten Jacobs-Röstkaffeesorten auch in Berlin produziert werden. Für die gleichbleibende Qualität des Berliner Jacobs Kaffees sorgte eine eigene Probenküche, in der nach Bremer Vorbild jede Mischung geprüft und geschmacklich abgestimmt wurde. Und natürlich beherbergte das imposante neue Gebäude, von dessen Dach aus der Schriftzug »Jacobs Kaffee« nachts weit über den Bezirk leuchtete, auch die Büros und Sozialräume der inzwischen 170 Personen umfassenden Innen- und Außendienste.[27]

Dabei hatte die Investition in den neuen Standort in Zeiten politischer Unsicherheit nicht nur eine große wirtschaftliche, sondern durchaus auch eine politische Dimension. Anlässlich des Richtfestes am 5. Oktober 1961, wenige Wochen nachdem die Berliner Mauer die Teilung der Stadt zementiert hatte, dankte der Kreuzberger Bezirksbürgermeister Kressmann dem Unternehmen Jacobs, dass es gerade an dieser Stelle – vom Rohbau aus war die Sektorengrenze in Sichtweite – einen Neubau errichtete, und bezeichnete das Projekt als Beweis des Vertrauens in Berlin. Selbst die SPD-nahe Tageszeitung »Telegraf« feierte das Ereignis überschwänglich: »Wir danken Ihnen, Herr Jacobs, für Ihre Initiative, in dieser schweren Zeit ein so großes Projekt in Angriff genommen zu haben.«[28] Seit Juli 1962 war der neue Jacobs-Standort in Betrieb und verarbeitete bis Jahresende bereits 3500 Tonnen Kaffee.

Bis Ende der sechziger Jahre konnte die Produktion ihren Röstkaffee-Ausstoß von anfangs 15 Tonnen auf fast 40 Tonnen täglich steigern und damit nicht nur den Jacobs-Kaffeebedarf von Westberlin decken, sondern gelegentlich sogar größere Mengen an »Überproduktion« zurück nach Bremen schicken. Auch zeichnete sich ab, dass das Export-Geschäft in die DDR sich gut entwickeln würde und damit das Berliner Werk der ideale Standort zur Versorgung des Ostteils Deutschlands sei.

Anfang 1970 beschloss die Jacobs-Unternehmensführung daher, rund 1,8 Millionen D-Mark in den Ausbau der Produktion an der Prinzenstraße zu investieren. Nachdem das Nachbargelände an der Ecke Ritterstraße erworben werden konnte, begannen im Mai 1970 die Bauarbeiten für eine weitere Lagerhalle und ein neues Eingangsgebäude sowie umfangreiche Umbauarbeiten an den bestehenden Gebäuden. Vor allem die verkehrsmäßige Erschließung des Geländes, die Lagerabläufe und der Warenfluss sollten durch diese baulichen Maßnahmen verbessert werden. Auch neue Maschinen fanden ihren Platz, und so konnte die Produktionskapazität nach dem Umbau von 1972 an auf 50 Tonnen täglich ansteigen.[29]

Unter der Leitung von Kurt Ahlers, der nach dem Aufbau in Wien Klaus Jacobs »großer Mann in Berlin« wurde, folgten ständig weitere Ausbaustufen und Modernisierungen am Standort Prinzenstraße. Ein Hintergrund dafür war die allmähliche Umstellung der Produktion auf »MKH«. Diese Abkürzung für »Mahlkaffee hart« stand für den grundlegenden Wandel des Kaffeeverkaufs von den frisch gerösteten Bohnen auf die länger haltbaren vakuumverpackten Mahlkaffees. Sie wurden bei den Verbrauchern immer beliebter und brachten der Firma große finanzielle Vorteile, denn die Ware drohte nicht so schnell zu verderben und nahm damit den Termindruck aus der Auslieferung per »Frischdienst«. Die Einführung von »MKH« führte in Berlin zur Installation moderner Mühlen- und Abfüllanlagen für die neuen Vakuumverpackungen und die Errichtung eines weiteren Silogebäudes für Rohkaffee.[30] Das Berliner Werk entwickelte sich damit neben Bremen zum zweiten großen deutschen Jacobs-Produktionsstandort.

Ein Pulverkaffeewerk »Am Deich« und der Ausbau des Standortes Langemarckstraße

Doch nicht nur in Wien oder Berlin baute Jacobs in den sechziger Jahren neue Produktionsstandorte auf, auch am Ursprungssitz in Bremen expandierte die Firma kräftig. Nachdem »Moccapress« die Startschwierigkeiten im Verkauf überwunden und sich der Instantkaffee aus dem Hause Jacobs auf dem Markt etabliert hatte, stellte sich bald heraus, dass der Hersteller, die Deutsche Extrakt-Kaffee-Gesellschaft in Hamburg, die benötigten Mengen nicht zuverlässig liefern konnte. Jacobs entschloss sich deshalb, eine eigene Sprühtrocknungs-Anlage zur Herstellung von »Moccapress« zu bauen. Bereits 1962 hatte die Firma Am Deich 31/38 ein passendes Grundstück erworben. Es lag nahe dem Betriebsgelände auf der anderen Seite der Langemarckstraße zwischen Beck & Co. und den Eiswerken Huxmann. Im August 1965 begann unter strengster Geheimhaltung der technischen Details der Bau des neuen Werkes mit mehreren Gebäuden und dem markanten 30 Meter hohen Sprühturm. Im Oktober war bereits Richtfest, im Sommer 1966

ging die Anlage, in die Jacobs mehr als 4,7 Millionen D-Mark investiert hatte, in Betrieb.[31]
Geheim war das Projekt in vielen Teilen auch deswegen, weil dort neben den Sprühtrocknungs-Anlagen für »Moccapress« auch die ersten Anlagen zur Gefriertrocknung gebaut wurden, einer in Deutschland noch völlig neuen Methode zur Instantkaffee-Produktion. Jacobs plante schon seit 1964, einen gefriergetrockneten Löskaffee herauszubringen, und experimentierte an Herstellungsverfahren und Werbestrategien für diese Innovation. Das neue Produkt »Jacobs Prefilter« kam im August 1966 heraus, musste aber nach wenigen Wochen wieder vom Markt genommen werden. Die Hamburger Firma Tchibo hatte erfolgreich gegen die Bewerbung und den Vertrieb von »Prefilter« prozessiert, da der Name und die Werbung die Kundschaft angeblich irreführten. Es sollte fast fünf Jahre dauern, bis Jacobs nach einem kostspieligen und langwierigen Rechtsstreit einen erneuten Versuch mit gefriergetrocknetem Instantkaffee wagte: »Jacobs Cronat« wurde im Frühjahr 1971 eingeführt und ebenfalls im Pulverkaffeewerk Am Deich hergestellt. Dazu wurde der Betrieb ab Januar 1971 um weitere Gebäude und modernste Gefriertrocknungsanlagen erweitert und dabei noch einmal 1,6 Millionen D-Mark investiert.[32]
Auch das Betriebsgelände an der Langemarckstraße war in der Zeit der Neubauten eine »Dauerbaustelle«. Nach und nach konnte Jacobs Grundstücke rund um das alte Rösterei- und Verwaltungsgebäude und das 1961/62 erbaute Hochhaus aufkaufen oder anmieten und damit nahezu das gesamte Areal zwischen Weser, Häschen-, Grünen- und Langemarckstraße für den Bau von neuen Produktions- und Verwaltungsgebäuden nutzen: An der Häschenstraße wurde 1965 ein altes Lagergebäude in das »Teehaus II« umgebaut, um mehr Platz für die wachsende Teeproduktion zu schaffen. An der Grünenstraße erstand Jacobs den fünfstöckigen Gebäudekomplex Hausnummer 33/36 und brachte dort nach und nach Verwaltungsbüros und das chemische Labor unter. An der Weserseite, auf dem Grundstück Am Deich 54/55, entstanden 1967 und 1968 zur Erweiterung der Lagerkapazitäten ein neues Paletten-Fließlager für Fertigprodukte und ein Rohkaffeesilo mit 1200 Tonnen Fassungsvermögen. Später kamen noch eine Förderbrücke, ein Lager-Leitstand und weitere Technikbauten für die zunehmend automatisierten und rechnergesteuerten Abläufe in Lager und Logistik hinzu.[33]
Auch direkt an der Langemarckstraße wurde ab 1969 gebaut. Nachdem Jacobs das Grundstück

Werbeschild für Jacobs Prefilter, 1966 neu auf dem Testmarkt

Blick auf das Jacobs-Gelände im Straßenkarree Am Deich, Häschenstraße, Grünenstraße und Langemarckstraße …

zwischen Hochhaus und Altbau gekauft und das dort bestehende Gebäude der Firma Mähr abgerissen hatte, wuchs an dieser Stelle ein moderner Industriebau zur Erweiterung der Röstkaffeeproduktion in die Höhe. Hinter der auffälligen Glasfassade waren ab 1970 die Röst- und Verleseeinheiten im Obergeschoss und eine Maschinenpackerei im Erdgeschoss untergebracht. Mittels Elektronik und neuer Regeltechnik waren alle Produktionsschritte in den neuen Anlagen weitgehend automatisiert. Schalttafeln und Zählwerke bestimmten das Bild in den zweckmäßigen Maschinenhallen, Rohkaffeechargen konnten per Knopfdruck aus dem benachbarten Silo abgerufen werden, und am Ende des Verarbeitungsprozesses wurde der fertig verpackte Kaffee über elektronisch gesteuerte Förderbänder in die entsprechenden Lagerplätze ins Palettenlager Am Deich geschickt.[34] »Wir werden sicher noch geraume Zeit benötigen, um alle unsere Betriebseinrichtungen durch einen Computer kontrollieren und steuern zu lassen«, fasste Heinz Jansky, der Produktionsleiter an der Langemarckstraße, den Stand der Jacobs-Technik 1970 zusammen. »Dennoch laufen die Vorbereitungen für eine lückenlose Datenerfassung und für die spätere Anwendung eines Rechners bei allen Planungen und Projektierungen parallel mit. Die neuen Betriebsteile besitzen bereits alle Datenausgänge, die es später ermöglichen, die Messwerte durch

... und auf die beiden Jacobs-Bauten auf der anderen Seite der Langemarckstraße in der Bremer Neustadt Ende der 1970er Jahre

eine Kontrollstelle verarbeiten zu lassen.«[35] Man war also für die computergesteuerte Zukunft und die siebziger Jahre vorbereitet.

Ein weiteres bauliches Kennzeichen für die heraufziehenden »modernen Zeiten« waren auch das 1971/72 errichtete Parkhaus an der Häschen-/Ecke Grünenstraße, das auf fünf Parkdecks mehr als 360 Fahrzeuge aufnehmen konnte und damit den Parkplatzsorgen der zunehmend motorisierten »Jacobiner« ein Ende bereitete.[36] Und schließlich kam die große Modernisierung auch in den Büros an, als ab 1972 ein großes neues Verwaltungsgebäude an der Langemarck-/Ecke Grünenstraße gebaut wurde. Seit Mitte der sechziger Jahre hatte die Unterbringung des Verwaltungspersonals »beinahe beängstigende Formen« angenommen, so beengt mussten die ständig wachsenden Innendienst-Abteilungen wie Finanzen, Verkauf und Werbung inzwischen arbeiten. Das neue Verwaltungsgebäude sollte hier mit über 4000 Quadratmetern Bürofläche Abhilfe schaffen, und das – ein Novum bei Jacobs – in Form von Großraumbüros. Die Wahl dieser Bauform entsprach dabei nicht nur ganz dem Trend der Zeit und ermöglichte eine effizientere Raumnutzung. Ziel der großzügigen, voll klimatisierten »Bürolandschaften« war es auch, kürzere Arbeits- und Entscheidungswege zu schaffen, die Kommunikation zu verbessern und neue Formen der Zusammenarbeit zu ermöglichen – »Teamarbeit«

hieß das neue Schlagwort, das auch in der Verwaltung neue Arbeitsformen und Abläufe etablieren sollte.[37] Im Sommer 1973 war das Gebäude bezugsfertig, das Jacobs-Verwaltungspersonal standesgemäß untergebracht und eine der letzten Lücken im Straßenkarree Langemarckstraße /Grünenstraße / Häschenstraße / Am Deich baulich geschlossen.

Von der Bremer Neustadt nach Hemelingen

Nach Fertigstellung der neuen, jacobsintern »RA IV« genannten Röstkaffeeanlage hatte der Standort an der Langemarckstraße zusammen mit den Produktionen im Altbau (RA I) und im Hochhaus (RA II) eine Maximalkapazität von stolzen 250 Tonnen pro Tag erreicht. An jedwede weitere Expansion war nun allerdings nicht mehr zu denken, jedenfalls nicht in der Bremer Neustadt. Die gesamte Grundstücksfläche war baulich ausgenutzt, und auch die Logistik stieß an ihre Grenzen. So bereitete der An- und Abtransport von monatlich Tausenden Tonnen Rohstoffen und fertigen Produkten über innerstädtische Straßen zunehmend Probleme. Langfristig musste also ein neuer Standort gefunden werden.

1970/71 begann Jacobs deshalb mit der Stadt Bremen die Verhandlungen um ein 20 Hektar großes Grundstück, gelegen am östlichen Stadtrand an der rechten Weserseite im Ortsteil Hemelingen. Dort stand nicht nur ausreichend unbebaute Fläche zur Verfügung, sondern es lockte auch die verkehrsgünstige Lage: Das Areal lag in unmittelbarer Nähe der Anschlussstelle an die Autobahn A1 und der Hemelinger Häfen, und es verfügte zudem über eine Anbindung an das Schienennetz der Bundesbahn. Perfekte Bedingungen für den An- und Abtransport von Rohware und fertigen Erzeugnissen.

Im August 1972 konnte Jacobs den Kaufvertrag unterzeichnen und mit der konkreten Entwicklung

Linke Seite:
Der moderne Erweiterungsbau mit Glasfassade und Großraumbüros Mitte der 1970er Jahre

Die neue Fabrik in Bremen Hemelingen, im Hintergrund die Weser mit Werra- und Fuldahafen, 1977

des Bauvorhabens beginnen. Im Mittelpunkt standen dabei Langfristigkeit und vorausschauende Planung. Bei der Schnelllebigkeit des Wirtschaftslebens könne niemand voraussehen, was die Zukunft bringe, sagte Klaus J. Jacobs, aber man wisse, dass »wir mit Sicherheit in 10 oder 20 Jahren Produkte entwickeln und produzieren werden, von denen der Verbraucher von heute vielleicht noch gar keine Vorstellung hat«. Dafür müsse man gerüstet sein. Das Gelände in Hemelingen bot die Möglichkeit, frei von Platznöten, Rücksichtnahme auf Nachbarn und Verkehrsproblemen großzügig zu planen und neue, weiter ausbaufähige Anlagen zu entwickeln. Die erste Investitionsplanung für den Jacobs-Standort Hemelingen war auf zehn Jahre angelegt und sah eine Investitionssumme von insgesamt 40 Millionen D-Mark für Grundstückserschließung, Gebäude und Anlagen vor.[38]
Schon zwei Monate nach Vertragsunterzeichnung begannen die Erdarbeiten auf dem neu erworbenen Gelände, kurz darauf die Errichtung der Fundamente für die ersten Werksgebäude, eine neue Gefriertrocknungs-Anlage für Instantkaffee. Auf einer Grundfläche von 24 mal 23 Metern entstand innerhalb von sieben Monaten der knapp dreißig Meter hohe Rohbau in Stahlskelettbauweise.

Das Forschungszentrum für moderne Kaffeetechnologie und Produktentwicklung auf dem Hemelinger Gelände im Bau, 1981

Gleichzeitig liefen die Erschließungsarbeiten für das Marschlandgrundstück auf Hochtouren. Wasser- und Abwasserleitungen riesigen Ausmaßes mussten verlegt und die Stromversorgung vorbereitet werden. Straßen wurden angelegt, und immer mehr Baumaschinen rückten an. Zur Infrastruktur des Werksgeländes gehörten unter anderem ein eigenes Kesselhaus, das Dampf für die Beheizung der zukünftigen Werksgebäude und für die Gefriertrocknungsanlage produzieren sollte, Vorratstanks für Heizöl, eine Zentralwerkstatt als neues Zuhause für die technische Instandhaltung und ein Sozialgebäude mit Kantine, Pausenräumen und Umkleiden.[39]

Werbeanzeige, 1971

Im Dezember 1973 waren die Arbeiten so weit fortgeschritten, dass die ersten Probeläufe in der Gefriertrocknung starten konnten. Die Verfahrenstechniken für die neue Instantkaffee-Produktion waren zum großen Teil von Jacobs selbst und in Zusammenarbeit mit dem neuen Partner Douwe Egberts entwickelt worden. Zentral war dabei nicht nur, dass die Anlage höchste Standards der Hygiene und Wirtschaftlichkeit erfüllte, sondern auch die Tatsache, dass der Trocknungsprozess zur optimalen Aromaerhaltung wesentlich verkürzt werden konnte. Der gesamte Produktionsprozess konnte von einem zentralen Leitstand aus elektronisch gesteuert werden – die Hemelinger Gefriertrocknung war damit eine der modernsten Anlagen ihrer Art in Europa. Ab Frühjahr 1974 übernahm sie im Rund-um-die-Uhr-Betrieb mit einer Nennleistung von 1300 Tonnen pro Jahr die Herstellung von Jacobs Cronat. Hemelingen entlastete damit vor allem die Instantkaffeeanlage Am Deich, die mit der Produktion von Moccapress im Sprühtrocknungsverfahren bereits an ihrer Kapazitätsgrenze arbeitete, und hielt für den wachsenden Instant-Markt auch langfristig genug Produktionskapazität vor.[40]

Doch Hemelingen sollte nicht nur Standort für die technisch aufwendige Instantkaffee-Herstellung und -Verpackung werden. Zur ersten Ausbaustufe gehörte auch eine neue Röstkaffeeproduktion. Im Frühjahr 1974 wurde mit dem Bau der Anlage begonnen, ein Jahr später ging sie mit einer Jahresleistung von 11.000 Tonnen in Betrieb. Was beim Start der Röstkaffeeanlage »RA IV« an der Langemarckstraße fünf Jahre zuvor noch Zukunftsmusik war, wurde hier Realität. Auf 3000 Quadratmetern regierten die Computer. Alle Produktionsabläufe, von der Rohkaffee-Einlagerung, der Kontrolle der Lagerbestände und der Zusammenstellung der Rohkaffeemischungen für die einzelnen Chargen über Röstung und Verlesung bis hin zur Verpackung, waren nun voll automatisiert und rechnergesteuert. Neu war auch, dass der überwiegende Teil des Kaffees

Clevere Idee des Marketings: Im Zuge der Einführung vakuumverpackter Mahl- und Löskaffees rief Jacobs die Kunden auf, ihre alten Kaffeemühlen öffentlich für einen guten Zweck versteigern zu lassen. Der bekannte Schauspieler Heinz Eckner als Auktionator auf dem Bremer Marktplatz im Oktober 1974

nach dem Rösten gleich gebrauchsfertig gemahlen und, zum Schutz des Aromas, direkt in 500-g-Vakuumverpackungen abgefüllt wurde. Und noch eine gerade erst im Nachgang der »Ölkrise« im Herbst 1973 geborene Idee hatte in Hemelingen Einzug gehalten: das Energiesparen. In den neuen Röstanlagen wurde über einen Wärmetauscher Energie aus den Abgasen gewonnen und in den Röstprozess zurückgeführt.[41]

Auch wenn Hemelingen die innerstädtischen Produktionsstandorte Am Deich und Langemarckstraße zunächst ergänzen und nicht ersetzen sollte, die langfristige Perspektive, insbesondere für neue Großanlagen und Produktionsverfahren, lag am neuen Standort. So ermöglichte es die Inbetriebnahme der Hemelinger Röstkaffeeproduktion, die älteste Röstanlage an der Langemarckstraße – die »RA I« im Altbau von 1955 – im Sommer 1975 stillzulegen. Umweltschutzauflagen hatten den Weiterbetrieb unwirtschaftlich gemacht.[42] Auch als das Fertigwarenlager in der Bremer Neustadt an seine Kapazitätsgrenzen stieß, wurde das neue Jacobs-Zentral- und Auslieferungslager mit Platz für rund 10.000 Paletten in Hemelingen gebaut. Im November 1977 nahm die EDV-gesteuerte Hochregalanlage samt Kommissionierzentrum ihren Betrieb auf.[43]

Ganz im Zeichen der im Laufe der siebziger Jahre erfolgten Internationalisierung von Jacobs stand ab 1977 der Bau einer weiteren Instant-Anlage in Hemelingen an. Im Auftrag der Jacobs AG Zürich sollten hier in Zukunft per Sprühtrocknungsverfahren nicht mehr nur Kaffee, sondern auch andere lösliche Heißgetränke produziert werden, und das nicht mehr nur für den deutschen Markt, sondern auch für Frankreich, Kanada, Belgien, Österreich, Dänemark und die Schweiz. Der für die internationale Produktion zuständige Bereich bildete dabei eine selbstständige Gesellschaft innerhalb der Schweizer Jacobs-Holding. Die Jacobs International Manufacturing GmbH begann im Februar 1978 mit der Produktion und arbeitete unabhängig von der allein auf den deutschen Markt ausgerichteten Joh. Jacobs & Co.[44]

Klaus Johann Jacobs

* 3. Dezember 1936 in Bremen
† 11. September 2008 in Küsnacht (Schweiz)

Für Klaus J. Jacobs, den ältesten Sohn des erfolgreichen Kaffee-Unternehmers Walther J. Jacobs, schien die berufliche Zukunft eigentlich vorgezeichnet: Wohin, wenn nicht in die Firma von Großonkel und Vater, sollte es ihn führen? Dennoch, nach einer trotz Kriegszeiten behüteten Kindheit in Bremen und in der Lüneburger Heide, der Grundschulzeit im ländlichen Cluvenhagen und dem Abitur an der Bremer Oberschule am Barkhof 1955 wollte Klaus J. Jacobs eigentlich einen ganz anderen Berufsweg einschlagen. Er strebte ein Geschichtsstudium an. Doch der Vater setzte sich durch. Zunächst, so die Vorgabe von Walther Jacobs, sollte Klaus eine kaufmännische Ausbildung machen, anschließend könne man über das Wunschstudium reden.

Walther und Klaus Jacobs beim Kaffeeverkosten in der Langemarckstraße, um 1965

Klaus Jacobs fügte sich und begann zum 1. April 1955 eine Lehre zum Außenhandelskaufmann beim renommierten Bankhaus Nottebohm & Co. in Hamburg. Schnell lebte sich der junge Bremer an der Elbe ein, fand Freunde und genoss die Freiheiten, die das Leben fern der Familie mit sich brachte. Auch in einer weiteren Hinsicht waren die Hamburger Jahre prägend für Klaus Jacobs: Er lernte den Kaffee-Großimporteur Bernhard Rothfos kennen, der am Sandtorkai seinen Firmensitz hatte. Vom erfahrenen Rothfos lernte Jacobs in zahllosen Gesprächen während der Mittagspausen viel über das Geschäft mit Kaffee. Über diesen Kontakt entwickelte Jacobs, so sagte er später, sein eigenes, von seiner familiären Herkunft unabhängiges Interesse für Kaffee und fand schließlich immer mehr Gefallen am Kaffeehandel. Nachdem er die ersten erfolgreichen Kaffeegeschäfte für Nottebohm & Co. abgeschlossen hatte, war ihm klar: Seine berufliche Zukunft sollte mit Kaffee zu tun haben. Mit diesem Ziel vor Augen schloss Jacobs nach nur zweieinhalb Jahren seine Ausbildung erfolgreich ab und stieg im Herbst 1957 in die väterliche Firma ein. Dort sollte er das Kaffeegeschäft von der Pike auf erlernen.

Für den »Sohn des Chefs« sollte es bei der Joh. Jacobs & Co. keine Sonderbehandlung geben. Ganz im Gegenteil. Klaus Jacobs fing als »ZbV-ler« – eine Art Aushilfsvertreter »zur besonderen Verwendung« – im Jacobs-Außendienst an. Fortan begleitete er seinen neuen »Mentor«, den Verkaufsleiter Herbert Schwede, auf den Fahrten im Verkaufsgebiet 911 in Hamburg, lieferte Ware aus, nahm Bestellungen entgegen und versuchte, neue Kunden zu gewinnen – Vertreteralltag an vorderster Verkaufsfront sozusagen. Nach einer Zwischenstation im Berliner Außendienst wechselte Klaus Jacobs in den Innendienst in die Bremer Firmenzentrale. Dort sammelte er Erfahrungen in der Buchhaltung und landete schließlich im Herz der Firma: dem Kaffee-Einkauf, wo in der Probierküche – nach einem streng fest-

Klaus Jacobs bei der Qualtitätsprüfung von Kaffeebohnen in Südamerika ...

gelegten Ritual, selbstverständlich der Chef zuerst – die neu gelieferten Rohkaffees verkostet wurden.

Das große Abenteuer stand Klaus Jacobs aber noch bevor. Ende 1957 reiste er nach Südamerika, um den Anbau und die Verarbeitung von Kaffee in den Erzeugerländern kennenzulernen. Zunächst verbrachte Jacobs einige Wochen in Kolumbien, dann reiste er weiter nach Costa Rica und El Salvador und kam schließlich nach Guatemala. Nach intensiven Kontakten zu den lokalen Kaffeefarmern gründete er dort mit einem Startkapital von 12.000 Dollar seine erste eigene Firma. Die »Intercafé Ltda.« war zunächst Handelsfirma für Rohkaffee. Im nächsten Schritt wollte Jacobs einen »Beneficio«, einen eigenen Betrieb zur Aufbereitung von Kaffeebohnen zu exportfähigem Rohkaffee, erwerben und in dessen Modernisierung investieren. Mit viel Improvisationstalent, Erfindergeist und Durchhaltevermögen schaffte es Jacobs zusammen mit seinem Jugendfreund Günter Bolte, den er als Geschäftsführer nach Guatemala holte, das Unternehmen nach anfänglichen Rückschlägen in den folgenden Jahren zu einem der führenden Kaffee-Exporteure Guatemalas mit mehr als 300 Angestellten auszubauen. Angesichts der alltäglichen Risiken und Herausforderungen und der Verantwortung für Firma und Angestellte sei er in dieser Zeit zu einem echten Unternehmer herangereift, erzählte Jacobs später gern.

Während eines Bremen-Urlaubs im Sommer 1960 verlobte er sich mit seiner Jugendfreundin Silvia Bunnemann und kehrte, nachdem er die Geschäfte in Guatemala an Günter Bolte übertragen hatte, im Frühjahr 1961 in die Heimat zurück. Doch war Bremen zunächst nur Zwischenstation. Schon wenige Wochen nach der Heirat mit Silvia zog das Ehepaar Jacobs nach Wien, wo kurz zuvor der Aufbau der österreichischen Jacobs-Außenstelle begonnen hatte. Erst 1962 ließ sich die junge Familie – inzwischen war der erste Sohn Christian geboren – dauerhaft in Bremen nieder. Klaus Jacobs erhielt in der väterlichen Firma Prokura und stieg somit nach seinen »Lehr- und Wanderjahren« fest ins Geschäft ein.

... und 1976 beim Verkosten der Röstungen in Bremen: Immer auch eine Aufgabe für den Chef

Damit bahnte sich bei der Joh. Jacobs & Co. so etwas wie ein Generationenkonflikt an. Auf der einen Seite hielten in der Geschäftsführung ne-

Für den Fotografen in Szene gesetzt: die Führungsetage von Jacobs, 1971

ben dem Seniorchef Walther Jacobs langjährige Mitarbeiter wie Hanna Ohmstedt, Karl Mahrenholz und Willi Stuth die Zügel in der Hand. Sie hatten die Firma nach dem Krieg wieder aufgebaut und führten die Geschäfte nach bewährter, aber inzwischen auch etwas antiquierter Manier. Auf der anderen Seite stand der junge Klaus Jacobs, der zunächst in seinem Abendstudium der Betriebswirtschaft an der Universität Hamburg und später bei einem Studienaufenthalt an der Universität Stanford in den USA viel über moderne Unternehmensführung und Marketingmethoden gelernt hatte und nun in der eigenen Firma viel Nachholbedarf auf diesen Gebieten sah.

In den Bereichen Werbung und Marketing konnte Klaus Jacobs schon in den sechziger Jahren viele neue Akzente setzen, zum Beispiel wenn es darum ging, externe Werbeagenturen in die Arbeit einzubeziehen oder Markenpolitik, Werbung und Verpackungsdesign an die neuen Anforderungen im beginnenden Zeitalter der Selbstbedienungsläden und Supermärkte anzupassen. Letztlich vollzog sich der »Generationswechsel« aber erst 1970, als Klaus Jacobs als »Sprecher des Vorstands« der Joh. Jacobs & Co. die operative Geschäftsführung übernahm und nach und nach eine neue Generation von Führungskräften ins Unternehmen holte. Günter Bolte wurde Generalbevollmächtigter für Marketing, Donald Stelling, der Ehemann von Petra Jacobs und somit Klaus Jacobs' Schwager, stand fortan an der Spitze des Ressorts Produktion, und Jens Sroka war der neue Chefeinkäufer für Rohkaffee. Während Walther Jacobs sich mehr und mehr aus dem Tagesgeschäft zurückzog, führte nun mit Ausnahme der langjährigen Finanzchefin Hanna Ohmstedt eine Generation von Mittdreißigern das Unternehmen, mit einem erklärten Ziel: der Expansion von Jacobs Kaffee ins Ausland.

Mit der Jacobs-Holding zog auch Klaus Jacobs in die Schweiz und nahm die schweizerische Staatsbürgerschaft an. Von seinem Vater hatte er die Leidenschaft für Pferde geerbt und ritt für die Schweizer Dressur-Nationalmannschaft. Mit seiner zweiten Frau Renata gründete er 1980 eine neue Familie am Zürichsee.

Im Frühjahr 1980 beschloss Klaus Jacobs, eine umfassende Sammlung zum Thema Kaffee am Konzernsitz in Zürich aufzubauen. Mit dem Entwurf eines innovativen Museumskonzepts, dem Aufbau und der Organisation des Hauses beauftragte er Dr. Holger Hasenkamp, seinen langjährigen Freund und Firmensyndikus. Hasenkamp wurde Gründungsdirektor des am 1. Dezember 1984 am Seefeldquai 17 eröffneten »Jacobs Suchard Museums, Sammlung zur Kulturgeschichte des Kaffees«. Heute heißt das Museum »Johann Jacobs Museum« und beherbergt neben Gemälden und Grafik zum Thema Kaffee eine große Anzahl von Gebrauchsgegenständen aus Silber und Porzellan, außerdem eine mehr als 4000 Titel umfassende Kaffeebibliothek vom 16. Jahrhundert bis zur Gegenwart, die weltweit als größte ihrer Art gelten kann.

Während sich die Geschäfte von Jacobs Suchard in den achtziger Jahren gut entwickelten, wuchsen die Schwierigkeiten im Hintergrund. Die Verteilung der Aktienanteile an der Jacobs AG unter den Familienmitgliedern erwies sich als kompliziert. Walther Jacobs hatte seine Anteile an seine vier Kinder aufgeteilt, die wiederum ihre Anteile in einer Familienholding, der Colima AG, versammelten. Schließlich kaufte Klaus Jacobs 1989 die Anteile seiner Geschwister auf und wurde zum Alleinaktionär der Colima Holding AG.
Durch die Colima verfügte er auch über knapp 60 Prozent der Stimmrechte und knapp ein Drittel des Aktienkapitals an der Jacobs Suchard AG. Den Handel hatte Klaus Jacobs jedoch nur um den Preis von Millionenschulden abschließen können, denn der Kauf der Colima-Anteile war durch Kredite finanziert, die zudem mit variablen Zinssätzen ein großes finanzielles Risiko für die Zukunft bedeuteten. Mitte 1990 zeichnete sich ab: Die Colima hatte aus den Krediten Schulden von über 700 Millionen Franken aufgehäuft. Die Zinsen konnten aus den Dividendenzahlungen aus der Beteiligung der Holding an Jacobs Suchard nicht mehr gedeckt werden. Nachdem Klaus Jacobs für seine Colima-Holding keine neuen Kredite mehr erhielt, blieb nur noch der Verkauf: Mit Colima ging die Anteilsmehrheit an Jacobs Suchard an den amerikanischen Konzern Philip Morris über. Aus dem Portfolio des Kaffee-Schokoladen-Konzerns blieben Klaus Jacobs nur noch der amerikanische Süßwarenkonzern Brach, die Industrieschokoladen-Hersteller Callebaut und van Houten und das kanadische Kaffeegeschäft unter der Marke Nabob sowie das Kaffeemuseum in Zürich. In Bremen, dem Jacobs-Urstandort, blieben das historische Bürogebäude an der Langemarckstraße und das Gebäude des »Stammhauses« in der Obernstraße in Familienbesitz.
Wegen des Verkaufs der Familienfirma Jacobs und der schweizerischen Traditionsmarken Tobler und Suchard an einen amerikanischen Konzern erfuhr Klaus J. Jacobs viel Kritik. So hieß es zum Beispiel im »Spiegel«: »Vom Ehrgeiz getrieben, seine Firma zu einem der größten Süßwarenanbieter

Klaus Jacobs mit Thomas Wagner, dem Stadtpräsidenten von Zürich, und Dr. Holger Hasenkamp bei der Eröffnung des Jacobs Suchard Museums in Zürich am 27. November 1984

Wie sein Vater war auch Klaus Jacobs begeisterter Pferdesportler und schaffte als Dressurreiter den Sprung in die Schweizer Nationalmannschaft

Klaus Jacobs mit seinen Söhnen Andreas und Christian im Bremer Rathaus am 23. November 2001. Anlass war die Schenkung der Jacobs Stiftung von zehn Millionen Schweizer Franken an die International University Bremen (IUB), heute Jacobs University

der Welt und sich selbst zum absoluten Herrn des Hauses zu machen, hat er sich offensichtlich übernommen.«[45]

Klaus Jacobs äußerte sich nicht zu den Details des Verkaufs oder zu der öffentlichen Kritik daran. Vielmehr stand er nun, mit Mitte 50, vor einem neuen Lebensabschnitt und begann mit der Klaus J. Jacobs Holding AG eine zweite unternehmerische Karriere. Ein Standbein waren die aus dem Colima-Verkauf gebliebenen Unternehmen, allen voran die Industrieschokoladenfirma Callebaut, die Jacobs, unter anderem durch die Übernahme des französischen Schokoladenherstellers Barry S.A. 1996, zum Weltmarktführer in der Kakaoverarbeitung ausbaute. Das zweite Standbein war »branchenfremd«, aber nicht weniger erfolgreich: 1992/93 kaufte Jacobs den angeschlagenen schweizerischen Zeitarbeitskonzern Adia, den er 1996 mit der französischen Firma Ecco zum Personaldienstleister »Adecco« fusionierte. Nach der Übernahme des deutschen Konkurrenten DIS war auch Adecco auf seinem Gebiet weltweit führend – und Jacobs mit knapp 30 Prozent an der Erfolgsfirma beteiligt. Im Sommer 2007 zog er sich aus der Führung seiner Holding zurück.

Als Klaus J. Jacobs 2008 im Alter von 71 Jahren nach schwerer Krankheit in der Schweiz starb, blieb er nicht nur als Unternehmer, sondern auch wegen seines sozialen Engagements in Erinnerung. Bereits 1988 hatte er die Jacobs Stiftung, die spätere Jacobs Foundation, gegründet und ihr 2001 seine gesamten Anteile an der Jacobs Holding im Wert von 1,5 Milliarden Schweizer Franken übertragen. Die Jacobs Foundation, bis heute eine der größten Wohltätigkeitsstiftungen der Schweiz, hat sich der Förderung der Jugend verschrieben und verfügt über ein jährliches Budget von 25 Millionen Schweizer Franken. In seiner Heimat Bremen engagierte sich Klaus J. Jacobs als großzügiger Förderer der privaten »International University Bremen«, die seit 2007 als »Jacobs University Bremen« seinen Namen trägt und sich mit ihrer interkulturellen und interdisziplinären Ausrichtung einen Namen gemacht hat.

1 Jetzt gibt es wieder an der Saar Jacobs Kaffee wunderbar, in: »Kontakt« 7/1959.

2 Rundschreiben »An die Herren Verkaufsleiter, Betr.: Saar-Einsatz« vom 24.3.1959, Archiv Kraft Foods.

3 Nun gibt es wieder an der Saar Jacobs Kaffee wunderbar, in: »Kontakt« 11/1959.

4 [Entwurf] Rundschreiben an den Luxemburger Handel, undatiert [vermutlich Juli 1960)], Archiv Kraft Foods.

5 Jacobs Kaffee – jetzt auch in Luxemburg!, in: »Kontakt« 9/1960.

6 Jacobs Kaffee auf der internationalen Messe in Luxemburg, in: »Kontakt« 5–6/1961.

7 Schreiben Hans Erken, Aachen, an die Joh. Jacobs & Co. »Betr. Erfahrungsbericht über Luxemburg (zweiter Bericht), vom 29.Oktober 1961«, Archiv Kraft Foods.

8 Rundschreiben an den Handel in Luxemburg »Sehr geehrter Geschäftsfreund!«, Juni 1962, Archiv Kraft Foods.

9 Umsatzzahlen für Holland, Luxemburg und Belgien 1959–1972 s. Jacobs-Chronik Bd.3, S. 105.

10 Helmut Müller und Reinhold Selzer berichten von der Internationalen Messe in Luxemburg, in: »Kontakt« 9/1964.

11 Berichte und Korrespondenz hierzu in Kopie s. Jacobs-Chronik Bd. 3, S. 90–104.

12 Zu den gerichtlichen Auseinandersetzungen vgl. Jacobs-Chronik Bd. 2, »Prozess Jacobs ./. Jakobs in Meppel«, S. 32 ff.

13 Jacobs-Chronik Bd. 3, »Benelux«, S. 86 f.

14 Jacobs Kaffee wunderbar jetzt auch in Österreich, in: »Kontakt« 9–10/1961.

15 Außendienst-Rundschreiben »An die Herren Verkaufsleiter« vom 18.5.1961 und »Liebe Mitarbeiterinnen, liebe Mitarbeiter! Betr.: Österreich-Einsatz« vom 25. Juli 1961, Archiv Kraft Foods.

16 Jacobs Kaffee wunderbar jetzt auch in Österreich, in: »Kontakt« 9–10/1961.

17 Liebe Mitarbeiterinnen und Mitarbeiter des Außendienstes!, in: »Kontakt« 11–12/1961.

18 Zur Entwicklung von Umsatz, Mengenabsatz, Marktanteilen und Belegschaftsstärke bei Jacobs Wien vgl. Jacobs Chronik Bd. 3 »Österreich«, S. 113–116.

19 Jacobs-Bilanz in Österreich: In 10 Jahren Marktführer geworden, in: »Kontakt« 6/1971 und Jacobs Kaffee Ges.m.b.H. Nr. 1 in Österreich, in: »Kontakt« 3/1973.

20 Jacobsgasse in Wien, in: »Kontakt« 9/1972.

21 Zur Geschäftsbeziehung mit Benedikt Gramm und zur Einführung von Jacobs Kaffee in Südtirol vgl. Schriftwechsel Jacobs–Gramm 8. 7. – 21. 8. 1963 sowie Konzeptpapiere »Werbung in Südtirol« [Juli 1963] und »Programmentwurf für Einführung von Jacobs-Kaffee« [Juni 1963], alle Archiv Kraft Foods.

22 Schreiben Benedikt Gramms mit Fotos, in: »Kontakt« 9/1967, S. 19–21.

23 Zum Lizenzgeschäft in Jugoslawien vgl. Jacobs Chronik Bd. 3, S. 131 ff. sowie Jacobs Unternehmensbericht 1971.

24 Zur Entwicklung des Berliner Jacobs-Geschäfts seit 1924/25 und zu den Standorten in den fünfziger Jahren vgl. Jacobs-Chronik Bd. 1, S. 128 f.

25 Zu den Erlebnissen der Berliner Außendienstmitarbeiter vgl. Hier spricht Berlin, in: »Kontakt« 7/1959.

26 Wir rösten in Berlin, in: »Kontakt« 7/1959.

27 Zum Neubau in Berlin vgl. Jacobs-Chronik Bd. 6/7, S. 54 und Unser Neubau in Berlin, in: »Kontakt« 1–2/1963.

28 Zit. nach: Kraft Jacobs Suchard (Hg.): 100 Jahre Jacobs Café, Bremen 1994, S. 49 f.

29 Richtfest in Berlin, in: »Kontakt« 9/1971 und Jacobs Berlin Prinzenstraße, 13. Juni ’72: ein großer Tag, in: »Kontakt« 6/1972.

30 Erste Vakuumverpackungsanlage in Berlin, in: »Kontakt« 5–6/1976 und Richtfest in Berlin, in: »Kontakt« 3/1977.

31 Jacobs-Chronik Bd. 6/7, S. 30 f.; ferner: Wir bauen … und bauen … und bauen, in: »Kontakt« 11/1965 und Am Deich: Jacobs Kaffee baut, in: »Bremer Bürgerzeitung« 9. 10. 1965.

32 Jacobs-Chronik Bd. 6, S. 51; Über PA 7 wehte der Richtkranz, in: »Kontakt« 3/1971.

33 Richtfest bei Jacobs, in: »Kontakt« 9/1967 [Lager]; Ein neuer Bau strebt himmelwärts, in: »Kontakt« 7/1969 [Rohkaffeesilo]; ferner: Jacobs-Chronik Bd. 6/7, S. 45 ff.

34 Erweiterte Produktionsstätte beweist: gut geplant und rationell gebaut, in: »Kontakt« 1/1970; Aus fünf Phasen zur Produktionseinheit RA IV, in: »Kontakt« 10/1970; zum Gebäude ferner: Jacobs-Chronik Bd. 6/7, S. 50.

35 Unser Ziel: ein reibungsloser Ablauf der Produktion, in: »Kontakt« 6/1970.

36 Jacobs baut ein Parkhaus, in: »Kontakt« 4/1971; Keine Parkplatzsorgen mehr bei Jacobs, in: »Kontakt« 4/1972.

37 Großraumbüro als »Organisationsmittel«, in: »Kontakt« 7/1972; Jacobs baut ein Großraumbüro – Warum?, in: »Kontakt« 6/1972; zum Bau ferner: Jacobs-Chronik Bd. 6/7, S. 61 f.

38 Jacobs auf Expansionskurs, in: »Kontakt« 9/1972.

39 Zur Gesamtplanung, den Erschließungsarbeiten und den Bauarbeiten an den verschiedenen Gebäudekomplexen vgl. die Serie »Hemelingen im Detail«, in: »Kontakt« 6/1974 (Folge 1: Der Generalbebauungsplan), in: »Kontakt« 7–8/1974 (Folge 2: Die Gelände-Erschließung), in: »Kontakt« 11/1974 (Folge 3: Kesselhaus), in: »Kontakt« 2/1975 (Folge 4: Zentralwerkstatt), in: »Kontakt« 10/1975 (Folge 7: Das Sozialgebäude).

40 Start der Produktion in Hemelingen, in: »Kontakt«, 2/1974; Hemelingen im Detail, Folge 5: Der Gefriertrockner, in: »Kontakt«, 4/1975.

41 Richtfest in Hemelingen, in: »Kontakt« 10/1974 und Produktionsstart in der neuen Hemelinger Rösterei, in: »Kontakt« 5/1975.

42 Thema: Produktionstechnik, in: »Kontakt« 10/1974.

43 Das neue Zentrallager in Hemelingen. Ferngesteuert per EDV, in: »Kontakt« 12/1977.

44 Neues Projekt in Hemelingen – Sprühturm für die internationale Produktion im Bau, in: »Kontakt« 8/1977 und Neue Anlage für die Internationale Instant-Produktion – Richtfest bereits nach 95 Tagen, in: »Kontakt« 10/1977.

45 »Der Spiegel«, 26/1990, S. 95.

Aufbruch in die Werbe- und Markenwelt der sechziger Jahre

Der Weg zur »Krönung«

Mit dem Dekadenwechsel von den fünfziger zu den sechziger Jahren hatten sich bei Jacobs allmählich die Zeiten geändert. Nach dem Wiederaufbau und dem Ausbau der Marktposition in »Wirtschaftswunderzeiten« sah sich die Firma nun ganz neuen Herausforderungen gegenüber. So war der steigende Gewinne garantierende Nachholbedarf der Nachkriegsjahre gedeckt und Bohnenkaffee zum Alltagsgetränk avanciert. Wenn der Röstkaffeemarkt in Deutschland auch noch nicht als gesättigt angesehen werden musste, präsentierte er sich doch in zunehmend engeren Grenzen. Von den im Jahr 1950 rund 2000 tätigen Kaffeeröstern mussten bis 1960 mehr als zwei Drittel aufgeben. Nur wenige »Giganten«, darunter Jacobs und Tchibo, hatten genug Kraft für den Griff nach der Marktführerschaft. Unter diesen Bedingungen des verschärften Wettbewerbs verkaufte sich Kaffee nicht mehr wie von selbst, vielmehr mussten die Verbraucher immer neu vom Produkt überzeugt werden – durch Qualität und Preiswürdigkeit, aber auch durch Image, vermittelt durch Werbung.

Moderne Warenpräsentation im Selbstbedienungsladen ...

... und das alte Modell beim Kaufmann an der Ecke

Gleichzeitig erfuhr der Einzelhandel eine gravierende Umwälzung, indem sich die Selbstbedienungsläden immer mehr durchsetzten. Waren 1955 erst rund 320 der neuen SB-Läden im Lebensmitteleinzelhandel der Bundesrepublik zu verzeichnen, stieg ihre Zahl bis 1960 auf über 17.000 an. 1961 arbeiteten bereits mehr als 30 Prozent der Lebensmittelgeschäfte mit dem System der Selbstbedienung, Tendenz rapide steigend – mit Folgen für den Einzelhandel wie auch für die Hersteller. In den traditionellen Bedienungs-

»Tag für Tag sind 1000 Frischdienstwagen unterwegs«, Werbeanzeige von 1962

läden hatte der Kaufmann eine entscheidende Rolle in der Information der Kunden gespielt. Er konnte etwas zu den angebotenen Produkten sagen, die im Selbstbedienungsregal von nun an für sich selbst sprechen mussten. Die Hersteller hatten es in der Hand, die Verpackungen nicht nur mit den erforderlichen Angaben über das Produkt auszustatten, sondern sie auch auffällig und für den Verbraucher attraktiv zu gestalten. Fiel die Beratung durch den Kaufmann weg, gewann zudem die Werbung am Verkaufsort und in den Medien eine noch größere Bedeutung. Sie musste neben den »objektiven« Informationen über den Preis und Gebrauchswert eines Produktes immer stärker auch »subjektive« Vorstellungen über dessen Nutzen und Vorzüge vermitteln. Das Produktimage beeinflusste mehr als je zuvor die Kaufentscheidungen, und entsprechend galt es für die Hersteller, dies durch Marketing und Werbung in ihrem Sinne zu beeinflussen.[1] Zeitgleich entwickelte sich das Fernsehen mit der Ausweitung der Sendezeiten und einer immer größeren Verbreitung von TV-Geräten in den Haushalten zum echten Massenmedium und bot den Herstellern die Möglichkeit, per Werbespot die Konsumenten schon in ihrem Wohnzimmer für die jeweiligen Produkte zu gewinnen.

Kurz, die traditionellen Methoden der Absatzförderung wurden dem neuen Markt- und Konsumumfeld nicht mehr gerecht, und auch bei Jacobs stellte man sich mit neuen Strategien und Maßnahmen auf die veränderten Zeiten ein.

Von Marktforschung und Verkaufsschulungen – Die Professionalisierung von Werbung und Vertrieb bei Jacobs

Die wachsende Bedeutung der Werbung fand zuerst in der firmeninternen Infrastruktur ihren Niederschlag. In der Wiederaufbauzeit nach dem Zweiten Weltkrieg war der Bereich Werbung vor allem als »Beschaffung von Reklamematerial« definiert und entsprechend der Einkaufsabteilung zugeordnet. Unter der Führung von Alfred Harms wurde hier, in Zusammenarbeit mit der Bremer Werbeagentur Starke, dann auch die Zeitungswerbung der fünfziger Jahre entwickelt. Der zuständige Werbefachmann hieß seit den dreißiger Jahren Fritz Schaaf. Er hatte zusammen mit der Hemelinger Druckerei Behrens ein eingespieltes Team gebildet. Mit den neuen Herausforderungen des Marktes bedurfte aber auch die Werbung im Hause Jacobs einer Modernisierung sowie zuerst einer neuen organisatorischen Struktur.

Im November 1961 wurde bei der Joh. Jacobs & Co. erstmals eine eigenständige Werbeabteilung eingerichtet und mit einem eigenen Budget ausgestattet. Leiter der neuen Abteilung war Klaus Fiedler, unter dessen Führung die Jacobs-Werbeaktivitäten in den folgenden Jahren besonders im Bereich der Massenmedien sehr stark ausgeweitet wurden.[2] Offensichtlich war es aber auch Klaus J. Jacobs, seit 1962 in der Geschäftsleitung des Unternehmens und gleichsam Repräsentant einer neuen, jungen Generation bei Jacobs, der die Modernisierung von Werbung und Marketing energisch vorantrieb. Dazu gehörte es unter anderem, Kontakt zur Werbeagentur Ted Bates & Co. aufzunehmen. Die Agentur war in den sechziger Jahren eine der größten Werbefirmen der Welt und stellte Jacobs ihren besten Mann in Deutschland zur Seite. Der hieß Robert Eaton und begleitete fortan die Marketingstrategie des Bremer Kaffeerösters.

Marktanalysen und ausgedehnte Kundenbefragungen, im Jacobs-Auftrag durchgeführt von großen Marktforschungsinstituten wie Nielsen oder Emnid, wurden zur Grundlage der Produkt- und Werbeplanung. Was war das Image von Kaffee allgemein? Wie nahmen die Verbraucher Jacobs Kaffee wahr? Was hielten sie von Verpackungsgestaltung und Werbemotiven? Was von neuen Produkten, wie zum Beispiel Instantkaffee? Welchen Platz nahm Jacobs im Bewusstsein der Verbraucher gegenüber der Konkurrenz ein? Solche Fragen gewannen an Bedeutung, und die Meinung der Verbraucher wurde durchaus ernst genommen, etwa wenn es darum ging, das Design der Jacobs-»Originalpackung«, in einer Emnid-Studie 1962 von vielen Befragten noch als zu »gedrungen«, »hausbacken« und überhaupt wenig geschmackvoll beurteilt[3], neu zu gestalten.

Auch der Außendienst wurde in die neue Werbestrategie mit einbezogen. So wurden die Verkaufsleiter im Mai 1962 zu einer Vortragsveranstaltung eingeladen, bei der das Nielsen-Institut seine Marktforschungs-Aktivitäten vorstellte. Schon bald nämlich sollten Außendienst und Marktforschung eng zusammenarbeiten, etwa wenn es darum ging, neue Packungsdesigns oder Produkte auf Testmärkten zu erproben. Die Jacobs-Außendienstler übernahmen dabei die Verteilung der Testware, ihre Platzierung im Einzelhandel und die Kontrollbesuche über die Einhaltung der Testbedingungen; Marktforscher, wie eben das Nielsen-Institut, werteten die gelieferten Verkaufszahlen aus.[4]

Aber auch die Außendiensttätigkeit selbst erfuhr eine Professionalisierung. Bisher waren neue Mitarbeiter durch Learning by Doing in ihr neues

Jacobs-Werbung, 1959

Neue Fahrer für die wachsende Flotte gesucht, 1964

Aufgabenfeld eingearbeitet worden. Bevor sie ein eigenes Verkaufsgebiet erhielten, begleiteten sie einige Wochen oder Monate einen erfahrenen Vertreter auf dessen Touren und erlernten so das Geschäft – inklusive mancher guter Tipps der »alten Hasen«, aber ohne einheitliche Schulung über das Auftreten bei Kunden, Verkaufsstrategien oder Abrechnungsmodalitäten. Das änderte sich 1963, als erstmals ein externer Verkaufsprofi die theoretische Schulung des Jacobs-Außendienstnachwuchses übernahm und neue Mitarbeiter in einwöchigen Intensivseminaren in die Kunst des Verkaufens einführte.[5] Auch für die Propagandistinnen, Dekorateure und Lagerverwalter wurden in der Folgezeit regelmäßige Veranstaltungen angeboten, die neben dem Austausch untereinander selbstverständlich auch Schulungszwecken dienten. Eine erfolgreiche Außendiensttätigkeit galt schon lange nicht mehr allein als Sache des Talents und der Übung. Vielmehr basierte sie »in einem Zeitalter der raschen, fast hektischen Vorwärtsentwicklung«[6] auf geschulter Gesprächsführung, Verkaufspsychologie und Rhetorik auf dem jeweils neuesten Stand der Verkaufsargumente. Deshalb blieben schließlich selbst gestandene Gebietsreisende und Verkaufsleiter von der Trainingsoffensive nicht verschont: Sie trafen sich zu Fachvorträgen und speziellen Verkaufsleiterschulungen, die, ebenso wie Informationsbroschüren und Argumentationsleitfäden für die Mitarbeiter, ab Mitte der sechziger Jahre fest zum Außendienstprogramm gehörten.

Vorbildliche Präsentation: Jacobs-Schaufenster in den 1960er Jahren

Jacobs auf allen Werbekanälen – Fernsehwerbung und neue Anzeigenkampagnen

Die sechziger Jahre brachten aber nicht nur eine Systematisierung von Werbung und Marketing nach amerikanischem Vorbild, sondern auch ein neues Werbemedium: das Fernsehen. Als erster deutscher Fernsehsender hatte der Bayerische Rundfunk 1956 mit der Ausstrahlung von Werbe-

Nach altem Muster perfekt inszeniert: Ehepaar am Kaffeetisch, Standfoto einer Werbefilmproduktion, 1952, mit Georg Thomalla

sendungen begonnen, und die übrigen Sender waren dem Beispiel bis Ende der fünfziger Jahre gefolgt. Doch zunächst blieb die verfügbare Werbezeit extrem beschränkt und das Fernsehen noch ein Luxusgut von wenigen. Mitte der fünfziger Jahre verfügten gerade etwa 100.000 Haushalte in der Bundesrepublik über einen eigenen Fernseher, kostete ein Gerät doch um die 1000 D-Mark und war damit für weite Bevölkerungsschichten nicht erschwinglich.

Erst Ende des Jahrzehnts sanken die Preise für die Empfangsgeräte, gleichzeitig weiteten die Rundfunkanstalten der ARD ihr Programm und ihre Sendezeiten aus. Anfang des Jahres 1960 waren 3,3 Millionen Geräte angemeldet, Ende des Jahres schon 4,5 Millionen; und bis 1964 hatten bei über 9,5 Millionen Geräten bereits 55 Prozent der Haushalte einen Fernseher. Allmählich löste das Fernsehen das Radio als gesellschaftliches Leitmedium ab, und mit der Bedeutung der »Flimmerkiste« nahm entsprechend auch die Fernsehwerbung zu. Von bescheidenen sechs Minuten im Jahr 1956 stieg die Werbezeit bis 1962 auf 20 Minuten täglich an. Die Unternehmen nutzten begeistert das neue Medium, trotz der hohen Kosten für Produktion und Ausstrahlung der Spots. Kein Wunder, ließen sich mit der Kombination von Bild und Ton, bewegten Motiven und Musik die Verbraucher doch viel besser auf der emotionalen Ebene ansprechen. Die Werbebotschaften konnten viel eindrucksvoller und vielschichtiger vermittelt werden als zum Beispiel mit statischen Anzeigenmotiven. Fernsehwerbung versprach besonderen Werbeerfolg, und die knappe Sendezeit wurde den Firmen von den Fernsehanstalten genau zugeteilt.[7]

Jacobs war bereits seit den frühen fünfziger Jahren mit Werbefilmen bundesweit in den Kinos präsent. Unter anderem warb der beliebte Schauspieler Georg Thomalla in dem Film »Kostbarkeiten« für »den edlen Bremer Jacobs Kaffee«. Guter Kaffee, so die Aussage des Spots, ist der kleine Luxus im Alltag, den man sich – nach langen Entbehrungen – wieder leisten kann, der bei der Arbeit erfrischt und belebt und mit dem die gute Hausfrau im trauten Heim den ausnahmsweise früher von der Arbeit heimgekehrten Gatten verwöhnt. »Schöne Stunden voller Behaglichkeit« war der Titel eines weiteren Jacobs-Werbefilms, der im Stil der populären leichten Komödien gehobene Geselligkeit in gemütlich-heiterer Atmosphäre vermittelte – gekrönt durch den besonderen Genuss von Jacobs Kaffee. Und wenn der

Echte Handarbeit! Das Storyboard für einen Jacobs-Werbefilm entsteht

Haussegen doch einmal schief hing: »Bohnenknirps« sorgte mit dem besonderen Duft von Jacobs Kaffee für Harmonie am Kaffeetisch, wie in dem Zeichentrick-Werbefilm »Der Friedensstifter« von 1954, der mit seinem animierten Kaffeebohnen-Maskottchen und gereimten Werbetext ganz dem Stil der Zeit entsprach.

Die Ästhetik dieser frühen Kinowerbefilme übernahmen die Werber an der Bremer Langemarckstraße auch für die ersten Fernsehauftritte von Jacobs Kaffee. »Jacobs Kaffee jetzt auch im Werbefernsehen«, hieß es im April 1959, als erstmals auch der Norddeutsche und der Westdeutsche Sender der ARD Werbezeiten vergaben.[8] Zehn Schaltungen konnte Jacobs im ersten Monat insgesamt platzieren und bis Ende des Jahres die Werbeaktivitäten auch auf die Sender der »Südschiene« in Bayern, Baden-Württemberg, Rheinland-Pfalz, Hessen und dem Saarland sowie den Sender Freies Berlin ausweiten. Wegen der knappen Sendezeiten wurden aber weiter Druckanzeigen geschaltet und auf die Kampagnen mit den Ooievaar-Motiven gesetzt. In den ersten Jahren waren bei Sendern wie dem NDR oder dem WDR selten mehr als vier oder fünf Werbeschaltungen im Monat zu bekommen, und noch 1961 beklagte die Jacobs-Werbeabteilung die »sehr betrübliche Tatsache, daß die Werbemöglichkeiten im Fernsehen sehr beschränkt sind«[9]. Zwar hätten die Sender ihre Werbezeiten ausgeweitet, die verfügbare Sendezeit stünde aber immer noch im krassen Missverhältnis zu den erteilten Aufträgen – und so müsse man eben mit den Zeiten zurechtkommen, die die Sender zuteilten.

Marianne Koch ...

Trotzdem wurde ab Anfang 1962 auch Moccapress mit eigenen Spots beworben. Die Themen Camping und Freizeit, Berufstätigkeit und Hausarbeit standen im Mittelpunkt der Moccapress-Werbung – Situationen eben, in denen der lösliche Kaffee von Jacobs unkomplizierten Kaffeegenuss versprach. »Jacobs Moccapress – Der Puderkaffee für Sie« gehörte bei einem modernen und aktiven Lebensstil einfach dazu. Ob beim schnellen Frühstück des berufstätigen Ehepaares, im Junggesellenhaushalt oder bei der kurzen Pause der Sekretärin im Büro: Untermalt von flotter Musik, waren die zentralen Botschaften der ersten Moccapress-Spots »So schnell und leicht ist er zubereitet« und »Wirklich, ein belebender Genuss!«.[10]

Auch Jacobs Tee erhielt ab Sommer 1962 seine eigenen Werbezeiten und stand einerseits für traditionelle Teezubereitung nach ostfriesischer Art, andererseits für Freizeit (auch hier das Camping-Motiv) und Erfrischung (Eistee). Schließlich wurde dann der Jacobs-Außendienst mit seiner ständig wachsenden Zahl von Frischdienst-Fahrzeugen zum Werbethema: »Tausend Wagen, ja! Tausend Jacobs-Wagen sind täglich unterwegs, und einer davon bringt auch Ihrem Kaufmann regelmäßig ganz röstfrischen Jacobs Kaffee. Das ist ein einmaliger Frischdienst!«, hieß es, ebenfalls 1962. Andere Spots der frühen sechziger Jahre klärten die Zuschauer vor den Fernsehschirmen über die Vorzüge gemahlenen Jacobs Kaffees in der »Ziehfix«-Vakuumdose oder die neueste Preissenkung für Jacobs-Produkte auf.

Trotz solcher »Ausflüge« in eher sachliche Gefilde und der explizit modernen Anmutung der Moccapress-Werbespots – vorherrschende Themen der frühen Fernsehwerbefilme für Bohnenkaffee blieben das harmonische Familienleben und das gesellige Beisammensein in gemütlicher Atmosphäre bei einer guten Tasse Jacobs Kaffee. Damit lag die Jacobs-Fernsehwerbung zwar mit den Grundaussagen der anderen Werbemedien auf einer Linie, ansonsten waren Fernsehspots, Rundfunkwerbung, Anzeigenkampagnen und Plakatwerbung des Hauses Jacobs aber kaum aufeinander abgestimmt. Bestenfalls der Slogan »Jacobs Kaffee ... wunderbar« wurde halbwegs einheitlich verwendet, doch die gezeichneten Anzeigenmotive des Malers Ooievaar liefen mit den »Frischdienst«-Fernsehwerbespots und Plakaten mit saisonalen Motiven weiterhin parallel.

Der Übergang zu Einheitlichkeit und medienübergreifender Strategie in den Kampagnen wurde mit dem Weihnachtswerbespot 1962 eingeläutet. »Eine Tasse Kaffee« stand nun im Mittelpunkt sowohl der Fernseh- als auch der Anzeigenwerbung. »Duftender, dampfender Kaffee« versprach eine Auszeit vom Alltag, wohltuende Anregung, Geselligkeit im Freundes- und Familienkreis oder den gelungenen Abschluss eines festlichen Mahls. Dabei erhielten vor allem die Zeitschriftenanzeigen ein deutlich moderneres Design als die vorhergehende Serie mit den Motiven von Ooievaar. Statt gezeichneter Beschaulichkeit in eher sanften Tönen und geschwungener Schrift dominierten nun kräftige Farben und klarere Linien. Im Vordergrund war die jeweilige Werbefigur – vorzugsweise vom Typ »adrette Dame jüngeren bis mittleren Alters« – mit *ihrer* Tasse Kaffee abgebildet, im Hintergrund eine der vielfältigen Situationen, in denen Jacobs Kaffee besonderen Genuss bereitete. Der Schriftzug »Jacobs Kaffee wunderbar«, einheitlich und auffällig in der rechten unteren Ecke der ganzseitigen Illustriertenanzeigen platziert, vervollständigte das Bild, und auch in den Fernsehspots bildete das »Jacobs Kaffee

... und Sonja Ziemann: zwei Stars machen Werbung für Jacobs, 1964

wunderbar« in Bild und Ton den Abschluss der Werbebotschaft. Im Mittelpunkt der Kampagne stand also nicht nur der Kaffee, visualisiert durch die Tasse und die Jacobs-Packung, sondern vor allem der Kaffeetrinker, der Mensch, der den Kaffee genießt. »Porzellan alleine wird eine Kaffee-Atmosphäre nicht zaubern können«, so die Überzeugung der Jacobs-Werber, »Kaffee ist in jedem Fall mit Personen verbunden, und zwar mit solchen Personen, die eine warme Atmosphäre ausstrahlen.«[11]

Die neue Werbelinie kam bei den Verbrauchern gut an. Einhellig beurteilten sie in Befragungen die Werbemotive als »geschmackvoll«, »glaubwürdig« und »lebensnah« und bestätigten damit die Ziele der Jacobs-Werbestrategie.[12] Kein Wunder also, dass die erfolgreiche Kampagne Anfang 1964 fortgesetzt wurde, nun allerdings mit Unterstützung prominenter Werbefiguren. Beliebte Film- und Fernsehschauspielerinnen wie Luise Ullrich, Marianne Koch und Sonja Ziemann übernahmen die Rolle der vorher anonymen Anzeigenmodels und fungierten so als Identifikationsfiguren für Millionen Hausfrauen. Sie strahlten nicht nur in besonderem Maße die beabsichtigte »warme Atmosphäre« aus, sondern brachten gleich auch noch ein bisschen Glamour aus dem Showgeschäft mit.

Die Werbeserie »Eine Tasse Kaffee« setzte bereits deutlich Anzeigen- und Fernsehwerbung in Bezug zueinander und gehörte mit Zeitschriftenanzeigen in einer Gesamtauflage von 14 Millionen Exemplaren und über 70 Fernsehspot-Schaltungen allein im Januar/Februar 1964 sicherlich auch zu den reichweitenstärksten Werbeoffensiven, die Jacobs bis dato unternommen hatte. Der Erfolg gab den Machern recht und war sozusagen die letzte Ermutigung, den endgültigen Schritt zur integrierten Großkampagne zu unternehmen. »Kaffee mit Niveau« lautete das neue Jacobs-Schlagwort ab September 1964, und die Werbeabteilung unter ihrem neuen Leiter Wilfried Kappmeyer kündigte an: »Die nun einsetzende Werbecampagne wird ein Ausmaß annehmen, das von unserem Haus noch nie erreicht wurde. Keiner unserer Kunden wird diese groß angelegte Aktion für JACOBS KAFFEE überhören und übersehen können.«[13] Allein zwischen September und Dezember sollten in einer Gesamtauflage von über 100 Millionen ganzseitige Farbanzeigen in den großen Illustrierten und Programmzeitschriften erscheinen, unterstützt von 145 Fernsehspot-Sendeterminen (Reichweite: inzwischen fast rund zehn Millionen Geräte), über 300 Funk-Durchsagen, rund 200.000 Plakaten, Sondereinsätzen in der Verkehrsmittelwerbung und bei den Zeitungsannoncen und nicht zuletzt Dekorations- und Werbematerial für den Einzelhandel. Die Gestaltung, der zentrale Slogan, die Motive und die Kernaussagen aller Werbemittel waren nun für alle Werbekanäle aufeinander abgestimmt. Der Inhalt der Zeitschriftenanzeigen fand sich auf den Plakaten genauso wieder wie auf den Werbeaufstellern für den Einzelhändler, die Kameraeinstellungen des Fernsehspots zitierten gedruckte Motive, und selbst die Fernsehspots und Radiowerbung waren von derselben, eigens für Jacobs komponierten »Erkennungsmelodie« umrahmt und untermalt. Das Zusammenwirken der verschiedenen Werbemittel versprach eine insgesamt höhere Werbewirkung und vermittelte ein einheitliches Markenbild für Jacobs Kaffee mit großem Wiedererkennungswert.

Die Motive der Kampagne waren bewusst vergleichsweise schlicht und geradlinig gehalten, denn man wollte in »ansprechender, gediegener und produktbezogener Form«[14] werben. Ein oder zwei Personen mit Kaffeetasse in Großaufnahme, der Slogan »Kaffee mit Niveau« in dezenter Größe, ein kurzer Text in sachlicher Schrifttype, Jacobs-Kaffeepackung – mehr brauchte es nicht, um eine echte, sympathische Kaffeegenuss-Atmosphäre zu vermitteln. Jacobs Kaffee, so die Botschaft, stand durch Niveau und Qualität für sich selbst und bedurfte keiner Schnörkel oder »billigen Gags«.

»Kaffee mit Niveau«-Anzeige, 1964

Die »Kaffee mit Niveau«-Kampagne lief, mit nur leichten Abwandlungen, länger als zwei Jahre sehr erfolgreich.[15] Sie belegte deutlich, wie sehr sich die Bildsprache der Jacobs-Werbung Mitte der sechziger Jahre gegenüber den fünfziger Jahren verändert hatte. Zwar blieben anregender Genuss, wohltuende Entspannung, stimmungsvolle Geselligkeit und gehobene Gastlichkeit, die positiven Attribute also, die die Verbraucher in Umfragen immer wieder mit »Kaffeestimmung« im Allgemeinen und Jacobs Kaffee im Besonderen assoziiert hatten, die grundlegenden Motive der Werbung, doch nun löste in der bildlichen Umsetzung die Variante »moderne Behaglichkeit« die traditionelle, bisweilen altmodische Gemütlichkeit ab.[16]

Neue Trends, neue Produkte

Doch nicht nur in der Gestaltung der Werbung schlug Jacobs modernere Wege ein, auch was das Sortiment betraf, passte sich die Bremer Kaffeefirma in den sechziger Jahren neuen Markttrends, Konsumgewohnheiten und Verbraucherwünschen an.

Die Röstkaffeesorte »Coffeinfrei« war schon seit 1954 erfolgreich im Sortiment, und auch Moccapress hatte sich inzwischen als der lösliche Kaffee aus dem Hause Jacobs etabliert. Was lag also näher, als beide Trends – den Gesundheitsaspekt von koffeinfreiem Kaffee und die schnelle und bequeme Zubereitung von Instantkaffee – in einem neuen Produkt zu kombinieren? Anfang 1961 kam somit »Moccapress coffeinfrei« zunächst testweise in Süddeutschland und dann bundesweit auf den Markt. Bei Jacobs sah man für das jüngste Produkt eine gute Zukunft, »weil es sich um eine Qualität handelt, die allen Wünschen der Puderkaffeetrinker, die einen coffeinfreien Kaffee bevorzugen, in jeder Hinsicht gerecht wird«.[17] Wie groß der Verkaufserfolg tatsächlich war, lässt sich heute nicht mehr genau nachvollziehen. Fest steht jedoch, dass die Gesamtumsätze von Moccapress 1961 sehr stark anzogen und sich die Marke noch fester auf dem zukunftsträchtigen Instant-Markt etablierte.[18]

Während »Moccapress coffeinfrei« sich an den »Puderkaffeetrinker mit Gesundheitsbewußtsein« richtete, behielt Jacobs gleichzeitig auch die gesundheitsbewussten Liebhaber traditionellen Bohnenkaffees im Blick. Neben dem koffeinfreien Jacobs-Kaffee wurde im Sommer 1960 auch der Schonkaffee »Milde Sorte« eingeführt. Er bot den vollen Koffeingehalt und das volle Aroma von Jacobs Kaffee, war aber durch die sorgfältige Auswahl der verwendeten Rohkaffees und ein spezielles Röstverfahren besonders arm an Säure und sonstigen Reizstoffen – und damit leichter bekömmlich für Kaffeetrinker mit Gallen-, Magen- oder Leberproblemen. Es bestünde ein echter Bedarf für einen »Milden« von Jacobs, und gerade die Reformhäuser seien bereits ein beachtlicher Umsatzträger für Schonkaffees, stellten die Jacobs-Vertriebschefs fest.[19] Grund genug also, mit Schonkaffee und entkoffeiniertem Kaffee das Segment »Gesundheitskaffees« weiter zu stärken. Beispielsweise wurden 1962 massenweise Produktmuster an Ärzte verschickt, die Jacobs daraufhin die Bekömmlichkeit und die gesundheitlichen Vorteile bestätigten und die »Milde Sorte« und »Jacobs coffeinfrei« an ihre von nervöser Übererregtheit, Schlafstörungen, Herzbeschwerden oder Magenkrankheiten geplagten Patienten weiterempfahlen.[20]

Schon seit 1954 erfolgreich im Sortiment: »Jacobs Kaffee coffeinfrei«. Anzeige, 1962

Neben einem allmählich wachsenden Gesundheitsbewusstsein war ein zunehmend »schneller« Lebensstil ein zweites »Trendphänomen« der sechziger Jahre. »Zeit« wurde zum Thema, damit auch »Zeit sparen«, was eine Nachfrage nach schnell und einfach zu verwendenden Produkten auch im Nahrungs- und Genussmittelbereich weckte und »Verbraucherfreundlichkeit« oder auch »Bequemlichkeit« zum Verkaufsargument machte. Konservenkost und die ersten küchenfertigen Tiefkühlprodukte wurden bei Deutschlands Hausfrauen immer beliebter. Sie erleichterten nicht nur die Lagerhaltung, sondern ermöglichten zugleich enorme Zeitersparnis bei der Zubereitung von Speisen. Bequemlichkeit liebender Kundschaft kam Jacobs mit der Einführung von gebrauchsfertig gemahlenen Röstkaffees in der neuen »Ziehfix«-Vakuumdose im Herbst 1962 entgegen.[21] Das Vakuumverfahren – Jacobs Kaffee der Sorten »Blau«, »Grün« und später auch »Braun« wurde unmittelbar nach der Röstung gemahlen und sofort unter Luftausschluss in stabile Blechdosen verpackt – ermöglichte den Erhalt des vollen Kaffeearomas auch über längere Zeit; der »Ziehfix«-Verschluss machte es dem Kaffeetrinker leicht, die Verpackung ohne besondere Hilfsmittel zu öffnen und nach Gebrauch wieder aromasicher zu verschließen. Und das Beste: Der Kaffee musste nicht mehr für jede Kanne mühsam gemahlen werden, sondern kam filterfertig aus der Dose. Keine altmodischen Kaffeemühlen mehr, nur noch aufbrühen – fertig. Dafür, dass diese unbestreitbaren Vorzüge des Mahlkaffees aus der Vakuumdose auch bekannt wurden, sorgte die Werbung. Die Einführung der Ziehfixdose wurde von einer breit angelegten Werbekampagne in Tageszeitungen, Illustrierten, Rundfunk und auch mit einem eigenen Fernsehspot begleitet.[22]

Ein weiteres schlagendes Argument im Kampf um die Gunst der Kaffeetrinker auf einem enger werdenden Markt blieb aber natürlich auch der Preis. Schon seit den fünfziger Jahren war es Jacobs mehrfach gelungen, die aggressiven »Billigkaffee«-Vorstöße der Kaffeeversender und Filialisten mit einer eigenen »Kampfmarke«, dem besonders preisgünstigen »Merido«-Kaffee, kurzfristig abzuwehren. Nun schien die Zeit reif, dauerhaft im unteren Marktsegment aktiv zu werden und den Versendern im Einzelhandelsgeschäft langfristig die Stirn zu bieten. Die neue Jacobs-Sorte »Gold-Braun«, eingeführt zum Weihnachtsgeschäft 1963, sollte aber nicht einfach nur »billig« sein. Vielmehr sollte sie den attraktiven Endverbraucherpreis von 8,15 D-Mark je Pfund mit anspre-

Preisliste für die neue Jacobs Ziehfix-Vakuumdose, 1962

chender Jacobs-Qualität verbinden und damit »in dieser Preisklasse etwas Außerordentliches« darstellen. Und nicht nur für das Preis-Leistungs-Verhältnis, auch für die Verpackung hatte sich Jacobs etwas Besonderes ausgedacht. Die Sorte »Gold-Braun« kam in einer 500-g-Klarsichtschütte aus Kunststoff daher, und sie würde »sicherlich wegen der praktischen, völlig neuartigen Form bei den Hausfrauen großen Anklang finden«.[23]
Dabei war die neue Kaffeedose nicht nur praktisch, ihr durchsichtiger Kunststoff gab auch gleich den Blick auf den Inhalt frei. Glänzende Kaffeebohnen in sattem Braun, dicht an dicht – wer dächte bei diesem Anblick nicht sofort an eine gute Tasse Kaffee und würde nicht zugreifen?
Damit das Jacobs-Sortiment bei all diesen Produktneuheiten nicht ins Unüberschaubare ausuferte, wurden nicht mehr zeitgemäße Produktvarianten ausgemustert. So war es bei Jacobs zwar eine lange Tradition gewesen, den Einzelhandel mit einem breiten Sortiment losen Kaffees zum individuellen Abwiegen und Verpacken an der Ladentheke zu versorgen. Aber in Zeiten der rasanten Umstellung des Handels auf Selbstbedienung mit fertigen Packungen aus dem Regal wurde das gewohnte Herkommen zum Anachronismus. Der Vertriebsaufwand stand in keinem Verhältnis mehr zum Umsatz, und der Verkauf von losen Sorten endete gemeinsam mit dem Jahr 1965.[24]
Außerdem zog man einzelne Verpackungsgrößen und -variationen, wie die ⅛-Pfund-»Originalpackungen« oder die Ziehfixdose für die Sorte »Braun«, rigoros aus dem Verkehr, sobald sie unrentabel wurden.[25] Wie überall standen auch bei Jacobs die Zeichen ganz auf Rationalisierung. Um Produktions- und Logistikkosten zu sparen und damit langfristig wettbewerbsfähig zu bleiben, sollte das Grundsortiment auf weniger, aber dafür besonders umsatzstarke Produkte konzentriert werden. Der Außendienst war angehalten, den Einzelhandel vom Nutzen einer Sortimentsbereinigung in den Regalen zu überzeugen und jegliche Sonderwünsche der Kunden »schon am Ort des Entstehens abzubiegen«.[26]

Werbung und Produkterklärung in einem: vier gute Gründe für die neue Ziehfix-Vakuumdose

Die Verpackung als »Gesicht« des Produkts

Mit der Verbreitung des Selbstbedienungssystems im Einzelhandel kam der Verpackung eines Produkts eine neue Hauptrolle im Werbetheater zu. Ein Produkt musste sich nun aus der Warenwand des Supermarkts von den Konkurrenzprodukten abheben. Um jeden Preis musste es die Aufmerksamkeit des Kunden auf sich ziehen und dann die Kaufentscheidung zu seinen Gunsten beeinflussen. Die Verpackung wurde neben ihrer ersten Eigenschaft als schützende Umhüllung noch stärker zum »Gesicht« des Produkts entwickelt. Sie war für das Warenimage sehr bedeutsam, hatte für Wiedererkennungswert zu sorgen und zugleich die wichtigsten Produkteigenschaften schon auf den ersten Blick zu vermitteln. Entsprechend gewann der Bereich »Verpackungsgestaltung« bei Jacobs enorm an Bedeutung. Viele Produkte erhielten eine Runderneuerung ihrer Umhüllung. Sie mussten dem Zeitgeschmack entsprechen und damit fit gemacht werden für den Wettbewerb um die Aufmerksamkeit der Supermarktkunden.

Den Auftakt machte der entkoffeinierte Kaffee in der Vakuumdose. Als er sich 1963 in neuem Gewand präsentierte, ging es noch weniger um die Gesamtmodernisierung des Auftritts, sondern zunächst einmal um eine Verdeutlichung der Produkteigenschaft »koffeinfrei«. Somit nahm der Schriftzug »Jacobs Koffeinfrei« auf der neuen Dose die beherrschende Stellung ein. Außerdem gab es eine neue farbliche Gestaltung: Im Gegensatz zur traditionellen Jacobs-Gelb-Schwarz-Kombination war das »Koffeinfrei«-Behältnis in Gold und Beige gehalten und damit schon auf den ersten Blick von der koffeinhaltigen Variante zu unterscheiden.[27]

Eine komplette Neueinführung erfuhr ein Jahr später Moccapress. Unter konzeptioneller Leitung der Werbeagentur Ted Bates wurde nicht nur eine neue Werbestrategie für den Pulverkaffee aus dem Hause Jacobs aufgestellt, sondern auch die Verpackung grundlegend überarbeitet. Statt wie bisher in der eher gedrungen wirkenden Blechdose, kam »Der neue Moccapress« nun in einem hohen, schlanken Glas mit griffigen Rillen und praktischem Schraubverschluss daher. Andere Extraktkaffee-Hersteller hatten bereits auf das neue Verpackungsmittel umgestellt, und da-

Werbeanzeige für Moccapress, 1967

mit war ein allgemeines Erscheinungsbild von Instantkaffee entstanden. Konsumentenbefragungen ergaben, dass die Verbraucher von einem guten Pulverkaffee inzwischen erwarteten, dass er in einem Glas angeboten wurde – entsprechend musste sich Jacobs, wollte man mit Moccapress nicht ins Hintertreffen geraten, dem Konsumentenwunsch beugen. Und auch bei der Gestaltung von Etikett und Deckel sollten die Verbraucher ihr Wörtchen mitreden: Die Entwürfe wurden in der Entwicklungsphase Hunderten Testpersonen vorgelegt, um auf Grundlage ihrer Meinung die endgültige Moccapress-Gestaltung auszuwählen. Man wollte eben sichergehen, dass das neue Erscheinungsbild mit Moccapress-Schriftzug, schwungvollem goldenen Bogen und dem deutlichen Hinweis »aus echtem Jacobs Kaffee« auch wirklich dem Geschmack und den Vorstellungen der Verbraucher entsprach und dem Pulverkaffee aus dem Hause Jacobs endlich zum großen Durchbruch auf dem wachsenden Instant-Markt verhalf. Der bescheidene Anspruch der Ted-Bates-Werbeprofis an die neue Verpackung lautete: »Es gibt keinen Pulverkaffee, der in einem formschöneren Glas verkauft wird als der neue Moccapress«, und: »Es gibt keinen Pulverkaffee, der in seinem Erscheinungsbild moderner, attraktiver und glaubwürdiger ist.«[28]

Der neue Moccapress, jetzt im Glas, Anzeige von 1964

Begleitet wurde die Moccapress-Verpackungsumstellung im Frühjahr 1964 von einer groß angelegten Werbekampagne mit zahllosen Zeitschriften- und Zeitungsanzeigen, Werbefunkdurchsagen und Fernsehspots. »Die Botschaft vom neuen Moccapress wird also pausenlos, Monat für Monat dem Verbraucher dargebracht. Er wird sie bemerken, denn er muß sie bemerken – der Angriff auf sein Unterbewußtsein ist zu intensiv.« Und: »Ein Verbraucher, bei dem der Wunsch durch die Werbung entstanden ist, ein bestimmtes Produkt auszuprobieren, ist bereits ein gewonnener Kunde. Dieser neue Kunde ist sozusagen schon auf dem Weg zur Kasse. Dieser Weg wird [aber] sofort unterbrochen, wenn er in einem Ladengeschäft die Ware nicht sieht, er also nicht daran erinnert wird.«[29] Entsprechend war der neue Moccapress im Einzelhandel gut sichtbar zu platzieren und mithilfe vielfältiger Werbemittel in Szene zu setzen und sollten die Kaufleute für den neuen Markenauftritt begeistert werden – so lautete die Aufgabe des Jacobs-Außendienstes im ambitionierten neuen »Moccapress-Totalprogramm«. Letztlich brachte aller Einsatz doch nicht den erhofften großen Durchbruch auf dem Instantkaffee-Markt. Immerhin trugen Verkaufsaktionen, Preissenkungen und nicht zuletzt eben die kontinuierliche Anpassung von Erscheinungsbild und Werbestrategie an sich wandelnde Gegebenheiten dazu bei, den Marktanteil von Moccapress in den sechziger Jahren bei etwa zehn bis zwölf Prozent zu stabilisieren und den Jacobs-Pulverkaffee dauerhaft als »dritte Kraft« hinter Nescafé und Maxwell zu etablieren.[30]

Auch was das »Flaggschiff« des Jacobs-Sortiments, den Röstkaffee in der Originalpackung, betraf, war man sich bei Jacobs eines gewissen Modernisierungsbedarfs des Erscheinungsbildes durchaus bewusst. Marktforschungsstudien hatten gezeigt, dass viele Verbraucher diese Verpackung, wie sie mit leichten Veränderungen seit 1955 bestand, wegen ihres eher gedrungenen Formats (»plump«) und der grafischen Gestaltung (»hausbacken«, »langweilig«) inzwischen eher negativ beurteilten.[31] Viel stärker als bei den verhältnismäßig jungen Produkten »Koffeinfrei« und »Moccapress« spielte beim Röstkaffee aber auch noch der »Traditionswert« der grundlegenden Designelemente und der große Vertrauensvorschuss, den die Verbraucher einem Produkt mit über Jahre gut bekannt gewordenem Gesicht entgegenbrachten, eine Rolle. Insofern war bei Änderungen im Design der Originalpackung die Balance zwischen »Tradition« und »Wiedererkennungswert« auf der einen und »verändertem Verbrauchergeschmack« und »neuen Marktanforderungen« auf der anderen Seite zu wahren.

Bereits im Herbst 1962 hatte Jacobs die Originalpackung auf ein höheres, schlankeres Format umgestellt und damit nicht nur dem Wunsch der Verbraucher nach einer eleganteren Linie entsprochen, sondern auch dafür gesorgt, dass die Päckchen in den Verkaufsregalen des Einzelhandels besser zur Geltung kamen. 1964, im Zuge der »Kaffee mit Niveau«-Kampagne, wagte man sich auch vorsichtig an die grafische Gestaltung. Elemente wie der Jacobs-Schriftzug mit dem Kaffeesack-Emblem, die gestreifte »Bauchbinde« oder das »wunderbar«, denen die Verbraucher in Befragungen besonderen Sympathie- und Wiedererkennungswert zugesprochen hatten, wurden etwas stärker betont; als »antiquarisch« angesehene Elemente wie der Seitentext durch modernisierte Varianten ersetzt. Der neue Hintergrundtext »Über 60 Jahre Kaffee-Erfahrung«, der sich klein gedruckt über die gesamte Goldfolie zog, vermittelte Vertrauen und Sicherheit und ließ die Packung insgesamt eleganter wirken. Und schließlich wurde auch an die neuen Bedingungen der Warenpräsentation im Einzelhandel gedacht: »Eine Ware verlangt heute so verpackt

Werben mit Geschichte: »Über 60 Jahre Kaffee-Erfahrung«, gut lesbar auf der goldenen Verpackung

Der Milde von Jacobs, 1969

zu sein, daß der Verbraucher selbst beim flüchtigen Hinschauen die richtige Wahl trifft. [...] Wir alle wissen, daß Kaffee in den SB-Geschäften häufig einfach übereinandergestapelt wird, wobei dann absolut nicht sicher ist, daß die Vorderseite nach außen blickt. Um sicherzugehen, daß die Packung auch in allen Lagen als JACOBS KAFFEE erkannt wird, zeichnen wir sie oben und unten noch einmal aus.«[32]

Dem Markttrend zu bekömmlichem Kaffee folgend, erhielten die Jacobs-Schonkaffees 1965 einen Relaunch. Bisher waren die Sorte »Mild« und »Jacobs koffeinfrei« in ihrem Erscheinungsbild von den konventionellen Jacobs-Kaffeesorten kaum zu unterscheiden – das sollte sich nun ändern, um der wachsenden Zielgruppe von »Kaffee-Empfindlichen« und »Koffeinfrei-Trinkern« ein unverwechselbares Produkt mit eigener »Persönlichkeit« zu bieten. Oder, in der Sprache des Jacobs-Marketings: Die »bisherigen Sorten« sollten »zu Eigenmarken erhoben« werden.[33] Innerhalb des Sortiments eigenständig, aber doch noch deutlich als Jacobs-Produkt erkennbar sollten diese Eigenmarken sein. Dieser Anspruch spiegelte sich in der neuen Verpackungsgestaltung, dem wichtigsten Mittel zur Schaffung des neuen Markenbildes, wider. Der goldene Hintergrund und die gestreifte Bauchbinde blieben, ebenso wie die abgerundete Form des Etiketts, als Jacobs-typische Elemente erhalten. Auf dem Etikett selbst jedoch spielte sich eine kleine Sensation ab. Nach über sechzig Jahren musste das Jacobs-Warenzeichen mit dem Schriftzug »Jacobs Kaffee« und dem Kaffeesack-Emblem seine zentrale Position auf der Frontseite der »Originalverpackung« aufgeben. Auf den neuen Etiketten prangte nun in schwungvoller Schrift die Markenbezeichnung »Mild« oder »Koffeinfrei«. Der Jacobs-Schriftzug in traditionellen Lettern trat in den Hintergrund, das Kaffeesack-Emblem, das noch aus den Gründerzeiten des Unternehmens stammte, wurde gar zur Randnotiz. Die neu gestalteten Verpackungen waren auch in der Anzeigen- und Plakatwerbung für »Mild« und »Koffeinfrei« groß herausgestellt. Für die Präsentation im Einzelhandel erhielten die neuen Marken sogar noch eine zweite Hülle, einen Verkaufs-Displaykarton, der die eigenständigen Merkmale der jeweiligen Verpackung gestalterisch aufnahm und somit dem Kunden auf einer weiteren Ebene unübersehbar vor Augen führte. In der Langemarckstraße wusste man, dass die Verpackung als Gesicht des Produkts im Supermarktregal so frisch auszusehen hatte, dass der Inhalt vermutlich ebenso frisch oder vielleicht noch besser sein würde – in jedem Fall aber hochwertiger als der Konkurrenzkaffee daneben.

Auf dem Weg zur Produktmarke: Moccapress 1965

Im Jacobs-Sortiment des Jahres 1965 sticht vor allem ein Produkt heraus: Moccapress. Von vornherein war der Pulverkaffee als eigenständige Marke konzipiert und beworben worden. Zwar holte man sich, wenn es um die Vermittlung der Aspekte »Qualität« und »echter Kaffeegeschmack« ging, gelegentlich Anleihen aus der traditionellen Jacobs-Welt, ansonsten aber wurden für Moccapress ein bewusst individuelles Image und Design gepflegt. Bei »Mild« und »Coffeinfrei« war Jacobs gerade auf dem Weg, die ehemaligen Sorten zu echten Marken mit eigenem Erscheinungsbild auszubauen. Markenartikel mit ihrem hohen Wiedererkennungswert und ihrer eigenen Produktpersönlichkeit entsprachen den Verkaufsprinzipien der Selbstbedienungsläden besonders gut: Das Qualitätsversprechen der Marke ersetzte die Beratung durch Ladenpersonal, der durch die Werbung »eingestimmte« Verbraucher hatte nur noch zuzugreifen, wenn er im Ladenregal die Marke seiner Wahl erkannte. Markenartikel waren modern und auf dem Vormarsch. 1965 bestand das Sortiment eines Selbstbedienungsladens im Schnitt schon zu 50 Prozent aus Markenartikeln.[34] Und da in der Bundesrepublik bereits fast 70 Prozent der Lebensmittelgeschäfte Selbstbedienungsläden waren, formte auch Jacobs seine Produkte zu »Markenindividuen« um.

Im Fall von Moccapress hatte dies ohnehin nahegelegen. Es kam als komplett neues Produkt auf den Markt und unterschied sich als lösliches Kaffeepulver nicht nur in seiner physischen Eigenschaft vom restlichen Jacobs-Bohnenkaffee-Sortiment, sondern auch in der Verpackung (Dose) und Zubereitung (nur mit heißem Wasser aufgießen). Von vornherein war klar, dass das Produkt eine neue Zielgruppe ansprechen und eigenständige Werbeargumente brauchen würde. Das Ergebnis: Jacobs Moccapress war vor allem »Moccapress«, der Name »Jacobs« sollte in diesem Fall in die zweite Reihe treten. Bei »Mild« und »Koffeinfrei« gestaltete sich die Sache schon schwieriger. Diese waren bereits als Teil eines Sortiments bekannt und wurden durch die Verbraucher unter der Dachmarke »Jacobs Kaffee« gesehen. Zudem unterschieden sie sich äußerlich und in der Zubereitung in nichts von den anderen Jacobs Röstkaffee-Sorten. Ansatzpunkt für die »Individualisierung« konnten aber ihre durch spezielle Verarbeitungsschritte erlangten »Zusatzeigenschaften« sein, nämlich der verminderte Reizstoffgehalt und das Fehlen von Koffein.

Als nächste Kandidaten für den Ausbau zum Markenartikel standen jetzt die Standardsorten auf dem Programm. Doch wie sollte man einen »ganz normalen« Röstkaffee zum Markenartikel machen? Bohne blieb Bohne, also konnte nur die Qualität das Unterscheidungsmerkmal sein. So ist es kein Wunder, dass es die bekannte Jacobs-Spitzensorte »Grün« war, die von den Jacobs-Werbern für eine besondere Karriere auserkoren wurde.

Der Beste von Jacobs – von der Sorte »Grün«...

Jacobs »Grün« konnte Anfang des Jahres 1951 eingeführt werden, weil verbesserte Rohkaffeequalitäten wieder die Herstellung eines Spitzenprodukts ermöglicht hatten. »Grün« war neben den preiswerteren Alternativen »Blau«, »Braun« und »Rot« seitdem die hochwertigste Sorte im Jacobs Röstkaffee-Sortiment. Bereits seit den dreißiger Jahren hatte Jacobs seine Mischungen mit Farbnamen versehen und so die verschiedenen Preis- und Qualitätsstufen gekennzeichnet. In der Außenwirkung wurde aber seit jeher zwischen den Sorten nicht differenziert. Gelegentlich wurden die Preisabstufungen benannt, aber sonst keine Mischung durch Gestaltung, Werbung oder Verkaufsstrategie besonders hervorgehoben. Alle Sorten zusammen waren unter einem einheitlichen Image zusammengefasst: Jacobs Kaffee.

Kleine Sonderbehandlungen erhielt die Spitzensorte »Grün« aber gelegentlich doch: Wann immer auf Preislisten und Plakaten, in Anzeigen oder anderen Werbemitteln eine Packung Jacobs Kaffee so abgebildet war, dass der kleine Sortenaufkleber auf der Oberseite erkennbar war, war die Sorte »Grün« zu sehen. »Grün« war außerdem schon in den fünfziger Jahren die Sorte, mit der die beliebten Weihnachts-Schmuckdosen gefüllt waren. Im Zweifelsfall, so die interne Anweisung an die Außendienstmitarbeiter, war unentschlossenen Kunden die Sorte »Grün« besonders ans Herz zu legen, und die Propagandistinnen waren angewiesen, beim Probenausschank ausschließlich die qualitativ hochwertigste Sorte von Jacobs zu verwenden.[35]

Endgültig in den Blickpunkt von Werbung und Marketing rückte die Sorte »Grün« in der Jacobs Herbst-Kampagne 1965. Die letzte Werbekampagne »Kaffee mit Niveau«, so die Feststellung, hätte zwar zu guten Umsatzsteigerungen geführt, diese kämen jedoch fast ausschließlich aus der preisgünstigen Sorte »Braun«, die sich gegenüber den Kaffees der Versandhändler im unteren Preissegment gut behauptete. Nun war »Braun« aber so knapp kalkuliert, dass sie vergleichsweise wenig Gewinn brachte – dauerhaft musste man also die Verbraucher von einer Sorte mit einer besseren Gewinnspanne überzeugen. Diese war, ganz im Einklang mit dem Motto »Kaffee mit Niveau«, natürlich »Grün«. »Aus dieser Erkenntnis heraus richten wir unsere gesamte Herbstwerbung auf Grün aus. Eine Gefahr für alle anderen Sorten bedeutet das längst noch nicht, denn man kann getrost mit dem Besten werben«, hieß es 1965 in der Mitarbeiterzeitung »Kontakt«. Gerade gegenüber den Versandhandelsdepots und Filialisten wollte man »aussagen, daß wir mehr können, daß wir wertvoller – kurzum ›Kaffee mit Niveau‹ sind«.[36] Der neue Slogan »Der Beste von

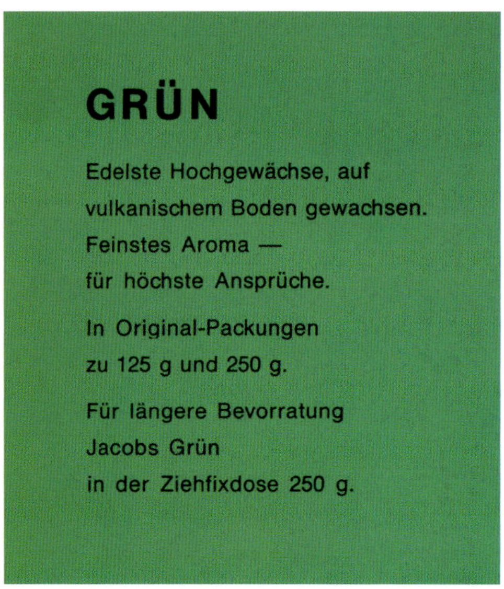

Werbetext für »Grün«, 1965

Jacobs – Sorte Grün« ergänzte also fortan, als besonderer Blickfang mit einem grünen Punkt, die Anzeigenmotive der »Kaffee mit Niveau«-Werbung und zierte die Rückwandplakate der Außendienst-Wagenflotte. Im Einzelhandel sorgten Schaufensterwerbungen und Displaystücke unübersehbar grün bepunktet für Aufmerksamkeit, und zudem erhielt die Sorte »Grün«, wie schon »Mild« und »Coffeinfrei« zuvor, einen eigenen Verkaufskarton in farblich passendem grünem Design.[37]

Im Frühjahr 1966 entschied sich Jacobs zu einer vollständigen Neueinführung des Röstkaffee-Sortiments. Die Verpackung, so die erste Erkenntnis, hielt den Anforderungen in der modernen Regalumgebung von Selbstbedienungsläden und Supermärkten nicht mehr stand. Das Kaffeesack-Emblem riss den Markennamen »Jacobs Kaffee« optisch auseinander, das charakteristische »wunderbar«-Logo hing zu tief, sodass es in den Supermarktregalen häufig von der Frontleiste verdeckt wurde. Überhaupt war der gesamte Produktauftritt nicht mehr zeitgemäß. Änderungen mussten her – aber ohne den Wiedererkennungswert und damit das Kundenvertrauen zu verspielen.

Aus einer Kinowerbung für die Krönung, Dezember 1967

Nach Befragungen von Verbrauchern und Handel entwickelten die Verpackungsdesigner schließlich einen Kompromiss, der »Tradition und Fortschritt harmonisch verbindet«.[38] Das wuchtige Kaffeesack-Emblem verschwand, stattdessen rückten der Schriftzug »Jacobs Kaffee« und das »wunderbar«-Logo in der Mitte der Packung zusammen und formten nun auch optisch den Slogan, der sich den Verbrauchern seit mehr als zehn Jahren durch die Werbung eingeprägt hatte. Ein größeres Etikett für die »Fernwirkung« im Supermarktregal, eine schmalere »Bauchbinde« für mehr Eleganz und Modernität und, nicht zu vergessen, ein farbiges Feld mit dem neuen Sortennamen. Auch das hatten die Marktforscher nämlich festgestellt: Mit den alten Farbbezeichnungen für die Sorten konnten die Verbraucher wenig anfangen. Mit »Grün«, »Blau« oder »Braun« ließen sich keine Produkteigenschaften verbin-

Händlerprospekt, 1966

Anzeige für die neuen Jacobs-Sorten, 1966

den, die farbigen Banderolen auf den Packungen markierten für die meisten Konsumenten lediglich den Preis. Sie kauften nicht sorten-, sondern preisbewusst – und gerade das wollte Jacobs ja vermeiden.

Die neuen Sortennamen sollten weiterhin kurz, verständlich und einprägsam sein, aber gleichzeitig auch den Charakter der Sorte transportieren. Die bisherige Spitzensorte »Grün« wurde zur »Krönung« (charakterisiert als »erlesene Spitzenklasse«), aus der mittelpreisigen Sorte »Blau« wurde »Tradition« (»vollmundig und edel«), und die alte Sorte »Braun« der unteren Preiskategorie erhielt den neuen Namen »Privat« (»ergiebig, von besonderer Güte«). Neu hinzu kam »Edel-Mocca« (»kräftig und aromatisch«) als neue »Kampfmarke« im Niedrigpreissegment. Jeder Sorte wurde die alte »Farbe« als Gestaltungselement auf der Verpackung zugeordnet.

Die Neueinführung des gesamten Röstkaffeesortiments wurde in der Werbung nur am Rande kommuniziert, zum Beispiel als eine Art Fußnote in den »Kaffee mit Niveau«-Illustriertenanzeigen. Viel wichtiger war es den Jacobs Werbern nach der erfolgreichen Herbstkampagne 1965, die Profilierung der Spitzensorte voranzutreiben. Auch wenn diese jetzt nicht mehr »Grün« sondern »Krönung« hieß, der entsprechende Kaffee blieb doch »der Beste von Jacobs« und versprach Prestige ebenso wie guten Verdienst. Also wurde im Herbst 1966 die Kampagne mit dem grünen Punkt fortgesetzt. Zentrale Werbeaussagen: »Ein Kaffee der Spitzenklasse aus den edelsten Rohkaffees der Welt« und »Der Beste von Jacobs ist seinen Preis wert«.[39] 1966 nahte dann das erste Weihnachtsfest im Zeichen der Krönung.[40] Nicht nur die neuen und äußerst erfolgreichen Weihnachtswerbespots mit Weihnachtsmann und Rentierschlitten verkündeten: »Zur Weihnachtszeit die Sorte Krönung«; auch in den Illustrierten schworen Engel und Weihnachtsmann auf »den Besten von Jacobs«. Eine spezielle Geschenkpackung in moderner Aufmachung knüpfte an die

Tradition der Weihnachts-Festdosen an und erklärte per unübersehbarem Aufdruck: »Zum Feste der Beste von Jacobs – Sorte Krönung«. Und schließlich sollten auch die Familie oder Freunde in der DDR in diesem Jahr besonders verwöhnt werden. Die Einzelhandels-Aktion »Für Ihr Päckchen nach drüben« stellte die Spitzensorte nicht nur werblich in den Mittelpunkt, sondern offerierte auch gleich spezielle Packungen und Vakuumdosen mit dem Inhalt »Sorte Krönung« für den sicheren Versand des kostbaren Guts im obligatorischen Westpaket.[41] Neben den explizit »Krönungs«-bezogenen Anteilen hatte die Weihnachtswerbung 1966, ebenso wie die Werbekampagnen 1967, aber auch noch einen deutlichen Bezug zum Gesamtsortiment. Es ging immer zuerst um Jacobs Kaffee und dessen sortenübergreifende Eigenschaften wie Röstfrische oder Qualität. »Jacobs! – Dann wird es Ihr großer Kaffee«, verkündeten zum Beispiel die Anzeigen und Werbespots der Serie »Kaffee aus aller Welt – Kaffee für Deutschland«, um danach auf die besonderen Vorzüge einzelner Jacobs-Sorten einzugehen. Genauso bezogen sich die Kampagne zur Preissenkung und die Weihnachtskampagne auf das Gesamtsortiment.

… zur »Krönung« des Jacobs-Sortiments

Die Krönung war als Spitzenmarke besonders präsent. Aber noch war sie nicht das ganz eigenständige Produkt im Jacobs-Röstkaffeesortiment, sondern vorerst eher »Erste unter Gleichen«. So war Jacobs-intern wie in der Werbung zunächst weiter von der »Sorte Krönung« die Rede, um so das »Sortiment« und die anderen Sorten deutlich mitschwingen zu lassen.

Erst 1968 wurde die »Krönung« zum unbestrittenen Mittelpunkt der Werbung. Die Osteraktion machte den Anfang mit der »Ostereier-Krönchen-Bastelei«. Die Kunden konnten aus Schnitt-

Der Beste von Jacobs – die »Krönung« im Design von 1966 bis 1970

Jacobs »Tradition« im Design von 1966 bis 1969

Weihnachten 1966 und Ostern 1968 – die »Krönung« zu allen Festtagen

vorlagen bunte Eier-Krönchen basteln und so der geschmacklichen »Krönung der Ostertafel« ein optisches Pendant an die Seite stellen. Sogar der bewährte Slogan »Jacobs Kaffee ... wunderbar« wurde kurzfristig in »Jacobs Krönung ... wunderbar« abgewandelt. Ab Mai stand dann die gesamte Werbung im Zeichen der Krönung. »Die Krönung eines heiteren Nachmittags«, »Die Krönung eines guten Einkaufs« oder einfach »Die Krönung des Genusses« lauteten die Anzeigenüberschriften der Sommerkampagne. Alle verfügbaren Werbetermine im Fernsehen und im Rundfunk sollten sich auf »Jacobs Krönung« konzentrieren, denn das Ziel der Werbeplanung 1968 war es, die Krönung als Spitzensorte weiter zu profilieren und ihren Anteil an der Gesamtabsatzmenge von Jacobs Kaffee bis Jahresende auf 30 Prozent zu bringen.

Herbert Schwede, seit 1967 Jacobs-Werbeleiter, fasste die Marken- und Werbestrategie im Bereich Röstkaffee Ende der sechziger Jahre wie folgt zusammen: »Die Werbeaussage und -ansprache ist Jacobs Krönung.« Das sollte aber nicht allein um der Forcierung dieser Marke willen, sondern vielmehr zum Wohle des gesamten Sortiments geschehen, denn mit der »Krönung«-Werbestrategie konnte zugleich »dem Jacobs Image entsprochen und [konnten] Qualitätswerte vermittelt werden, die auf das gesamte Sortiment übertragbar sind. [...] Die Käufer von Jacobs Tradition und Jacobs Edel-Mocca müssen auch in der Werbung für Krönung die Bestätigung finden, daß Jacobs allgemein der qualitativ Bessere ist.«[42] Die Krönung auf dem Weg zur eigenständigen Marke sozusagen, aber dennoch im Dienste des Sortiments, das von der Popularität und dem Glanz seiner »Königin« profitieren sollte.

Neue Wege in der Werbung: Der aktive Verbraucher

Traditionell war das Bild, das die Werbetreibenden von der Werbewirkung auf die Verbraucher hatten, ungefähr dieses: Wenn man die Werbung nur auffällig genug gestaltete und häufig genug verbreitete, würden sich die Verbraucher der Wirkung der Botschaften nicht entziehen können.

Anzeigen, 1968

Werbung galt als eine Einbahnstraße, in der die Hersteller von Produkten die Verbraucher informieren und zugleich nahezu beliebig im Sinne einer »richtigen« Kaufentscheidung beeinflussen konnten. Mit der Entdeckung der Markt- und Konsumentenforschung begannen zwar die Werbetreibenden, die Wünsche und Vorstellungen der Verbraucher in ihre Strategien und die Wahl der Vermittlungsarten einzubeziehen. Dennoch blieben die Konsumenten der eindeutig passive Part in der Werbekommunikation. Mit der Ausweitung der Fernsehwerbung in den sechziger Jahren gab es immer mehr Kampagnen für immer mehr Produkte, und es wurde immer schwieriger, den Verbraucher mit der Werbebotschaft für ein einzelnes Produkt zu erreichen. Um die Kundschaft dauerhaft an ein Produkt oder eine Marke zu binden, mussten neue Wege der Werbung gefunden werden, die die »Breitenwirkung« der klassischen Werbestrategien und -maßnahmen um eine weitere Dimension ergänzten: die aktive Einbindung des Verbrauchers. Der Verbraucher sollte sich mit dem Produkt und der Werbung beschäftigen, sich einbezogen fühlen, eine emotionale Bindung entwickeln. Für diese neue Strategie standen bei Jacobs die zahlreichen und vielfältigen Preisausschreiben und Aktionen, die Ende der sechziger Jahre zum wichtigen Bestandteil der Jacobs-Werbekonzeption wurden.

Mit der Aktion »Das goldene Osterei« verband Jacobs 1967 erstmals ein großes Preisausschreiben mit einer passenden Werbekampagne: Während Zeitschriftenanzeigen, Plakate, Werbefernsehen und Werbefunk die Aktion auf breiter Front ankündigten, konnten die Verbraucher im Lebensmittelgeschäft Teilnahmescheine ausfüllen und durch die Beantwortung einer Frage zum Thema Jacobs Kaffee (die Antwort lautete natürlich: »wunderbar«) an einer Verlosung teilnehmen. Der Hauptpreis war, passend zur Jahreszeit und zur Goldfolie der Jacobs-Verpackung, ein goldenes Osterei im Wert von 10.000 D-Mark. Zweiter bis 100. Preis war je ein goldenes Osterei im Wert von 1000 D-Mark. Außerdem erhielten 40.000 weitere Gewinner je ein halbes Pfund Jacobs Krönung.[43] Bei diesen, für die damalige Zeit spektakulären Gewinnen übertraf der Rücklauf mit fast zwei Millionen Einsendungen alle

»Das goldene Jacobs-Osterei«...

Erwartungen, sodass die Ziehung der Gewinner am Ende im Kongresssaal der Bremer Stadthalle stattfinden musste. Die Hauptpreise wurden in den nächsten Wochen von den Jacobs-Außendienstverkaufsleitern persönlich an die glücklichen Gewinner in ihrem Gebiet übergeben. Das Ziel, die Verbraucher einzubinden, sie dazu zu bringen, sich durch die Werbung nicht nur kurzfristig ansprechen zu lassen, sondern sich mit der Marke zu beschäftigen, war erreicht.[44] Jacobs erhielt Dutzende Dankesschreiben, zum Teil berichtete sogar die lokale Presse über das Ereignis der Gewinnübergabe.[45] Am Ende erwies sich das »goldene Osterei« nicht nur als erfolgreiche Werbekampagne, sondern auch als langfristig gute PR.

Die Idee der »goldenen« Verlosung wurde zu Weihnachten 1968 wieder aufgegriffen, als es hieß: »Jacobs verschenkt 10.000 Krönungs-Festpakete.« Wiederum wurde das Gewinnspiel mit einer großen Werbekampagne kombiniert, die Jacobs Kaffee (und natürlich insbesondere die Spitzensorte) als »die Krönung des Genusses« herausstellte. Ziel war es, das Qualitätsbewusstsein der Verbraucher anzusprechen, den Wunsch, sich etwas Besonderes zu gönnen. Der Inhalt der Pakete, je ein goldenes Kaffeeservice und ein Päckchen Jacobs Krönung gleichsam als Symbol für höchsten Kaffeegenuss, spiegelte diesen Anspruch von Qualität und Exklusivität perfekt wider – und traf offenbar den Geschmack der Verbraucher sehr gut, denn bei einer ungewöhnlich hohen Rücklaufquote von 28 Prozent beteiligten sich über vier Millionen am Gewinnspiel, in der Hoffnung, eines der Pakete zu ergattern.[46]

Nachdem sich die Idee der Werbekampagne mit integriertem Verbrauchergewinnspiel beim Röstkaffee gut bewährt hatte, wurde das Konzept auch für Moccapress übernommen. »Königin für eine Woche« hieß die erste Aktion, die sich im Frühjahr 1968 gezielt an die bundesdeutschen Hausfrauen richtete. »Welche Hausfrau möchte nicht gern einmal dem täglichen Allerlei entfliehen, Königin sein. [...] Moccapress kann diesen Traum zur Wirklichkeit machen.« Das Moccapress-Gewinnspiel machte es möglich: Wie eine der wirklichen Königinnen, an deren Leben viele Hausfrauen über die »Soraya-Presse« regen Anteil nahmen, würde die Gewinnerin auf einem Schloss gekrönt, von Dienstpersonal hofiert und mit Luxuswagen, Nerzmantel und Dior-Kleid ausgestattet. Das Ganze zwar nur für eine Woche, aber dafür ganz nah dran am Lebensgefühl einer Königin. Die Aktion erzielte nicht nur enorme Beteiligung bei den Verbraucherinnen und große Aufmerksamkeit in der Presse, sie transportierte auch in idealer Weise eine Werbebotschaft: »Moccapress macht Sie zur Königin«, das war ja durchaus nicht nur auf das Gewinnspiel zu beziehen. Auch im Alltag konnte sich die gestresste Hausfrau mit einer guten Tasse Moccapress eine schnelle Auszeit zwischen Abwasch und Bügelwäsche gönnen und ein wenig von der Glamourwelt der Schönen und Reichen träumen. Die Aktion »Königin für eine Woche« war so erfolgreich,

...und das gleichfarbene »Krönungs-Festpaket« in Anzeigen der Jahre 1967 und 1968

Die »Königin«-Kampagne (mit Gewinnerin, rechts) ...

dass sie 1969 und 1970 in fast identischer Form wiederholt wurde.

Weitere Moccapress-Aktionen hatten junge Familien im Blick (Verlosung von Geldpreisen als Ausbildungsbeihilfe in der Kampagne »Es geht um die Zukunft unserer Kinder«, 1968) oder richteten sich an die modebewusste junge Frau (Verlosung von aktueller Herbstmode im Rahmen der Aktion »Boutique in Braun«, 1969). Mode wurde zum großen Thema der Werbeaktionen, ließ sich doch damit die attraktive Zielgruppe der jüngeren Frauen besonders gut erreichen. »Frisch, spritzig und jung« eröffnete 1969 der »Jacobs Pelzbazaar« und verloste wertvolle Pelzmäntel.[47] 1971 rief Jacobs in Zusammenarbeit mit einem Marktforschungsinstitut zur großen »Moccapress Modewahl« auf. Was war der Rock-Trend der Saison – »Mini«, »Midi« oder »Maxi«? Die Verbraucherinnen sollten entscheiden. Es ging um eine kaffeeferne, emotional besetzte Sachfrage, in der sich Jacobs bei den Verbraucherinnen ins Gespräch brachte und sich damit die Aufmerksamkeit der Frauenzeitschriften und auch allgemeiner Presse sicherte. Der »Mini« sollte übrigens bleiben, lautete das Ergebnis.[48]

Doch es mussten nicht immer die großen Preisausschreiben oder neuesten Trends sein. Auch

... und die »Boutique in Braun« – zwei erfolgreiche Moccapress-Werbeaktionen des Jahres 1969

Selbstbewusst und schick: moderner Look, ganz in Braun, Moccapress-Anzeige 1969

kleinere Aktionen luden die Verbraucher zum Mitmachen ein. Zum Beispiel wurden im Rahmen der erwähnten Oster-Kampagnen 1968 in Illustrierten Anzeigen geschaltet und die dazu passenden Schnittmusterbögen für die »Krönchen« beigelegt. Die Bögen für die farbenfrohe Ostertischdekoration wurden auch an den Einzelhandel abgegeben. Zu Weihnachten 1969 erhielten die Jacobs-Kunden gegen Abgabe eines Gutscheins, den sie in der Jacobs-Packung »Das goldene Pfund« finden konnten, die Broschüre »Das Goldene Blatt« mit Weihnachtstipps und Bastelanregungen. Und es gab kleinere Beigaben und Verlosungsgewinne wie Nussknacker für den

Adventstisch, weihnachtliche Servietten und bunte Kaffeekannen in »Gockel«-Form zu Ostern. Die Liste der Jacobs-Werbeaktionen mit Mitmachcharakter wurde länger und länger.

Dennoch blieb auch die klassische Werbekampagne wichtiger Bestandteil des Jacobs-Marketings. Die Motivserie »Die Krönung des Genusses aus besten Bohnen sanft geröstet« stellte 1969 nicht nur einmal mehr die Spitzensorte »Krönung« in den Vordergrund, sondern hob, per Fantasie-Gütesiegel, auch auf die besondere »Aroma Röstung von Jacobs« ab. 1970/71 stellte die Jacobs-Werbung den Kaffeetisch in den Mittelpunkt der Anzeigenkampagne. Kernaussage: Es gibt die verschiedensten Anlässe, Kaffee zu trinken, und die verschiedensten Arten, einen Kaffeetisch zu decken – doch es ist immer erst Jacobs Kaffee, der die Kaffeetafel krönt und zu etwas Besonderem macht. Die »Kaffeetisch«-Kampagne war mit ihren großformatigen Bildern von liebevoll und festlich gedeckten Kaffeetischen betont emotional ausgerichtet. Nach mehr als 18 Monaten »Kaffeetisch« entschieden die Jacobs-Werber daher, dass die nächste Kampagne wieder stärker die rationalen Argumente für Jacobs, nämlich die besondere Qualität, ausspielen sollte. Doch allgemeine Qualitätsaussagen reichten längst nicht mehr aus, um die Verbraucher zu überzeugen. Deshalb sollte ein besonderer Aspekt der Jacobs-Qualität hervorgehoben werden, nämlich das besondere Aroma, das Jacobs durch Sorgfalt und Erfahrung sowie ein spezielles, sanftes Röstverfahren erreichte.[49] »Jacobs – weil er das große Aroma hat«, lautete somit der Werbe-Slogan ab Herbst 1971, und die Anzeigen und die Fernsehwerbung gingen nach dem Ausflug in die Welt der Kaffeetische nun wieder ganz dicht an das eigentliche Produkt heran. Appetitlich braune, frisch geröstete Kaffeebohnen prägten die Werbemotive, zusammen mit einer Packung »Krönung« in Großaufnahme. Was Verkaufsleiter Schwede schon Jahre zuvor für die Rolle der »Krönung« in der Werbung und die Bedeutung für das gesamte Sortiment postuliert hatte, galt also weiter: Die »Krönung« genoss, gemäß ihrer Spitzenqualität, eine besondere Position und Aufmerksamkeit in der Werbung, nahm aber zugleich auch die Rolle des »Zugpferds« für das gesamte Jacobs-Sortiment ein.

Handel im Wandel – Produktpräsentation am Point of Sale und die neue Rolle des Außendienstes

Neben den klassischen Werbemedien und der neuen Gewinnspiel- und Promotionswerbung rückte in den sechziger Jahren noch eine weitere »Werbearena« in den Fokus. Selbstbedienungsläden und Supermärkte stellten neue Anforderungen an die Warenpräsentation, und so erfuhr die altbekannte Ladenwerbung direkt am Verkaufsort eine Renaissance. Waren es früher vor allem Schaupackungen und Dekorationselemente für das Schaufenster, Schilder oder Plakate für den Aushang in der Ladentür im kleinen Le-

Fein und grazil: moderne Warenpräsentation der 1960er Jahre

bensmittelgeschäft, erreichte die Ladenwerbung gerade in den Supermärkten mit ihren großen Verkaufsflächen eine neue Dimension. Dort war es sehr bedeutsam, wo genau in den langen Regalreihen ein Produkt platziert war, damit es, zum Beispiel in Augen- und Greifhöhe, aus der Masse der Waren herausstach und dem Kunden sofort ins Auge fiel.

Viele Arten von Regalansteckern, Preishinweisen oder Werbeschildern wurden so dicht wie möglich am Produkt angebracht, um die Blicke auf sich zu ziehen. Neben Verkaufskartons zur ansprechenden Unterbringung der Kaffeepäckchen im Regal bot Jacobs den Einzelhändlern bald auch spezielle Verkaufsständer oder aufwendig gestaltete Verkaufsregale mit großem Leuchtschild »Jacobs Kaffee – hier röstfrisch« an, in denen das komplette Jacobs-Sortiment einheitlich und passgenau präsentiert werden konnte – die »Krönung« natürlich immer im Mittelpunkt.[50] War in den Supermärkten oder Einkaufszentren genügend Fläche vorhanden und die Lage vielversprechend, baute die Jacobs-Werbeabteilung den Einzelhändlern gelegentlich sogar einen ganzen Jacobs Verkaufsstand inklusive Dauer-Probeausschank in den Laden.[51]

Die großen Entwicklungen im Einzelhandel in den sechziger Jahren – das war neben der Durchsetzung des Selbstbedienungssystems vor allem auch die Tendenz zu Supermärkten mit breitem Sortiment und großer Verkaufsfläche und das parallel dazu einsetzende »Sterben« der traditionellen kleinen Lebensmittelgeschäfte. Zwar blieben in der Breite die kleineren und mittleren Geschäfte noch bis weit in die siebziger Jahre die Basis des Lebensmitteleinzelhandels, doch der Trend zu größeren Verbrauchermärkten zeichnete sich, insbesondere in den urbanen Ballungsräumen, schon seit Mitte der sechziger Jahre deutlich ab. Gab es 1966 gerade 54 der neuen Großgeschäfte mit einer Gesamtverkaufsfläche von 240.000 Quadratmetern, war ihre Zahl bis 1970 auf 430 Märkte gestiegen, und ihre Gesamtfläche hatte sich auf ca. 1,8 Millionen Quadratmeter und über 15 Prozent Anteil an der Verkaufsfläche im gesamten Lebensmitteleinzelhandel mehr als versiebenfacht.[52]

Und schließlich etablierte sich auch das »Cash & Carry«-System der Abholgroßmärkte. Viele Einzelhändler ließen sich nicht mehr direkt vom Her-

Anleitung für ihren richtigen Einsatz: Moderne Werbemethoden für Jacobs-Produkte, Mitte der 1960er Jahre

Leuchtreklame aus den 1970er Jahren

steller oder Zwischenlieferanten mit Ware beliefern, sondern deckten sich selbst in den Großmärkten mit den benötigten Mengen ein. Größter Vorteil für sie: flexible Auswahl jenseits langfristiger Lieferverträge. Die Händler konnten je nach Bedarf kurzfristig auch kleine Warenmengen einkaufen, sparten so Lagerflächen und liefen weniger Gefahr, auf Ladenhütern sitzen zu bleiben.[53]

Dieser »Wandel im Handel« konnte auf Dauer nicht ohne Konsequenzen für die Aufgaben und die Struktur des bislang stark auf die Bedürfnisse des traditionellen Lebensmittelhandels zugeschnittenen Jacobs-Außendienstes bleiben. Der Jacobs-Reisende, der an festgelegten Wochentagen mit seiner »Hummel« am Lebensmittelladen vorfuhr, um bestellte Ware auszuliefern, neue Bestellungen aufzunehmen, beim »Chef« um die Aufnahme eines neuen Jacobs-Produkts ins Sortiment zu werben und eine Auswahl des neuesten Werbematerials zu überreichen, wurde überflüssig, ebenso das Konzept der individuellen Betreuung und Belieferung, das den Jacobs-»Frischdienst« in den fünfziger Jahren groß gemacht hatte. Der enorme Kostenfaktor der Außendienstbelegschaft von 1900 Mitarbeitern mit einer Fahrzeugflotte von allein 1400 VW-Transportern (Höchststand 1965) rentierte sich nur, wenn die Umsätze stimmten, und die Umsätze stimmten vor allem bei den großen Kunden. In mehreren Stufen strich Jacobs deshalb die unrentablen Kleinstkunden aus der Kartei und reduzierte damit den Bestand von rund 200.000 (Höchststand 1965) auf 140.000 Kunden im Jahr 1970.[54]

Durch die nun geringere Anzahl an Kunden konnten sich die Außendienstmitarbeiter auf neue Aufgaben konzentrieren. Dazu gehörte es, die Händler von einer optimalen »Placierung« des Jacobs-Gesamtsortiments und der einzelnen Produkte in den Regalen zu überzeugen oder Werbemittel am richtigen Platz anzubringen.[55]

»Sortimentsbereinigung« zu Rationalisierungszwecken war bei Jacobs ein großes Thema, und entsprechend waren die Außendienstler angewiesen, die Händler dahingehend zu beraten, ihr Sortiment zu verkleinern, dafür aber umso verkaufsstärkere Jacobs-Produkte aufzunehmen. Zwar ging es im Außendienst weiterhin in erster Linie ums erfolgreiche »Verkaufen«. Aber »weiche« Faktoren wie die allgemeine Kontaktpflege, die Beratung, das Begleiten von Werbe- und Gewinnspielaktionen vor Ort gewannen an Bedeutung und erweiterten damit das Aufgabenfeld im Außendienst.

Inhaltlich unterstützte Jacobs seine Außendienstmitarbeiter über Schulungen, Informationsbeiträge in der Hauszeitschrift »Kontakt« oder Anweisungen in den regelmäßigen Rundschreiben. Organisatorisch trug die Firma den neuen Gegebenheiten im Handel Rechnung, indem sie zum Jahresbeginn 1970 den gesamten Außendienst umstrukturierte. Neben den traditionellen Frischdienst mit der Direktbelieferung der Einzelhandelskunden trat zu Beginn des neuen Jahrzehnts eine eigenständige »Zweite Verkaufsorganisation«, die sich auf den wachsenden Großkundenbereich, also die Einkaufszentralen der Handelsketten, die »Cash & Carry«-Großmärkte und die großen Verbrauchermärkte spezialisieren sollte.[56]

Jacobs in den sechziger Jahren – das bedeutete zunächst den Abschied von der Wiederaufbauzeit der fünfziger Jahre und einen Aufbruch in moderne Werbe- und Warenwelten. Man hatte erkannt, dass Werbung nicht einfach so »nebenbei« gemacht werden konnte, sondern professionell konzipiert und organisiert werden musste. Aus den bescheidenen Anfängen der »Werbematerialbeschaffung« hatte sich bis zum Ende der sechziger Jahre eine firmeneigene Werbe- und Verkaufsabteilung mit einem Jahresbudget von fast fünf Millionen D-Mark entwickelt. Sie arbeitete mit führenden Marktforschungsinstituten und Werbeagenturen zusammen. Nicht nur Fernsehspots – ab 1967 sogar in Farbe – waren zum Standardrepertoire der Jacobs-Werbung geworden, vielmehr liefen inzwischen integrierte Kampagnen, die alle Werbemedien und sogar die Verbraucher aktiv einbezogen. Neue Produkte waren entwickelt worden, um neuen Konsumtrends und Verbrauchergewohnheiten entgegen-

Jacobs Multiplan-Sortiment für »C+C«-Märkte, 1978

Für den Fotografen in die Reihe rangiert: 17 Jacobs-Mitarbeiter mit ihren Multiplan-Autos

zukommen. Sortiment und Produkt- bzw. Verpackungsdesign befanden sich in einem dauernden Anpassungsprozess an die neuen Verkaufsbedingungen im Einzelhandel. Und schließlich: Mit der Krönung war die Spitzensorte im Röstkaffeebereich so weit profiliert, dass sie sich in Produktpolitik, Werbung und Verbraucherwahrnehmung stark in Richtung »Marke« entwickelte.

Das Traditionsunternehmen hatte sich schrittweise an neue Gegebenheiten angepasst und die vielfältigen neuen Herausforderungen des Kaffeemarktes im Verlauf der sechziger Jahre erfolgreich gemeistert. Nicht nur in Sachen Bekanntheit und Beliebtheit bei den Verbrauchern erreichten die Jacobs-Produkte regelmäßig Spitzenwerte[57], auch die harten Fakten sprachen dafür, dass sich die Strategie des eher langsamen, aber dafür stetigen Wandels ausgezahlt hatte. Der Gesamtumsatz war von rund 270 Millionen D-Mark 1960 auf fast 700 Millionen D-Mark gestiegen, der Röstkaffeeabsatz hatte sich im gleichen Zeitraum auf fast 48.000 Tonnen verdreifacht – und das bei seit Mitte des Jahrzehnts stagnierendem Pro-Kopf-Verbrauch in der Bundesrepublik. Vor allem aber war Jacobs die kontinuierliche Steigerung seiner Marktanteile im Röstkaffeebereich gelungen. 1962 hatte der mengenmäßige Anteil am Gesamtmarkt noch bei 13,2 Prozent gelegen und war bis 1969 auf 20 Prozent angewachsen.[58] Im Einzelhandel konnte der Bremer Röstkaffee sogar mit einem Spitzenanteil von mehr als 40 Prozent aufwarten.[59]

1 Zur zahlenmäßigen Entwicklung der Selbstbedienungsläden und zu den Folgen für Handel und Kosum vgl. Karl Ditt: Rationalisierung im Einzelhandel: Die Einführung und Entwicklung der Selbstbedienung in der Bundesrepublik Deutschland 1949–2000, in: Michael Prinz (Hg.): Der lange Weg in den Überfluss. Anfänge und Entwicklung der Konsumgesellschaft seit der Vormoderne, Paderborn 2000, S. 315–356, hier S. 327.

2 Zum Aufbau der Werbeabteilung nach dem Zweiten Weltkrieg vgl. Jacobs-Chronik Bd. 4, S. 42 ff.

3 Studie der Emnid GmbH & Co., Bielefeld: Kaffee. Verbrauchereinstellungen und Verbraucherverhalten. Ergebnisse einer mehrstufigen Untersuchung, 1962.

4 Einer der ersten Markttests war ein Verpackungstest im April/Mai 1962, bei dem ein neues Verpackungsdesign in acht großen Städten erprobt wurde, vgl. Außendienst-Rundschreiben vom 12.4.1962, Archiv Kraft Foods.

5 Außendienst-Rundschreiben 1/63 »An die Herren Verkaufsleiter« vom 2.1.1963, Archiv Kraft Foods und Verkaufsschulung, in: »Kontakt« 3/1963.

6 Kann man verkaufen lernen?, in: »Kontakt« 3/1965.

7 Zur allgemeinen Entwicklung der Fernsehwerbung in den fünfziger und sechziger Jahren vgl. Siegfried J. Schmidt, Brigitte Spieß: Die Kommerzialisierung der Kommunikation. Fernsehwerbung und sozialer Wandel 1956–1989, Frankfurt 1996; zur Verbreitung des Fernsehens und zur Fernsehnutzung auch: Marie-Luise Kiefer: Hörfunk- und Fernsehnutzung, in: Jürgen Wilke (Hg.): Mediengeschichte der Bundesrepublik Deutschland, Köln 1999.

8 »Kontakt« 3/1959.

9 Moccapress im Werbefernsehen, in: »Kontakt« 11–12/1961.
10 Bitte Ruhe – Aufnahme!, in: »Kontakt« 5–6/1962.
11 Konzeptpapier: »Gedanken zur Entwicklung einer neuen Werbekonzeption«, undatiert [vermutlich 1963], Archiv Kraft Foods.
12 Vgl. Luise Ullrich wirbt für Jacobs Kaffee, in: »Kontakt« 1/1964.
13 Kaffee mit Niveau, in: »Kontakt« 8/1964.
14 Ebd.
15 Vgl. Werbeplanung Jacobs Kaffee 1965, in: »Kontakt« 4« 3/1965.
16 Vgl. Sammlung von Print-Anzeigen und TV-Werbespots im Archiv Kraft Foods.
17 Außendienst-Rundschreiben »Betr. Moccapress coffeinfrei« vom 5.1.1962, Archiv Kraft Foods.
18 Verkaufte Mengen Moccapress: 1960 rd. 75 Tonnen, 1961 rd. 255 Tonnen, vgl. Jacobs-Chronik Bd. 4, S. 61.
19 Außendienst-Rundschreiben 10/60 »Lieber Mitarbeiter!« vom 6.5.1960, Archiv Kraft Foods.
20 »Milde Sorte« und »Koffeinfrei« im Urteil der Mediziner, in: »Kontakt« 1–2/1963.
21 Außendienst-Rundschreiben 22/62 »Lieber Mitarbeiter!« vom 20.8.62, Archiv Kraft Foods.
22 Vgl. Die Ziehfix-Vakuumdose, in: »Kontakt« 7–9 /1962.
23 Außendienst-Rundschreiben »Lieber Mitarbeiter!« vom 11.10.1963, Archiv Kraft Foods. Zum Preisvergleich: ein Pfund der Jacobs-Spitzensorte »Grün« kostete zur gleichen Zeit 10,20 D-Mark.
24 Außendienst-Rundschreiben 46/1965 »Liebe Mitarbeiter!« vom 29.12.1965, Archiv Kraft Foods.
25 Vgl. Jacobs-Chronik Bd. 1, S. 69 f.
26 Bilanz 1966, Rationalisierung ist auch für das Jahr 1967 das Gebot der Stunde, in: »Kontakt«1/1967.
27 Im neuen Gewand, in: »Kontakt« 4–5/1963.
28 Jacobs stellt vor: Der neue Moccapress, in: »Kontakt« 2/1964.
29 Ebd.
30 Zur Entwicklung der Moccapress-Marktanteile und des Moccapress-Absatzes in Tonnen in den sechziger Jahren vgl. Jacobs-Chronik Bd. 4, S. 61 und Konzeptpapier »Grundzüge zur Entwicklung des Moccapress-Marktes«, datiert 17.11.1967, Archiv Kraft Foods. Zu Moccapress-Werbekampagnen und -Verkaufsaktionen u. a.: »hard-selling« für Moccapress, in: »Kontakt« 1/1965; Die neue Werbekonzeption für unseren Extrakt-Kaffee ... erst mal 'ne Tasse Moccapress!, in: »Kontakt« 2/1965.
31 Die Packung Jacobs, in: Studie der Emnid GmbH & Co., S. 77 ff.
32 Jacobs Kaffee in neuer Verpackung, in: »Kontakt« 8/1964.
33 Ein neuer Start, in: »Kontakt« 5/1965.
34 Vgl. Ditt, Rationalisierung im Einzelhandel, S. 332–334.
35 Zur Position der Sorte »Grün« vgl. u. a. Außendienst-Rundschreiben Nr. 26/1953 vom 8.10.1953 und Außendienst-Rundschreiben Nr. 24/1962 vom 7.9.1962 (Weihnachtsdosen); Außendienst-Rundschreiben Nr. 5/1954 vom 12.2.1954 (Empfehlungen für neue Kunden); Die Kunst, Kaffee zu verkaufen, in: »Kontakt« 7/1957 bzw. Rundschreiben »An unsere Propagandistinnen und Dekorateure« 4.1.1962 (Probenausschank), Archiv Kraft Foods.
36 Blickpunkt Sorte Grün, in: »Kontakt« 9/1965.
37 Vgl. Außendienst-Rundschreiben Nr. 38/1965 »Btr. Herbstwerbung 1965 – Großaktion für Jacobs Grün« vom 26.8.1965, Archiv Kraft Foods.
38 Jetzt klingelt's, in: »Kontakt« 3/1966.
39 Vgl. Werbeplanung Herbst 1966, in: »Kontakt« 9/1966.
40 Vgl. Weihnachtswerbung ist eine feine Sache ..., in: »Kontakt« 12/1966.
41 Außendienst-Rundschreiben 39/66 »Betr.: Aktion ›Für Ihr Päckchen nach drüben‹« vom 10.11.1966, Archiv Kraft Foods.
42 Konzeptpapier »Werbeplanung 1968« von Jacobs-Werbeleiter Schwede, 29.4.1968, Archiv Kraft Foods.
43 Aktennotiz »Ostern 1967, Aktion ›Goldenes Osterei‹«, Abteilung Verkaufsförderung/Herbert Schwede, undatiert.
44 Aktennotiz »Betr.: Abschluss des Osterpreisausschreibens 1967«, Abteilung Verkaufsförderung/Herbert Schwede 18.4.1967, Archiv Kraft Foods.
45 Vgl. »Kontakt« 7/1967.
46 Vgl. Die Krönung ... überall in Deutschland, in: »Kontakt« 2/1969.
47 Jacobs Pelz Bazaar – Mit der Damenwelt auf Du und Du, in: »Kontakt« 10/1970.
48 Moccapress Modewahl entschied: der Mini bleibt, in: »Kontakt« 5/1971, S. 12 f.
49 Unsere neue Werbekampagne – Jacobs, weil er das große Aroma hat, in: »Kontakt« 8/1971.
50 Krönung als Höhepunkt, in: »Kontakt« 8/1968.
51 Ein Jacobs-Stand im Supermarkt; in »Kontakt« 5/1965.
52 Zur Durchsetzung der Supermärkte, Verbrauchermärkte und Einkaufszentren vgl. u. a. Karl Ditt: Rationalisierung im Einzelhandel, S. 336 ff.
53 C.+C. Cash und Carry. Bezahle und trage es weg, in: »Kontakt« 11/1966.
54 Zur »Kundenselektion« vgl. u. a.: Wann hört der Frischdienst auf?, in: »Kontakt« 7/1966; Keine Rechnung mehr unter 50 Mark, in: »Kontakt« 8/1967, S. 11; Kundenselektion bleibt im Gespräch, in: »Kontakt« 4/1968; zur Entwicklung von Kundenbestand und Mitarbeiterzahlen im Außendienst vgl. Jacobs-Chronik Bd. 4, S. 36 ff.
55 Placierung im Blickfeld der Verbraucher, in: »Kontakt« 7/1968; Auf die Placierung kommt es an, in: »Kontakt« 1/1971.
56 Vgl. »Die Neugliederung des Außendienstes«, in: »Kontakt« 7/1969; Die Verkaufsorganisation der Zukunft, in: »Kontakt« 8/1969.
57 Vgl. die Studie »Arbeitsgruppe für psychologische Marktanalysen: Röstkaffee, psychologische Imagesstrukturen«, 1971, Archiv Kraft Foods.
58 lt. GfK-Haushaltspanel.
59 Marktanteile im klassischen Einzelhandel (d. h. ohne Versandhandel und Filialbetrieb), lt. Nielsen.

Jacobs Kaffee in der DDR

Auch eine deutsch-deutsche Geschichte

Donnerstag, 9. November 1989. Die Pressekonferenz im internationalen Pressezentrum Ostberlin, auf der Günter Schabowski die Ergebnisse der Tagung des Politbüros des Zentralkomitees der SED zum Thema »Reisegesetz« verkündet hatte, neigt sich schon dem Ende zu. Da fällt, gegen 18.55 Uhr, der entscheidende Satz: »Und deshalb haben wir uns dazu entschlossen, heute eine Regelung zu treffen, die es jedem Bürger der DDR möglich macht, über Grenzübergangspunkte der DDR auszureisen.« Rückfrage eines Journalisten: »Wann tritt das in Kraft?« Die zögerliche Antwort Schabowskis: »Das tritt nach meiner Kenntnis ... ist das sofort, unverzüglich.« Und: »Die ständige Ausreise kann über alle Grenzübergangsstellen der DDR zur BRD bzw. zu Berlin-West erfolgen.«[1]

Die Nachricht verbreitete sich wie ein Lauffeuer, und die Szenen, die sich kurz darauf in Berlin abspielten, bleiben unvergesslich. Zehntausende DDR-Bürger drängten an die Grenzübergänge, um die von Schabowski angekündigte sofortige Öffnung einzufordern. Den verantwortlichen Grenztruppen blieb bei dem Ansturm der Massen nichts anderes übrig, als die entschlossenen Ausreisewilligen Richtung Westen passieren zu lassen. Bis Mitternacht waren alle Übergänge im Berliner Stadtgebiet geöffnet, die Passkontrollen weitgehend eingestellt. Auf der Berliner Mauer, tags zuvor noch *das* Symbol der deutschen Teilung, tanzten nun Menschen aus Ost und West.

Nach und nach wurden neue Grenzübergänge geschaffen, und am 22. Dezember war es dann so weit: Als weiterer symbolträchtiger Akt wurde das Brandenburger Tor geöffnet – im Beisein des westdeutschen Bundeskanzlers Helmut Kohl und des ostdeutschen Ministerpräsidenten Hans Modrow. Und noch jemand war an diesem Dezembertag dabei: Jacobs Kaffee. Auf der Ostseite des Brandenburger Tors, an prominenter Stelle »Unter den Linden«, stand, weithin sichtbar, der Jacobs-Ausschankwagen und lud zur deutsch-deutschen Kaffeestunde ein.

Ein historischer Moment: Sechs Wochen nach dem »Fall der Mauer« wird das Brandenburger Tor geöffnet – Jacobs Kaffee war dabei

Doch dies war nicht der erste Ausflug von Jacobs Kaffee in die DDR. Ganz im Gegenteil – Kaffee aus dem Hause Jacobs, allen voran die Krönung, hatte in Ostdeutschland bereits eine mehr als 20-jährige Tradition. Als besonders beliebter Bestandteil von »Westpaketen«, die die Bundesbürger an ihre Verwandten und Freunde in der DDR schickten, gelangte der Kaffee aus Bremen nach Ostberlin, Leipzig, Rostock oder Weimar. In den Händen der Adressaten verwandelte er sich entweder in Kaffeegenuss oder in eine begehrte »Tauschwährung«. Jacobs Edel-Mocca und die Krönung waren zwar ab den siebziger Jahren in den Intershops, den Feinkostläden der Delikat-Kette, Diplomatenshops und Spezialgeschäften für Parteifunktionäre erhältlich, dort aber für den Durchschnittsbürger ohne Westmark oder Parteibeziehungen so gut wie unerreichbar.

Auflistung der DDR-»Interhotels« in einer Informationsbroschüre, 1978/79

Zum besonderen Nimbus von Westprodukten trug in den grenznahen Gebieten der DDR auch das westdeutsche Werbefernsehen bei. Markenwelten und Konsumideale vermittelten sich über den Stacheldraht und Todesstreifen hinweg von ganz allein. »Karin Sommer«, die Jacobs-Werbe-Ikone der siebziger und achtziger Jahre, war durchaus auch in der DDR ein Begriff und brachte mit der Krönung gleich auch die Vorstellung von einem anderen, besseren Lebensstil in die ostdeutschen Wohnzimmer. Jacobs und die Krönung waren nicht nur weithin bekannt, sie genossen auch einen hervorragenden Ruf.

Erste Schritte in die DDR

Vor dem Bau der Berliner Mauer war es für Ostberliner Bürger noch möglich, im Westteil der Stadt einzukaufen. Allerdings bedeutete die Mitnahme der Einkäufe nach Hause in den Ostteil einen unzulässigen »Import«. Er galt gemäß DDR-Gesetzgebung als Wirtschaftsvergehen und konnte hart bestraft werden. Doch Kaffee war, wie viele andere Genussmittel, in der DDR ein knappes Gut, und so blühte Ende der fünfziger Jahre in Berlin der Kaffeeschmuggel. Das Risiko, bei der »Kaffeeeinfuhr« erwischt zu werden, nahmen angesichts der hohen Preise und der schlechten Qualität des eigenen, raren »Ostkaffees« viele Schmuggler in Kauf, und im Westen stellte man sich schnell auf die Ostkundschaft ein. Am S-Bahnhof Neukölln, wo im »kleinen Grenzverkehr« viele Besucher aus dem Osten ankamen, roch es zum Beispiel schon von Weitem nach Kaffee. Auf 300 Metern Ladenfront boten gleich zehn Kaffeegeschäfte ihre frisch geröstete Ware an und luden auf eine Probiertasse ein. Verkauft wurde sowohl gegen D-Mark als auch, zum Tageskurs, gegen Ostmark – die Verkäuferinnen hatten routiniert stets beide Preise im Kopf. Ab 6,30 Mark Ost war das Viertelpfund »Westkaffee« zu haben – verglichen mit den zehn Mark oder mehr, die Boh-

Werbezeichnungen für Jacobs Kaffee, Mitte der 1950er Jahre

nenkaffee von ungleich schlechterer Qualität in der DDR kostete, ein Schnäppchen. Und wie kam der Westkaffee nun nach Ostberlin? Ein damaliger Jacobs-Verkaufsfahrer in Westberlin schilderte eine Szene ohne besonderen Seltenheitswert wie folgt: »Beim Beliefern eines Standes stand neben mir eine Frau aus dem Osten, die unseren guten Jacobs Kaffee einkaufte, zu meiner Verwunderung in lauter kleinen Tüten. Sie begann, den Kaffee kunstgerecht wie eine alte Schmugglerin zu verstauen. Mein Angebot, ihr dabei behilflich zu sein, lehnte sie freundlich, aber bestimmt ab. Sie war gerade dabei, ihr Mieder mit Kaffeebohnen auszubessern …«[2]

Aus derartigen »Westberliner Importen« gelangte offensichtlich so manches Pfund Jacobs Kaffee in die DDR – jedenfalls berichtete ein Jacobs-Außendienstmitarbeiter, er habe während seines Urlaubs in der »Zone« 1958 von seinen Verwandten mehrfach Jacobs Kaffee serviert bekommen: »In vielen Häusern, auch in Ostdeutschland, ist unser Kaffee zum Inbegriff des guten Kaffees geworden.«[3] Für Jacobs ein gutes Geschäft, und so entstanden die ersten Planungen für die Errichtung einer eigenen Rösterei in Westberlin 1959 sicher nicht nur zur Beendigung des Transports über die Transitstrecke, sondern ebenso mit dem Blick auf den »Markt Ost«.

Mit dem Bau der Berliner Mauer im August 1961 freilich war Jacobs von diesem Markt zunächst abgeschnitten. Nachdem die privaten Einkäufe aus Ostberlin wegfielen, blieb nur noch der offizielle Weg, um Jacobs Kaffee in der DDR zu verkaufen. Bereits Mitte der sechziger Jahre bahnten sich dazu vorsichtige Kontakte der Bremer Traditionsfirma an, zunächst über einen Mittelsmann. Die Firma Mitropa-Intershop, so schrieb im Februar 1965 die K. P. Schott Import-Export Handelsvertetungen, West-Berlin, an die Joh. Jacobs & Co., wolle unbedingt Kaffee in Ziehfixdosen von Jacobs kaufen, außerdem »natürlich Ihren Moccapress«. Für weitere Verhandlungen sei aber die Anwesenheit von Jacobs-Vertretern auf der Leipziger Messe notwendig, an der die Bremer dann aber offensichtlich doch nicht teilnahmen und damit vorerst der Bremer Konkur-

Leipziger Messemännchen. Der unternehmungslustige Herr, mit Anzug, Hut, Pfeife, Aktenkoffer und einem als Weltkugel ausgeformten Kopf ausgestattet, erschien erstmals 1964 als Maskottchen der Leipziger Messe

renzfirma Ronning das Feld überließen.[5] Zwei Jahre später dagegen ging die Initiative direkt von Jacobs aus: Der Generalbevollmächtigte für den Vertrieb, Willi Stuth, suchte die ersten Gespräche mit DDR-Außenhandelsfirmen und handelte die Modalitäten für die Lieferungen von Röstkaffee aus. Im Rahmen des innerdeutschen Handels wurde das DDR-Geschäft von Jacobs über das DDR-Außenhandelsunternehmen Zentral-Kommerz GmbH abgewickelt. Gezahlt wurde in D-Mark. Mit dem ersten größeren Auftrag gingen 1967 somit 250 Tonnen Röstkaffee aus Bremen in die DDR und wurden dort vor allem über die Gastronomie der Interhotels und über die Mitropa, die auch die Intershops betrieb, verkauft. 1969/70 entwickelte sich daraus ein regelmäßiges Geschäft mit Jacobs Kaffee in 125-g-Packungen, der zum Verkaufspreis von 12,50 D-Mark in den Handel kam.

Ab Ende der sechziger Jahre war Jacobs zudem auf der Leipziger Frühjahrsmesse zu Gast und teilte sich dort einen Stand mit anderen West-Firmen der Nahrungs- und Genussmittelbranche. Da Besucher keinen Zutritt zur Messe hatten, diente der Messeauftritt ausschließlich der Kontaktpflege zu DDR-Firmen. »Man muss die richtigen Leute und Türen kennen«, stellte Hans Alfred Kringel in seinem Bericht über die Reise nach Leipzig 1970 fest, und: »Der Bekanntheitsgrad von Jacobs Kaffee ist unvorstellbar gut.« Als Spitzenprodukt erhalte Jacobs in den Geschäften eine »hervorragende Placierung«, der Abverkauf laufe hervorragend. »Die DDR-Bürger sind nämlich durch das tägliche bundesdeutsche Werbefernsehen sehr gut informiert.«[5]

Dennoch blieb der Absatz beschränkt. In den Intershops konnte nur gegen Westgeld eingekauft werden, und unprivilegierten DDR-Bürgen war der Besitz von Valuta zunächst verboten. Abgesehen von Parteikadern war es somit nur Transitreisenden und Besuchern aus dem westlichen Ausland möglich, den Bremer Kaffee in der DDR zu erstehen. Erst mit der 1974 erfolgten Aufhebung des Valuta-Verbots erhielt das Geschäft mit Jacobs Kaffee stärkeren Auftrieb. Im Jahr 1975 wurden 900 Tonnen Röstkaffee mit einem Gewinn von rund einer Million D-Mark in die DDR verkauft, für das Jahr 1976 sahen die entsprechenden Verträge schon 1850 Tonnen vor.[6] Damit entfiel der Hauptanteil der Jacobs-Exportumsätze im Röstkaffeebereich auf die DDR.[7]

Doch Mitte der siebziger Jahre zeichneten sich auf dem Weltmarkt enorme Preissteigerungen für Rohkaffee ab, was sich bald auf das DDR-Geschäft von Jacobs auswirkte. Da die Lieferverträge mit ihren Halbjahreszeiträumen verhältnismäßig langfristig waren und die DDR sich weigerte, Rohkaffee-Preisgleitklauseln in die Verträge aufzunehmen, drohte Jacobs für 1976 im DDR-Geschäft ein Verlust von etwa einer Million D-Mark.[8] Dass er nicht eintrat, lag daran, dass die für das zweite Halbjahr vorgesehene Liefermenge nicht erreicht wurde. Doch nach diesem Fast-Debakel durften weitere Lieferverträge und Vereinbarungen über Verkaufsmengen nur noch mit ausdrücklicher Zustimmung der Jacobs-Geschäftsführung abgeschlossen werden. Die Lieferpreise stiegen für das erste Tertial 1977 gegenüber dem Vorjahr kräftig an: bei der Krönung um durchschnittlich 14 Prozent und bei Edel-Mocca bis zu 27 Prozent.[9]

Da die DDR-Außenhandelsorganisationen aber nicht nur Röstkaffee-Importe aus dem »Westen«, sondern in der Regel auch Rohkaffee für die DDR-eigenen Kaffeemarken wie »Kosta«, »Mona«, »Rondo« und den Instantkaffee »Mokka-fix Gold« in Devisen bezahlen mussten, die Devisensituation der DDR aber äußerst angespannt war, blieb nur eins: den Bohnenkaffeeverbrauch drosseln. Im Sommer 1977 beschloss das Politbüro daher eine einschneidende Neuerung in der Kaffeeversorgung der DDR-Bevölkerung und stellte die kostengünstige und deshalb beliebte Sorte »Kosta« ein. Stattdessen wurde der »Kaffee-Mix« eingeführt, der zur Hälfte aus minderwertigen, gemischten Kaffeesorten und zur Hälfte aus verschiedenen, mit etwas Koffein versetzten Surrogaten bestand.[10] Dieser neue Mischkaffee sollte fortan bei Großverbrauchern wie Kantinen, Gaststätten und in der Gemeinschaftsverpflegung verwendet werden und damit jährlich eine Einsparung von 2500 Tonnen Röstkaffee (gegenüber dem Verbrauch des Jahres 1977) bewirken.[11] Allerdings war die Resonanz der Bevölkerung auf den neuen Mischkaffee, spöttisch auch »Erichs Krönung« genannt, alles andere als positiv.

»Jacobs, das ist die Krönung«, und »Kaffee-Mix«, das ist der »Gipfel«![12]

Es hagelte Protestbriefe an Handels- und Kaffeebetriebe, selbst Eingaben an die Organisationen der Partei bemängelten die Qualität von »Kaffee-Mix«. »Ihr Kaffee schmeckte fast so wie kurz nach dem Krieg«, lautete die ungewöhnlich unverblümte Kritik, oder »Ihr Bohnenkaffee ›Kaffee-Mix‹ schmeckt wie halb und halb. Nämlich halb Wintergerste, halb Sommergerste.«[13]

Besucher am Jacobs-Messestand für Multiplan, 1974

Auch die Deutschen in der DDR bildeten eine Nation von Kaffeetrinkern, und die nahm der Regierung die »Verdummung der Bevölkerung« mittels eines »primitiven Ersatzmittels mit bitterem Nachgeschmack«[14] durchaus übel. Mit der Krise in der Kaffeeversorgung – die Verfügbarkeit von Bohnenkaffee war gleichsam auch ein Gradmesser für Wohlstand und Wirtschaftskraft der DDR – drohte implizit auch eine Störung des sozialen Friedens. Die Staatsführung beeilte sich also, gegenzusteuern. Nachdem Versuche, die Qualität der DDR-eigenen Ersatzmischung zu verbessern, gescheitert waren, wurde ein anderer Weg beschlossen. Vorerst sollte durch Importe aus dem »nichtsozialistischen Ausland« ein Instant-Mischkaffee im Verhältnis 3:1 als »Caro Mit« zur Lösung des Problems beitragen. Längerfristige Überlegungen gingen dahin, im VEB Kaffee Halle eine »Gestattungsproduktion« aufzubauen. Dabei sollte Mischkaffee im Auftrag westlicher Unternehmen und unter westlichem Markennamen hergestellt und zumindest Teile der Produktion auch in der DDR vertrieben werden.

Und schließlich kam auch der so beliebte und bekannte Jacobs Kaffee wieder ins Spiel. Das Maßnahmepapier »zur Durchsetzung des Beschlusses des Politbüros vom 28.7.1977 zur Produktion und Versorgung mit Kaffee und Kakaoerzeugnissen«[15] wies an: »Zur Bereicherung des Angebots und zur Sicherung der Versorgung zu den Festtagen sind die hochwertigen Kaffeesorten ›Jacobs Krönung‹ / ›Jacobs Monarch‹ in Höhe von [zusätzlich] 300 t […] im IV. Quartal zu importieren und in festgelegten Delikat-Verkaufsstellen anzubieten.« In der Delikat-Kette konnte gegen heimische Währung eingekauft werden, und so war der begehrte Westkaffee fortan auch ohne Devisen erhältlich – allerdings zu horrendem Preis. 200 Gramm Krönung sollten 24 Ostmark kosten, und das bei Monatseinkommen, die in der Regel 800 Ostmark nur selten überschritten.

Im ersten Tertial 1978 betrug der Brutto-Umsatz von Jacobs im DDR-Geschäft 4,5 Millionen D-Mark, der Handelsgewinn immerhin 420.000 D-Mark. Damit lag man, was den Umsatz betrifft, wegen der starken Preis-Unterbietungen durch Tchibo und Onko und der insgesamt misslichen Situation auf dem DDR-Binnenmarkt zwar hinter den Planungen, konnte mit dem Profit aber zufrieden sein.[16] Der weitere Verlauf der Geschäftsentwicklung hing von den Ergebnissen der Verhandlungen ab, die seit Jahren mit den DDR-Stellen liefen. Bereits seit 1971 hatte es immer wieder Gespräche gegeben, die auf die Einrichtung einer Gestattungsproduktion von Jacobs Kaffee in der DDR zielten. Bei chronischem Devisenmangel,

Frischdienst-Auto vor dem Leipziger Völkerschlachtdenkmal, März 1970

und erst recht nach der »Kaffeekrise« von 1977, war die DDR weiterhin stark daran interessiert, Jacobs Kaffee in Zukunft selbst in Lizenz zu produzieren, anstatt ihn gegen wertvolle »harte Währung« aus Westdeutschland zu importieren. 1978/79 wurden die Verhandlungen also erneut intensiviert, und einige andere westdeutsche Firmen waren bereits auf eine solche Lizenz-Regelung eingegangen. Die Meinungen zu diesem Thema gingen bei Jacobs auseinander. Einerseits wollte man Verhandlungsbereitschaft zeigen, um keine DDR-Geschäftspartner zu verärgern und damit vielleicht wichtige Absatzkanäle zu verschütten. Andererseits lag ein derartiges Lizenzmodell, zumal für das Spitzenprodukt Krönung, nicht im Sinne der Firma. Das entsprechende Grundkonzept, das Jacobs-Mitarbeiter Kringel ausarbeitete, sah deshalb vor, die DDR mit harten Konditionen abzuschrecken. Jacobs forderte eine Lizenzgebühr von einer D-Mark pro Kilogramm Kaffee und behielt sich vor, nicht nur Maschinen, Röstkaffeemischungen und Verpackungsmaterial zu liefern, sondern auch die Qualität der Produkte zu kontrollieren, die ja immerhin unter dem guten Namen der Firma und ihrer Marken verkauft werden sollten. Wenn überhaupt, dann solle die Sorte Edel-Mocca in Lizenz gehen, nicht, wie offensichtlich von der DDR gewünscht, die Krönung.[17] Letztlich kam die Gestattungsproduktion von Jacobs Kaffee »Made in GDR« aber wohl nie zustande.

Zeitungsanzeige, Weihnachten 1967

Westpakete – »für die Lieben dort drüben«

Die »Kaffeekrise« sorgte nicht nur für Wirbel in der staatlichen Kaffeebeschaffung der DDR, sie hatte noch eine zweite Auswirkung: Die Regelungen zu den »Westpaketen« wurden überarbeitet. Bisher war pro Geschenksendung nur ein Pfund Bohnenkaffee zugelassen. Doch nun, angesichts der Versorgungskrise, wurden die Bestimmungen gelockert, und jeder DDR-Bürger durfte so viel Kaffee beziehen, wie die Verwandten oder Freunde aus dem Westen eben schicken wollten – ein Kaffee-Import-Programm der anderen Art. Tatsächlich zeigte die Maßnahme Wirkung. 1978 betrug der Pro-Kopf-Verbrauch an staatlich importiertem Rohkaffee in der DDR etwa 3,15 Kilogramm. Rechnete man aber die Geschenksendungen aus dem Westen hinzu, stieg der Pro-Kopf-Konsum auf 3,5 Kilogramm an. Fast ein Siebentel des in der DDR getrunkenen Bohnenkaffees kam also als Geschenk aus dem Westen, und ganz ohne die Valutabilanz der DDR zu belasten.

Aus ganz anderen Gründen war man bei Jacobs an den Westpaketen interessiert. Sie steigerten den Absatz von Jacobs Kaffee im Westen, und die, die sie packten, wurden von der Werbung gezielt angesprochen. »Ein Paket für die Lieben dort drüben«! Wenn schon die strengen Reisebeschränkungen persönliche Besuche von Familien oder Freunden fast unmöglich machten, dann sollte wenigstens über die Briefe und Pakete der Kontakt gehalten werden. Und wer es besonders gut mit »den Lieben drüben« meinte, packte, neben Kleidung, Süßigkeiten und anderen in der DDR raren Gütern, natürlich die Krönung als besonderes Highlight ein. Die grünen 500-g-Packungen wurden als Symbol der freien westlichen Warenwelten und eines besseren Lebensstandards häufig erst spät zum Aufbrühen geöffnet oder gar nicht und stattdessen für den Tauschhandel benutzt. Die Krönung war, neben der D-Mark, zeitweilig durchaus eine Art »Drittwährung«. Kaffee »aus dem Westen« war zudem eine Art Statusobjekt, der Zugang zu Westwaren – via Geschenksendung oder Einkauf im Intershop – ein Zeichen sozialer Distinktion.

Bei durchschnittlich 25 Millionen jährlich über die Grenze verschickter Pakete, die schon vor der Lockerung der Versandbestimmungen insgesamt etwa 1000 Tonnen Kaffee enthielten, stellten die Westpakete auch für Jacobs ein lohnendes Geschäft dar. Nicht nur die Jacobs-Werbung für den Versand der Krönung und anderer hauseigener Kaffeemarken in den DDR-Geschenksendungen war äußerst kreativ. Neben Tipps, wie die Jacobs-Päckchen am besten zu packen seien, wurden mit besonderen Verpackungsgrößen und Dosen- und Geschenkverpackungen sogar eigene Produktvariationen entwickelt.[18]

Insgesamt barg der DDR-Markt in den siebziger und achtziger Jahren für Jacobs also durchaus Wachstumschancen. Während der Pro-Kopf-Verbrauch von Kaffee in der Bundesrepublik Mitte der siebziger Jahre stagnierte, blieb Bohnenkaffee in Ostdeutschland weiterhin ein knappes und begehrtes Gut. Aber nicht die starke Nachfrage bestimmte den Absatz, sondern das von den Behörden gesteuerte Angebot – in der Mangelwirtschaft der DDR wurde gekauft, was verfügbar war. Genau hier lag für Jacobs' DDR-Geschäft aber auch die Krux: Mit Verbraucherwünschen, Qualitäten, Vertrieb und Werbung hatte dieses Geschäft nichts zu tun, hier musste die staatliche Wirtschaftsplanung beeinflusst werden, und damit hatte man in der Bremer Langemarckstraße weniger Erfahrung.

Aus Sicht der Jacobs »Verkaufsabwicklung Ausland«, unter deren Verantwortungsbereich das Kaffeegeschäft mit den DDR-Einkaufs- und Handelsorganisationen wie der Mitropa oder der forum Außenhandelsgesellschaft mbH fiel, hielten sich positive und negative Auswirkungen der DDR-Wirtschaftsplanung am Ende die Waage. Zwar brachte die Einführung des Gutscheinsystems »Forumscheck« 1979 rückläufige Umsätze in den Intershops, denn DDR-Bürger konnten dort nicht mehr direkt gegen Westgeld einkaufen, sondern mussten ihre Valuta zuvor bei der DDR-Staatsbank in »Forumscheck-Mark« tauschen. Die Lockerung der Zollbestimmungen erlaubte ab 1983 hingegen häufigere Sendungen von Westpaketen, sodass auf diesem Wege mehr Krönung und Edel-Mocca in die DDR gelangten. Insgesamt blieb der Verbrauch von Jacobs-Kaffee offensichtlich relativ stabil.

Im Wendejahr 1989 betrug der Marktanteil von Jacobs-Kaffee im Valutageschäft der DDR, also dem Verkauf in Inter- oder Transitshops gegen Westgeld, 35 Prozent. Man war damit in diesem Bereich, der ein Gesamtvolumen von rund 1300 Tonnen Röstkaffee umfasste, Marktführer – vor den Mitbewerbern Tchibo (27 Prozent Marktanteil) und Melitta (21 Prozent Marktanteil). Was jedoch viel mehr erstaunt, ist die enorme Bekanntheit von Jacobs in der DDR zur Wendezeit. Nahezu 89 Prozent der Befragten in der DDR gaben bei einer Studie der Nielsen Marketing Research spontan an, die Marke Jacobs zu kennen!

Krönung mit Verkäuferin im Schaufenster eines Berliner Konsum-Geschäfts vor der Währungsunion 1990

Damit schlug Jacobs nicht nur die anderen West-Marken um Längen,[19] sondern stach sogar sämtliche DDR-Kaffeemarken aus. Der DDR-Löskaffee »Mokkafix« erreichte in der spontanen Bekanntheit 65,3 Prozent, »Rondo« 52,1 Prozent, »Mona« 27,8 Prozent, alle anderen Marken fanden unter »ferner liefen« statt. Wer in der DDR an Bohnenkaffee dachte, dachte offenbar mit weitem Abstand zuerst an Jacobs. Tatsächlich war die Marke Jacobs in der DDR sogar noch bekannter als in der Bundesrepublik, wo die Jacobs-Markenbekanntheit »nur« bei etwa 85 Prozent lag.[20]

Die Mauer fällt – Jacobs kommt

Die Ereignisse in der DDR im Herbst 1989 haben Geschichte geschrieben. Die lange Reihe friedlicher Proteste der DDR-Bevölkerung und die anhaltende »Republikflucht« von DDR-Bürgern via Ungarn und Tschechoslowakei setzte die DDR-Führung so stark unter Druck, dass sie der Forderung nach Reisefreiheit nachgab. Die berühmte Pressekonferenz am Abend des 9. November markierte den Anfang vom Ende der Berliner Mauer – mithin der deutschen Teilung.

Für die Verkaufs- und Marketing-Verantwortlichen bei Jacobs kam diese Wende genauso überraschend wie für den Rest der Welt. In der Langemarckstraße war man sich aber sehr bewusst, dass die Öffnung der Mauer bald auch Zugang zu einem neuen, freieren DDR-Markt bieten würde. Jetzt war schnelles Handeln gefragt, um dabei nicht der westdeutschen Konkurrenz das Feld zu überlassen. Die Chancen standen nicht schlecht: Jacobs konnte die bestehenden Kontakte in die DDR-Handelsstrukturen nutzen und zugleich auf die große Bekanntheit der eigenen Marken und den fast schon legendären Ruf insbesondere der Krönung bauen.

Und Jacobs handelte schnell: Am 21. Dezember 1989, sechs Wochen nach der Öffnung der ersten DDR-Grenzübergänge, erschien in der (Ost-) »Berliner Zeitung« die erste produktbezogene Werbeanzeige eines westdeutschen Markenartiklers. »Jacobs Kaffee lädt Sie ein«, lautete der Text der Annonce in großen Lettern, dazu war die Jacobs-Postadresse in Bremen abgedruckt, bei der jeder Leser per Postkarte eine Sieben-Tassen-Probe der Krönung anfordern konnte. Die Resonanz war enorm. Bis zum Einsendeschluss kamen 150.000 Anfragen bei Jacobs an, sodass am Ende Produktproben für mehr als eine Million Tassen Krönung-Kaffee in die DDR geschickt wurden.

Einen Tag nach dem Erscheinen der Werbeanzeige war Jacobs zudem mit einem eigenen Werbe- und Ausschankwagen bei der Öffnung des Brandenburger Tors dabei, dem vorläufigen Höhepunkt der Ereignisse rund um den Mauerfall. Während die Menschen aus Ost und West feierten und durch die Bögen des Brandenburger Tors spazierten, schenkte ein Team von Jacobs-Mitarbeitern an der Straße Unter den Linden / Ecke Otto-Grothewohl-Straße frisch gebrühten Kaffee aus. Das »Verwöhnaroma« war also auch bei diesem historischen Ereignis mit dabei. Der Ansturm war gewaltig: Die 40 Liter Kaffee, die zum Ausschankstart um 14 Uhr vorgebrüht waren, erwiesen sich als »Tropfen auf den heißen Stein« und waren innerhalb kürzester Zeit verbraucht. Das Ausschankteam kam mit dem Kaffeekochen kaum nach, Zucker und Milch mussten nachgeordert werden, und schließlich geriet der Jacobs-Wagen bei dem großen Gedränge regelrecht ins Wanken. Doch allein dafür, dass das Ausschankmobil pünktlich zu Veranstaltungsbeginn in Ostberlin stand und die Kaffeemaschinen liefen, waren diverse organisatorische Meisterleistungen erforderlich gewesen. Im Behördendschungel der DDR mussten zunächst die zuständigen Ansprechpartner gefunden und über sie die nötigen Genehmigungen eingeholt werden. Als dann der Jacobs-Wagen nach langer Fahrt am Morgen des großen Tages in Berlin ankam, galt es praktische Probleme zu lösen. Strom- und Wasseranschlüsse vor Ort passten nicht zu ihren West-Pendants im Jacobs-Mobil, und nun war Improvisation gefragt.

Es gelang dank vieler tatkräftiger Helfer, vor allem durch den langjährigen freien Mitarbeiter in Berlin Ost, Bruno Thomas, und den Jacobs-Gebietsverkaufsleiter in Berlin West, Klaus Hänisch, dass alles zum Laufen gebracht werden konnte. Am Ende hatte bei der Stromversorgung sogar das Fernsehen der DDR geholfen, das mit einem Übertragungswagen vor Ort war. Im Gegenzug durfte sich das DDR-Fernsehteam – es war ein kalter und regnerischer Tag – bei frischem Kaffee im Jacobs-Wagen aufwärmen. Die Bilanz für das Ausschankteam aus Bremen lautete um 19.30 Uhr: alle Vorräte erschöpft, fast 4000 Tassen Kaffee ausgeschenkt und über 1000 Kaffeeproben à 50 Gramm verteilt. Ein spannender Start in ein »neues« DDR-Geschäft.[21]

Kaffeegeschäft in aufregenden Zeiten

Kurz nach den ersten spontanen PR-Aktionen nach dem Mauerfall begann bei Jacobs die systematische Planung aller DDR-bezogenen Aktivitäten für das Frühjahr 1990. Im Bremer Stammhaus wurde dazu ein etwa 20 Mitarbeiter umfassender Stab des Jacobs Suchard Außendienstes ins Leben gerufen, der sich ausschließlich um die Anbahnung neuer Geschäftsbeziehungen in der DDR kümmern sollte. Hier wurden bestehende DDR-Marktstrukturen und Marktpotenziale analysiert, mögliche künftige Vertriebswege und Kooperationsmodelle für Jacobs in der DDR diskutiert und Absatzziele aufgestellt. Parallel galt es, einen Außendienst für das Gebiet der DDR aufzubauen und vor Ort geeignete Mitarbeiter zu finden und einzuarbeiten.

Während sich auf der politischen Ebene bald ein Fahrplan Richtung Wirtschafts- und Sozialunion und später zur Wiedervereinigung abzeichnete, erwiesen sich die Bedingungen im Geschäftsalltag als schwierig bis chaotisch. Zuständigkeiten bei DDR-Behörden und Handelsorganisationen waren unklar, Ansprechpartner wechselten häufig, und es gab eine gewisse Kultur der Bestechlichkeit. Ebenso machten ganz handfeste Probleme wie die schlechten Straßen, mangelnde Übernachtungsmöglichkeiten oder Transportmittel, ungeeignete Verkaufsflächen und Lagerräume oder nicht vorhandene Telefonverbindungen den Jacobs-Pionieren in der DDR das Leben schwer. Auf der anderen Seite, so berichten Zeitzeugen wie Dieter Thielking, der im Bereich Point-of-Sale-Marketing für die DDR zuständig war, waren die ersten Jahre nach der Wende aber auch eine aufregende und spannende Zeit.[22] Es gab viel Improvisation, viele Probleme wurden unbürokratisch gelöst (manchmal mit einem Päckchen Kaffee, das den Besitzer wechselte), viele Geschäfte über persönliche Kontakte angebahnt, Freundschaften geschlossen und – auch das gehörte in dieser Zeit der Goldgräberstimmung dazu – für Jacobs viel Geld verdient.

Die Jacobs-Produkte, allen voran die Krönung, waren bekannt und beliebt. Vor lauter Nachfrage fiel der Gedanke an Werbung fast schwer – die Kunden, glücklich über die neuen und lang ersehnten Konsummöglichkeiten, rissen den Ver-

Großes Gedränge bei Probenausgabe und Kaffeeverkauf …

käufern die Westware förmlich aus den Händen. So gingen bei einer Verkaufsaktion in Potsdam im Februar 1990 bei einem Riesengedränge innerhalb weniger Stunden 15 Paletten Krönung und »Meisterröstung« über die improvisierte Verkaufstheke, und die Jacobs-Verkaufsmannschaft stand am Ende mit großen Papiertüten, prall gefüllt mit DDR-Geld, da. Die verhältnismäßig hohen Preise – ein Pfund der Krönung kostete beispielsweise 30 DDR-Mark – waren dabei kein Hindernis. Viele besaßen ja Geld; was fehlte, war

… am Jacobs-Wagen im Februar 1990 in Potsdam

ein attraktives Warenangebot, für das man es hätte ausgeben können. Vor allem bestand nach Jahrzehnten des Mangels ein großer Nachholbedarf, und man gönnte sich, jetzt, wo er verfügbar war, gern ein Päckchen guten Kaffees.

Aber obwohl die Produkte zunächst Selbstläufer waren, stieg Jacobs sofort in den sich neu entwickelnden DDR-Werbemarkt ein, schließlich galt es, sich gegenüber der West-Konkurrenz langfristig Marktanteile zu sichern. Als am 17. April 1990 nach 14-jähriger Unterbrechung wieder Werbung im DDR-Fernsehen ausgestrahlt wurde, war Jacobs natürlich mit einem Spot für die Krönung dabei. Ab Mai präsentierte Jacobs Suchard in allen größeren Städten der DDR als Sponsor den schweizerischen Kinofilm »Klassezämekunft« (»Klassentreffen«) und nutzte das familienfreundliche Umfeld der Veranstaltung und die Kinobegeisterung der DDR-Bevölkerung, um im Rahmen des Vorfilms und mit einem bunten Beiprogramm inklusive Verkostung die Marken Jacobs Kaffee und Milka vorzustellen.[23]

Der DDR-Kaffeemarkt war in der Tat schon vor der Einführung der D-Mark am 1. Juli 1990 von bundesdeutschen Firmen umkämpft, schließlich waren hier enorme Absatzmöglichkeiten zu erwarten. Der Kaffeeverbrauch in der bisherigen DDR, so die Annahme, würde sich innerhalb kurzer Zeit knapp unter westdeutschem Niveau einpendeln – und damit verdoppeln. Mit ihrem frühen Engagement in der DDR hatten sich nach Meinung der meisten Experten auf dem 7. Internationalen Kaffeekongreß in Westberlin im Juni 1990 Jacobs und Eduscho die besten Startchancen für das DDR-Geschäft verschafft, wobei Eduscho sich, wie in der Bundesrepublik, auf die Belieferung von Bäckereien konzentrierte und Jacobs die ehemaligen HO-Läden im Lebensmitteleinzelhandel belieferte.[24] Von den DDR-Kaffeeröstereien, so die Prognose, würden hingegen nur wenige überleben, nämlich die, die frühzeitig Kooperationen mit westdeutschen Unternehmen eingegangen waren. So arbeitete Eduscho mit dem früheren VEB Kaffee Halle zusammen, Tchibo ließ »Tchibo-Röstkaffee« in drei DDR-Röstereien produzieren, und Jacobs ging im Mai 1990 kurzzeitig eine Kooperation mit der Marö-Kaffeerösterei GmbH, dem früheren VEB Kaffeewerk Marö, in Frankfurt/Oder ein.

»Aufbau Ost« à la Jacobs

Mit der Währungsunion kam nicht nur die einheitliche deutsche Währung, und das mühsame Hantieren mit wechselnden Umrechnungskursen entfiel – es wurden auch die Steuersätze in beiden deutschen Staaten angeglichen. Ab dem 1. Juli 1990 galt auch für das Gebiet der DDR der Kaffeesteuersatz der Bundesrepublik, und die Unternehmen konnten mit einem einheitlichen Mehrwertsteuersystem arbeiten. Die Wiedervereinigung am 3. Oktober 1990 stellte wenig später auch die politische Einheit Deutschlands wieder her – sozusagen der Startschuss für einen neuen, gesamtdeutschen Kaffeemarkt.

Die ehemalige DDR wurde zum »Marktsegment Ost« der westdeutschen Kaffeeröster, die den Markt in den neuen Bundesländern mit über 95 Prozent dominierten. Einerseits konnten die Westfirmen ihr Kaffeesortiment aufgrund der großen Absatzmengen oft wesentlich preiswerter anbieten als die ostdeutsche Konkurrenz. Zudem bevorzugten auch die Ostdeutschen die Mischungen aus dem Westen, die traditionell mehr hochwertigen Arabica-Kaffee enthielten – im Gegensatz zu den alten DDR-Sorten, die aufgrund der DDR-Rohkaffee-Importpolitik hauptsächlich aus Robusta-Sorten bestanden. Und wohl als Hauptgrund für die überragende Marktdominanz der westdeutschen Unternehmen ist festzuhalten: Die DDR-Bürger waren nach Jahrzehnten, in denen Westkaffee Mangelware und erstrebenswerter Luxus war, »süchtig nach bekannten Marken«[25]. Sie wollten nachholen, was sie jahrelang verpasst hatten.

Ein erheblicher Teil der westdeutschen Marktdominanz entstammte der Firma Jacobs Suchard. Nachdem im zweiten Halbjahr 1990 ernsthaft und solide begonnen worden war, den Markt zu bearbeiten, erreichte die Firma mit ihren Kaffeemarken im Laufe des Jahres 1991/92 in Ostdeutschland einen Anteil von mehr als 50 Prozent und konnte diesen über Jahre hinweg halten. Allein die Krönung erreichte um die 25 Prozent Marktanteil, gefolgt von der Meisterröstung mit etwa 20 Prozent.

Grund für diesen außerordentlichen Erfolg war neben dem »Startvorteil« der Bekanntheit und Beliebtheit von Jacobs schon zu DDR-Zeiten auch die erfolgreiche Arbeit des Außendienstes. Zunächst wurden erfahrene Außendienstler aus den alten in die neuen Bundesländer geschickt, um in den noch bestehenden Handelsstrukturen Jacobs Kaffee zu verkaufen. Parallel dazu begann Jacobs, über Inserate und Bewerberseminare in Ostdeutschland neue Mitarbeiter zu rekrutieren und diese in einer Art »Patenprogramm« durch jeweils einen »alten Hasen« einzuarbeiten. Einige der neuen Außendienstmitarbeiter brachten bereits Erfahrungen aus den DDR-Handelsunternehmen und damit oft auch hilfreiche Kontakte mit ein. Andere waren branchenfremd und hatten sich zum Teil auf gut Glück bei der Bremer Jacobs-Adresse, die sie von einem Kaffeepäckchen abgeschrieben hatten, beworben. Letztlich kam es bei der Auswahl der neuen Mitarbeiter aber in erster Linie darauf an, motivierte und leistungsbereite »Verkäufertypen« zu finden. Denn »zum Außendienst muss man geboren sein, da gehört Naturtalent dazu«, wie Wolfram Schreiber, damaliger Jacobs-Verkaufsleiter für das gesamte Gebiet Sachsen und Thüringen, der bis zur Wende noch im DDR-Lebensmittelhandel tätig war, es formulierte.[26]

Der Außendienst in den neuen Bundesländern umfasste insgesamt 36 Verkaufsbezirke in den drei Verkaufsleitungen Sachsen/Thüringen, Berlin/Brandenburg und Mecklenburg/Vorpommern.

Der »contact deutschland« Nr. 4 des Jahres 1992 widmete sich ausführlich den Vertriebsmitarbeitern in den neuen Bundesländern

In jedem Verkaufsbezirk waren etwa 70 bis 100 Einzelhandelsgeschäfte zu betreuen, von den verhältnismäßig großen Kaufhallen und Supermärkten in den Städten bis hin zum kleinen ehemaligen HO-Dorfladen. Die Außendienstmitarbeiter fuhren ihre Kunden regelmäßig an, nahmen deren Kaffeebestellungen auf, lieferten Promotion-Material, berieten bei der Präsentation und Platzierung von Jacobs Kaffee im Laden oder bauten – ganz praktisch – eigene Jacobs-Regale und Verkaufshilfen auf. Somit wurden

Eines der Heide und Hertha-Motive der »Aufstehmeisterschaft«-Kampagne für die Meisterröstung, 2005

Anfang der neunziger Jahre in den neuen Bundesländern etwa 3500 Verkaufsstellen direkt betreut, und – dies als Besonderheit – auch direkt beliefert. Wie in den Anfangszeiten des »Frischdienstes« in den fünfziger und sechziger Jahren in der Bundesrepublik sandten die Außendienstmitarbeiter die Bestellungen nach Bremen, und Bremen lieferte die bestellte Ware direkt an den Kunden. Diese Form der Belieferung war zwar zunächst kostspielig, sollte sich aber durch ihre Solidität, Zuverlässigkeit und den persönlichen Kontakt auszahlen. Der gute Service überzeugte viele Marktleiter, Jacobs-Produkte an prominenter Stelle im Sortiment zu führen. Erst später, als sich die Infrastruktur in den ostdeutschen Verkaufsbezirken verbessert hatte, wurden Zentrallager eingerichtet, die die Auslieferung übernahmen.[27]

Auch die Konsumenten wollten dauerhaft überzeugt werden. Zu diesem Zweck gab es ab 1991 bei Jacobs ein »Ostbudget« für die Werbung in den neuen Bundesländern, das auf die Besonderheiten des ostdeutschen Marktes einging und fast zehn Jahre lang Bestand hatte. Damit wurden regionale Ereignisse, zum Beispiel der »Sachsentag«, aber auch besondere Sportevents gesponsert, Verkostungseinsätze und Verbrauchergewinnspiele finanziert oder Marktleiterschulungen und -wettbewerbe durchgeführt. Auch das Sponsoring für den FC Energie Cottbus und den SC Magdeburg wurde durch dieses Budget ermöglicht.[28]

Ein ganz besonders »ostspezifisches« Phänomen war bei Jacobs aber sicherlich die »Meisterröstung«. Ursprünglich in den achtziger Jahren als kräftiger, ergiebiger Kaffee für das Mocca-Segment der Bundesrepublik und mit Blick auf eine eher preisbewusste Zielgruppe konzipiert, feierte diese Jacobs-Marke nun in der ehemaligen DDR ihr großes Comeback. Nicht nur der günstige Preis, sondern vor allem der kräftige Geschmack entsprach den Wünschen und Konsumgewohnheiten der Ostdeutschen. Mit dem Slogan »Der Kräftige, der dich aufbaut« und auf den regionalen Markt abgestimmten Kampagnen wurde die Meisterröstung in den neuen Bundesländern besonders stark beworben und entwickelte sich dort zum Dauerbrenner. Während die Marke 1998 in Westdeutschland gerade 2,3 Prozent Marktanteil erlangen konnte, gehörte »der Kräftige von Jacobs« in Ostdeutschland mit fast 20 Prozent zu den Marktführern. Noch Mitte der zweitausender Jahre war das Meisterröstung-Marketing, mit den Werbefiguren »Heide und Hertha«, die ausschließlich im Osten der Republik in Radiospots und Print-Anzeigen auftraten, oder Promotion-Aktionen wie der »Aufstehmeisterschaft« und »Meisterröstung-Truck auf Tour« (2005), eindeutig auf die neuen Bundesländer ausgerichtet.

Historisch bedingt und durch kluge Verkaufsstrategien nach der »Wende« gefestigt, ist bis heute der Marktanteil der Jacobs-Kaffees im Osten Deutschlands höher als im Westen. Allerdings gleichen sich die Verkaufszahlen seit den späten neunziger Jahren stetig an. Jacobs Kaffee ist heute eine gesamtdeutsche Marke.

1 Günter Schabowski auf der Pressekonferenz über die Ergebnisse der ZK-Tagung vom 9. 11. 1989.
2 Zit. nach: Kraft Jacobs Suchard (Hg.): 100 Jahre Jacobs Kaffee. Bremen 1994, S. 47.
3 Jacobs Kaffee in der Ostzone, in: »Kontakt« 9/1958.
4 Schreiben K. P. Schott Import-Export Handelsvertretungen Berlin an Joh. Jacobs & Co. vom 24. 2. 1965, Archiv Kraft Foods.
5 Leipzig war eine Reise wert, in: »Kontakt« 5/1970.
6 Protokoll Nr. 16 über die Geschäftsführersitzung am Dienstag, dem 17. 8. 1976, Archiv Kraft Foods.
7 Protokoll Geschäftsführersitzung Nr. 11 vom 21. 4. 1977, Archiv Kraft Foods.
8 Protokoll Nr. 14 über die Geschäftsführersitzung am Dienstag, dem 29. 7. 1976, Archiv Kraft Foods.
9 Aufstellung DDR-Lieferpreise I. Tertial 1977 vom 30. 9. 1976 (Anlage zum Protokoll Nr. 21 über die Geschäftsführersitzung am Mittwoch, dem 29. 9. 1976), Archiv Kraft Foods.
10 Vgl. Monika Sigmund: Kaffee in beiden deutschen Nachkriegsstaaten: Konsum, Diskurs, Deutungen und Beziehungen, in: Reader der Bundesstiftung Aufarbeitung zum IX. Stipendiatenkolloquium, Berlin 2009.
11 Schreiben von A. Schalck an ein Mitglied des Politbüros und Sekretär des ZK-Genossen Dr. Mittag vom 14. 9. 1977, Bundesarchiv Berlin, Stiftung Archiv der Parteien und Massenorganisationen der DDR (SAPMO) des Bundesarchivs, Bestand SED-Büro Günter Mittag, DY 30/2906: Kaffee und Kakaoversorgung, pag. 303–310.
12 Zit. nach: Michael Lachmann: 1. 7. 1977: »Erichs Krönung« – Die DDR führt einen Ersatz für Bohnenkaffee ein, Sendemanuskript SWR 2 Zeitwort, 1.7.2009.
13 Zit. nach: Sigmund, a. a. O.
14 Auszug aus einem Bericht über eine Beschwerde von Mitarbeitern des VEB Maschinen- und Materialreserven Karl-Marx-Stadt an die SED, zit. nach: Lachmann, a. a. O.
15 »Maßnahmen zur Durchsetzung des Beschlusses des Politbüros vom 28. 7. 1977 zur Produktion und Versorgung mit Kaffee und Kakaoerzeugnissen«, Bundesarchiv Berlin, Stiftung Archiv der Parteien und Massenorganisationen der DDR (SAPMO) des Bundesarchivs, Bestand SED-Büro Günter Mittag, DY 30/2906: Kaffee und Kakaoversorgung, pag. 270–274.
16 Protokoll der Geschäftsführersitzung Nr. 21, 26. 6. 1978, Archiv Kraft Foods.
17 Protokolle der Geschäftsführersitzungen Nr. 4 vom 1. 2. 1979 und Nr. 31 vom 26. 9. 1979, Archiv Kraft Foods.
18 Zeitzeugeninterview mit Dieter Thielking vom 6. Mai 2011, Archiv Kraft Foods.
19 Spontane Markenbekanntheit in der DDR: Eduscho rd. 40,1 Prozent, Tchibo 39,5 Prozent, Aldi 37,7 Prozent, Onko 32,8 Prozent, Melitta 22,5 Prozent, Kaffee HAG 21,1 Prozent, Dallmayr 18 Prozent, Ergebnisse der Studie von Nielsen Marketing Research in »DDR Marktbearbeitung«, Bremen 24.4.1990, Archiv Kraft Foods, Sig. 60042.
20 Spontane Markenbekanntschaft Jacobs in der Bundesrepublik Deutschland: 85,3 Prozent, Studie Nielsen Marketing Research, s.o.
21 Zur Ausschankaktion am Brandenburger Tor vgl. »contact deutschland« 1/1990, S. 4 und Zeitzeugeninterview mit Dieter Thielking vom 6. 5. 2001, Archiv Kraft Foods.
22 Zeitzeugeninterview mit Dieter Thielking vom 6. 5. 2011, Archiv Kraft Foods.
23 »contact deutschland« 2/1990, S. 12, Archiv Kraft Foods.
24 Vgl. »DDR-Kaffeekonsum verdoppelt sich«, in: »TAZ« 16. 6. 1990.
25 Herrmann Neubauer, Geschäftsführer bei Jacobs Suchard, zit. nach: DDR-Bürger kommen auf den Geschmack, in: »Handelsblatt« 10./11.8.1990.
26 Vgl. »contact deutschland« 4/1992 und schriftliches Zeitzeugeninterview mit Wolfram Schreiber vom 9. 5. 2011, Archiv Kraft Foods.
27 Zeitzeugeninterview mit Wolfram Schreiber, s. o.
28 Ebd.

Von der Jacobs-Familie zum globalen Team

Die Jacobiner

Es ist etwas Besonderes, wenn es in einer Firma einen Gemeinschaftsnamen für die Belegschaftsangehörigen gibt. Und es ist ein Zeichen für eine gute Unternehmenskultur, denn ganz unabhängig von der Branche oder dem Erfolg des Unternehmens deutet es auf das Vorhandensein eines Zusammengehörigkeitsgefühls und auf ein eigenes Traditionsbewusstsein hin. In der Bremer Kaffeewirtschaft sind gleich zwei Beispiele dafür bekannt: Wer in der 1906 gegründeten »Kaffee Hag« arbeitete, war ein »Hagianer«, und die im Unternehmen der noch zehn Jahre älteren Marke »Jacobs« Beschäftigten hießen fast 100 Jahre lang »die Jacobiner«.

Von der »Jacobs-Familie« in der Obernstraße ...

Bei so standortverbundenen Arbeitgebern wie Jacobs wurde eine lange Firmenzugehörigkeit oft auch zur Familientradition. Nicht selten begannen die Kinder langjähriger Jacobs-Mitarbeiter ebenfalls eine Karriere bei der Kaffeefirma, und manchmal finden sich sogar Jacobiner in dritter Generation – so wie in der Familie Hilken. Hermann Hilken war in den zwanziger Jahren zur Firma Jacobs in der Obernstraße gekommen und blieb dort bis in die sechziger Jahre Röstmeister. Sein Sohn, Horst Hilken, trat 1958 in die Fußstapfen des Vaters, und später begann auch die Enkelin in der Firma. Horst Hilken und weitere langjährige Jacobs-Mitarbeiterinnen und Mitarbeiter haben sich bereit erklärt, für dieses Buch von ihren Erfahrungen in den »jacobinischen Lebenswelten« zu berichten.[1]

An seinen ersten Arbeitstag bei Jacobs, den Firmengründer und die familiäre Atmosphäre im Jacobs-Stammhaus in der Obernstraße erinnert sich Horst Hilken:

Ich bin ja in der Obernstraße am 1. Februar 58 angefangen. Da lebte Johann noch, der ist ja kurz

Jacobs-Mitarbeiterinnen auf dem Balkon der Versandabteilung an der Bonspforte um 1930. Im Hintergrund die Kapff'sche Villa an der Großen Weserbrücke, heute Wilhelm-Kaisen-Brücke

danach gestorben. Ich bin Johann Jacobs kurz vorgestellt worden, und ich vergesse nie die Worte, die er sagte. Erst fragte er mich, was ich denn in der Firma machen möchte. Dann habe ich gesagt, »Kaffee probieren«, weil mein Vater ja ebenfalls in der Firma war und dort auch verkostete. Johann Jacobs antwortete auf Plattdeutsch: »Dat müss we erst mol sehn, ob Se dat könnt!« Und dann erzählte er, dass erst mal mein Geschmack geprüft werden müsse. […] Das war dann die große Jacobs-Familie. Jeder kannte jeden und so weiter, man war füreinander da, und das war einfach gut […]. Eben die Harmonie bei uns war schön mit allen, ob das die Verlesefrauen waren oder die Packerei oder der Laden. […]

Der Firmengründer in hohem Alter. Johann Jacobs kam bis kurz vor seinem Tod 1958 noch regelmäßig in die Obernstraße

Bohne für Bohne kontrollieren: Verleserinnen bei der Arbeit in der Obernstraße, April 1954

Dann gab es Weihnachtsgeld, war auch nicht schlecht, war gut, war mehr als ein Gehalt. Und am 1. Mai, dann ging der Chef durchs Haus, der Herr Lüddecke mit seiner Prokuristin Henriette Mackeben. Jeder bekam fünf Mark von ihm in die Hand gedrückt, und zum Freimarkt auch. Kriegte wieder jeder fünf Mark in die Hand. Das war denn immer sehr persönlich. Sie hatte denn einen Stapel Fünf-Mark-Stücke. Man bekam das Geld und einen Handschlag, und man musste dann immer schön einen Diener machen. Das war eben das Familiäre dort.

Auch Erika Lüddecke, die heute 96-jährige Witwe von Heinrich Lüddecke (1904–1984), Johann Jacobs' Partner, Geschäftsführer und Kommanditist im Jacobs-Stammhaus, berichtet über das gute Betriebsklima in der Obernstraße:

Also, unsere Betriebsfeste, die waren immer herrlich. Mal haben wir im »Astoria« gefeiert und mal irgendwo außerhalb mit Übernachtung am Wochenende. Wenn es weiter von Bremen wegging, haben wir Busse gemietet, dann waren wir zum Beispiel in Segeberg oder auch mal an der Elbe – das ist alles sehr lange her. […] Mein Mann hat jedem Mitarbeiter und jeder Mitarbeiterin zu seinem 65. Geburtstag [1969] ein Goldstück geschenkt. Die liebten meinen Mann. Alle, die heute noch leben, das sind ja nicht mehr viele, sagen, dass es so ein Betriebsklima später nicht mehr gab.
Die Angestellten mussten übrigens ihre Frauen vorzeigen. Wenn die geheiratet hatten, mussten die nach oben in das Privatbüro meines Mannes und dort ihre Frauen vorstellen. Mein Mann sagte dann: »Wissen Sie, so und so, Ihr Mann ist hier tätig, verabschieden Sie ihn morgens auch immer sehr nett.«
Ja, wir hatten ja sechzehn Wagen fahren in der Obernstraße – zur Hochzeit arbeiteten dort neunzig Angestellte. Aber ich war da nicht angestellt, ich habe freiwillig geholfen. Vor den Festtagen

Jacobiner auf Kohlfahrt, 1954

war ich mit in der Obernstraße. Dann habe ich auch immer mit verkauft. Ich konnte nur nicht so schön einwickeln, die ganzen gekauften Sachen, da fehlte mir die Übung. Aber ich habe immer so ein bisschen im Hintergrund mitgewirkt. Manchmal waren wir mit zwölf Mann im Laden und haben unwahrscheinlich viel verkauft. Die Einnahmen waren vor den Festtagen dann so gut, dass mein Mann abends manchmal jubelnd nach Hause kam.

Was heute viele Firmen beschäftigt, nämlich die Fragen nach Möglichkeiten zur Schaffung einer guten Unternehmenskultur und wie sich die Mitarbeiterinnen und Mitarbeiter an das Unternehmen binden lassen, das war in der überschaubaren Jacobs-Welt der Obernstraße noch Chefsache gewesen. Ganz im patriarchalischen Führungsstil, wachten Firmengründer Johann Jacobs und Geschäftsführer Heinrich Lüddecke noch in den fünfziger und sechziger Jahren über die Mitarbeiter und sorgten auch für sie. So wurden eben die Ehepartner der Angestellten ganz selbstverständlich mit in die Jacobs-Familie einbezogen, der Sohn des Röstmeisters bekam von »Onkel Jacobs« zur Konfirmation schon einmal eine lederne Aktentasche geschenkt, oder es gab bei entsprechender Gelegenheit Kohle- oder Kartoffelgeld für alle Mitarbeiter. Für derartige »Extras« gab es allerdings keine festgeschriebenen Regeln. Vielmehr bildeten gewachsene Traditionen, langjährige persönliche Bindungen und gegenseitiges Vertrauen den Handlungsrahmen. Und natürlich spielte auch der Geschäftserfolg eine Rolle: Wenn der Chef »jubelte«, gab es mehr, wenn es aber schlechter lief, entsprechend weniger.

... zu Walther J. Jacobs' Sozialwerk »Miteinander – Füreinander«

Was in der Obernstraße dank des überschaubaren Rahmens gut funktionierte und sicherlich viel zu der von Zeitgenossen so gern beschworenen besonderen Arbeitsatmosphäre im Jacobs-Stammhaus beitrug, wurde im ständig wachsenden Be-

Horst Hilken erinnert sich an seine ersten Arbeitstage in der Obernstraße und an seine Begegnung mit Johann Jacobs, 2011

Kunstvolle Gestaltung: Umschlag der Mitarbeiterzeitschrift »Der Kontakt«, 1971

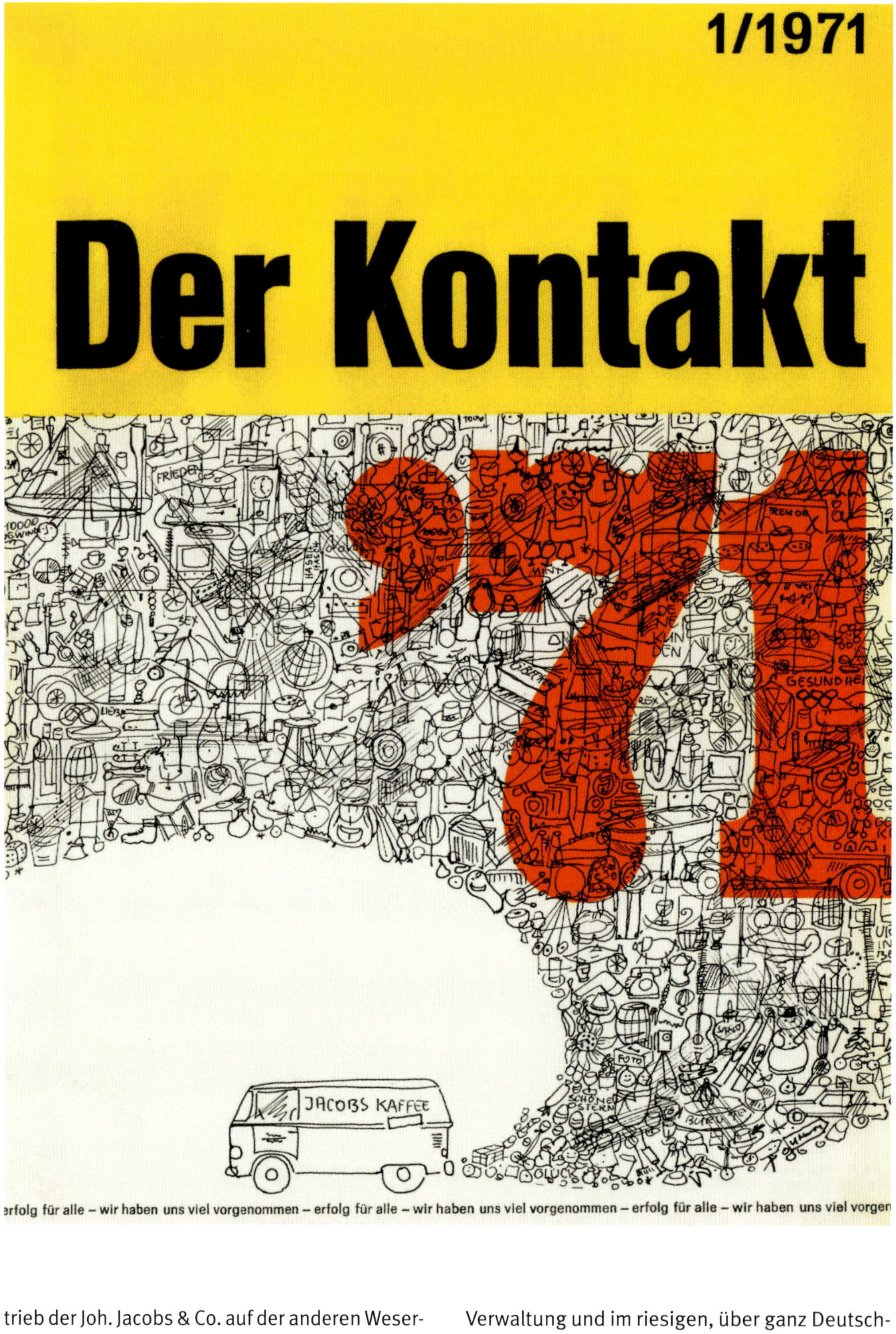

trieb der Joh. Jacobs & Co. auf der anderen Weserseite spätestens Anfang der sechziger Jahre unmöglich. Mehr als 1500 Menschen arbeiteten in der Langemarckstraße inzwischen in Produktion, Verwaltung und im riesigen, über ganz Deutschland verteilten Außendienststab. In diesem Großunternehmen konnte Walther J. Jacobs natürlich nicht mehr alle »Jacobiner« einzeln ansprechen.

Dennoch war es für Jacobs ein Anliegen, die Leistung der Mitarbeiter beim Auf- und Ausbau des Unternehmens zu honorieren und ihnen für »ihren persönlichen Einsatz und die tiefe freundschaftliche Treue«[2] zu danken.

Ältere Jacobiner berichten übereinstimmend von wohlwollendem und manchmal auch ein wenig neidvollem Raunen, das zu hören war, wenn sie im Bekanntenkreis erwähnten, sie würden für die Firma Jacobs arbeiten. Es war etwas Besonderes, dort beschäftigt zu sein, den Namen kannte jeder, und er verband sich mit guter Qualität und hohem Renommee. Aber als Hauptgrund dafür sind die hohen sozialen Leistungen und diversen Zusatzvergütungen des Unternehmens zu sehen – und das ist bekanntlich eine gute Voraussetzung für ein gutes Betriebsklima. Stetiges Wachstum und Unternehmensgewinne ermöglichten es Walther Jacobs, seiner Belegschaft ab den sechziger Jahren überdurchschnittliche Löhne zu zahlen und Jahressonderzahlungen oder außergewöhnlich viele Urlaubstage zu gewähren.

Zunächst waren diese und andere Sonderleistungen nur als mündliche Abmachungen festgehalten oder in einzelnen Arbeitsverträgen vermerkt, oder sie leiteten sich aus einer lang gepflegten Tradition, quasi als Fortsetzung des »Freimarktgeldes« in der Obernstraße, ab. Ende der sechziger Jahre waren annähernd 3500 Mitarbeiter bei Jacobs beschäftigt. Damit war dies alte System zum Anachronismus geworden, zumal sich inzwischen auch die Politik unter sozial-liberaler Führung verstärkt des Themas »Sozialleistungen« und »Humanisierung der Arbeitswelt« annahm und entsprechende Regelungen, wie zum Beispiel zur Lohnfortzahlung im Krankheitsfall, einführte. Auch bei Jacobs setzen also Überlegungen ein, wie die bisher willkürlichen, weil am Geschäftsergebnis ausgerichteten Zusagen bei bestimmten betrieblichen Sozialleistungen in ein verbindliches Regelwerk umgewandelt werden könnten.

Nach zweijähriger Vorbereitung setzte Walther Jacobs am 2. Januar 1971 das Sozialwerk »Miteinander – Füreinander« in Kraft.[3] Wesentlicher Inhalt war ein umfassendes Versorgungswerk, dessen freiwillige Leistung in einer betrieblichen Altersrente, einer Invaliden- und einer Witwenversorgung bestand. Damit wurden allen Mitarbeiterinnen und Mitarbeitern bestimmte Sicherheiten garantiert. Planungen, wie es denn in bestimmten Lebensabschnitten finanziell aussehen könnte, waren nun besser möglich. »Entscheidender Impuls für das Sozialwerk ist die Überzeugung, daß Jacobs in seinen Mitarbeitern die wesentliche Stütze des Unternehmens sieht. An dieser Überzeugung orientieren sich [auch] alle weiteren Leistungen.«[4] Unter anderem garantierte das neue Sozialwerk den Jacobs-Mitarbeitern eine übertarifliche Urlaubsregelung mit bis zu 25 Urlaubstagen im Jahr und Sonderurlaub bei Betriebsjubiläen, einen Krankengeldzuschuss sowie Sonderleistungen bei Eheschließungen und Geburten. Darüber hinaus wurden im Rahmen des Sozialwerks auch ein betriebsärztlicher Dienst eingeführt, ein Kinderhort eingerichtet und die Förderung des Betriebssports festgeschrieben.[5]

Zeitgleich mit den Sozialleistungen wurden zusammen mit einer neuen Betriebsordnung und den »Jacobs Führungsrichtlinien« in der Firma Jacobs grundlegende Verhaltens- und Arbeitsrichtlinien schriftlich vereinbart. »Gegenseitige Achtung und Verständnis« sollten, ganz nach der Tradition der viel zitierten »Jacobs-Familie«, natürlich weiterhin die Grundlage der Zusammenarbeit sein und der »Mensch als treibende Kraft« im Unternehmen im Mittelpunkt stehen.[6] Doch im wachsenden Unternehmen, bei zusätzlichen Aufgaben und bei modernen Prinzipien der Betriebsorganisation gewannen konkrete Regelungen, etwa über Dienstwege, Stellenpläne, Beförderungen, jährliche Beurteilungsberichte, Überstunden oder Arbeitsschutz, an Bedeutung. In diesem Zusammenhang wurde auch das »Be-

Logo für das betriebliche Vorschlagswesen bei Jacobs, 1976

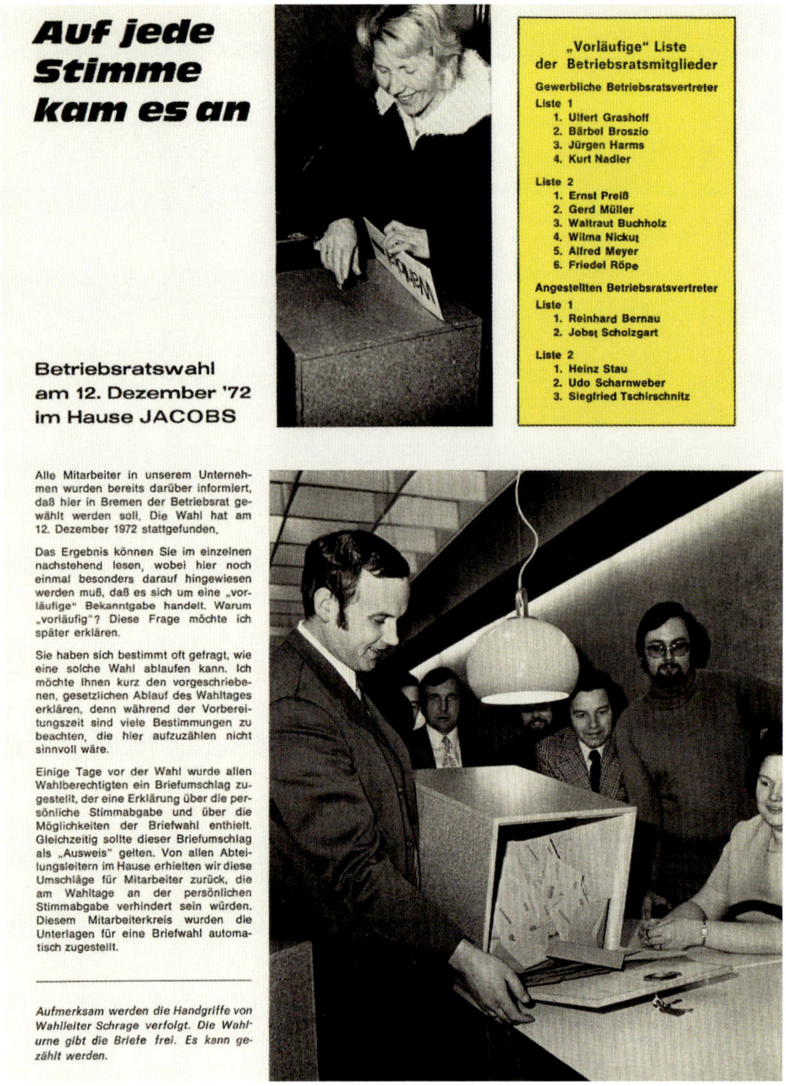

Auf jede Stimme kam es an

Betriebsratswahl am 12. Dezember '72 im Hause JACOBS

Alle Mitarbeiter in unserem Unternehmen wurden bereits darüber informiert, daß hier in Bremen der Betriebsrat gewählt werden soll. Die Wahl hat am 12. Dezember 1972 stattgefunden.

Das Ergebnis können Sie im einzelnen nachstehend lesen, wobei hier noch einmal besonders darauf hingewiesen werden muß, daß es sich um eine „vorläufige" Bekanntgabe handelt. Warum „vorläufig"? Diese Frage möchte ich später erklären.

Sie haben sich bestimmt oft gefragt, wie eine solche Wahl ablaufen kann. Ich möchte Ihnen kurz den vorgeschriebenen, gesetzlichen Ablauf des Wahltages erklären, denn während der Vorbereitungszeit sind viele Bestimmungen zu beachten, die hier aufzuzählen nicht sinnvoll wäre.

Einige Tage vor der Wahl wurde allen Wahlberechtigten ein Briefumschlag zugestellt, der eine Erklärung über die persönliche Stimmabgabe und über die Möglichkeiten der Briefwahl enthielt. Gleichzeitig sollte dieser Briefumschlag als „Ausweis" gelten. Von allen Abteilungsleitern im Hause erhielten wir diese Umschläge für Mitarbeiter zurück, die am Wahltage an der persönlichen Stimmabgabe verhindert sein würden. Diesem Mitarbeiterkreis wurden die Unterlagen für eine Briefwahl automatisch zugestellt.

„Vorläufige" Liste der Betriebsratsmitglieder

Gewerbliche Betriebsratsvertreter

Liste 1
1. Ulfert Grashoff
2. Bärbel Broszio
3. Jürgen Harms
4. Kurt Nadler

Liste 2
1. Ernst Preiß
2. Gerd Müller
3. Waltraut Buchholz
4. Wilma Nickut
5. Alfred Meyer
6. Friedel Röpe

Angestellten Betriebsratsvertreter

Liste 1
1. Reinhard Bernau
2. Jobst Scholzgart

Liste 2
1. Heinz Stau
2. Udo Scharnweber
3. Siegfried Tschirschnitz

Aufmerksam werden die Handgriffe von Wahlleiter Schrage verfolgt. Die Wahlurne gibt die Briefe frei. Es kann gezählt werden.

Bericht über die Wahl des ersten Betriebsrats bei Jacobs im »Kontakt« 1/1973

triebliche Vorschlagswesen« offiziell eingeführt. Zwar war das Einbeziehen der Mitarbeiter und ihres Know-hows schon lange eine Selbstverständlichkeit gewesen, wenn es darum ging, Produkte und Betriebsabläufe zu verbessern, und die Mitarbeiter brachten sich eifrig ein. Schon in den fünfziger Jahren tüftelte man an Ideen und machte Vorschläge im Interesse des Unternehmens, für das zu arbeiten man stolz war. Sach- oder Geldgewinne, die bei gelegentlichen »Ideenwettbewerben« ausgeschrieben wurden, bildeten neben der ideellen Anerkennung weitere Anreize.

Mit dem Betrieblichen Vorschlagswesen wurden die Belegschaftsangehörigen nun ganz offiziell aufgefordert, den eigenen Arbeitsplatz kritisch zu hinterfragen, daraus Vorschläge für Verbesserungen zu formulieren und somit zur Steigerung der Produktivität beizutragen. Die Vorschläge wurden nach einem festgesetzten Verfahren auf ihre Brauchbarkeit und Umsetzbarkeit bewertet. Erfolgreiche Ideen wurden mit 15 Prozent der im ersten Jahr der Umsetzung erzielten Einsparnis belohnt, wobei je nach Vorschlag recht hohe Summen zusammenkamen. Im Jahr 1974 betrug die durchschnittliche Höhe der Geldprämien rund 1500 D-Mark, einzelne Vorschläge brachten ihren Einsendern sogar 5000 D-Mark und mehr ein.[7]

Das Jacobs-Sozialwerk stand schon bei seiner Einführung explizit unter dem Vorbehalt der ständigen Überprüfung und Verbesserung. Entsprechend wurde es im Laufe der Jahre immer wieder überarbeitet und ergänzt, so zum Beispiel 1976, als, nicht zuletzt auf Drängen des 1972 bei Jacobs gegründeten Betriebsrates, Weihnachts- und Urlaubsgeld schriftlich verankert und Gleitzeitregelungen eingeführt wurden. Eine weitere Neufassung von 1983 bezog explizit alle Mitarbeiter der Jacobs-Unternehmensgruppe in ganz Deutschland ein und trug somit der Realität des weiter wachsenden und sich ausdifferenzierenden Konzerns Rechnung.[8]

Insgesamt wird deutlich: Die Beziehungen zwischen Geschäftsführung und Mitarbeitern und der Mitarbeiter untereinander – wenn man so will: die Unternehmenskultur – erfuhren bei Jacobs, wie bei vielen deutschen Unternehmen, seit den späten sechziger Jahren eine deutliche Formalisierung. Im modernen Großbetrieb war der direkte und persönliche Austausch aller Beteiligten nicht mehr ohne Weiteres möglich, die Akteure wechselten häufiger, neue Gremien wie zum Beispiel der Betriebsrat mussten einbezogen werden. Auf persönlichen Beziehungen, Tradition oder mündlichen Absprachen beruhende »Umgangsformen«

wurden verschriftlicht oder Teil formaler Regelwerke.

Auch ein weiteres Grundprinzip erfolgreicher Unternehmenskultur ist bei Jacobs seit Langem fest verwurzelt: Information und Austausch zwischen allen Firmenangehörigen, und dabei spielen, nicht nur bei Jacobs, seit jeher Mitarbeiterzeitschriften eine wichtige Rolle.

Kommunikation ist alles. Jacobs-Mitarbeiterzeitschriften: von der »Kaffeebohne« zum »Kontakt«

»Ich beabsichtige, ab Januar 1935 eine Illustrierte Zeitung herauszugeben. Der Sinn dieser Zeitschrift soll es sein, die einzelnen Abteilungen des Betriebes sowie die im Außendienst angestellten Reisenden, Vertreter und Vertrauenskunden einander auch menschlich näher zu bringen.«[9]

So umriss der Prokurist der Joh. Jacobs & Co. die Aufgabe der »Kaffeebohne«, wie die neue Zeitschrift schließlich heißen sollte. Mitarbeiteransprache und Information – das, was heute »interne Unternehmenskommunikation« genannt wird, hat also bei Jacobs eine lange Tradition. Leider sind im Unternehmen keine Originalausgaben der »Kaffeebohne« mehr erhalten. Diverse Erwähnungen lassen aber einen Überblick über Themen und Artikel zu.[10] Da berichtete der Architekt Fischer über den Neubau des Jacobs-Firmengebäudes an der Großen Allee, oder Walther Jacobs beschrieb seine Vision vom »Markenkaffee«. Die Jacobs-Werbung fand ebenso Einzug wie Betrachtungen des Firmengründers Johann Jacobs zur Unternehmensgeschichte; Bremensien und Kaffeekultur wechselten sich mit – zeittypisch gefärbten – politischen Themen ab. Einen großen Anteil hatten auch Berichte und Fotos von Aktivitäten der Mitarbeiter, seien es die Außendiensttagung, der Betriebsausflug, Urlaubsfahrten, das Training der Firmen-Fußballmannschaft oder die Jacobs-Tanzgruppe. Nicht nur Information der Geschäftsleitung und Identitätsstiftung sollte die »Kaffeebohne« bieten, sie sollte vor allem auch zum Austausch beitragen und das Zusammengehörigkeitsgefühl fördern. Die Mitarbeiter waren explizit dazu aufgerufen, eigene »Erzählungen, Dichtungen, schöne Bilder und dergleichen« bei der Redaktion einzureichen.

Doch aus Mangel an aktiver Mitarbeit und unterhaltsamen Themen wurde die »Kaffeebohne« bereits Ende 1935 wieder eingestellt. Offiziell hieß es, dass »seit dem rasanten Aufwärts unserer Firma wenig Zeit für schriftstellerische Hobbies« vorhanden war.[11]

1955 erfolgte dann der Neustart der Mitarbeiterzeitung – nun unter dem Namen »Kontakt«. Dieser Name war bezeichnend für die Aufgabe, die dieses Journal zu erfüllen hatte, denn genauer gesagt handelte es sich um eine Zeitung für die in ganz Deutschland arbeitenden Außendienstmitarbeiter, die über Informationen, Fotos und

Für das Gelingen der Firmenzeitschrift ist die Belegschaft zur regen Mitarbeit an der »Kaffeebohne« aufgefordert. Titelblatt der ersten Ausgabe im Februar 1935

Die Kaffeebohne

1. Jahrgang | Kaffee-Jacobs Monatliche Illustrierte | Februar 1935

Die „Kaffeebohne" braucht Mitarbeiter!

Um die von uns ins Leben gerufene Hauszeitung „Die Kaffeebohne" recht reichhaltig und abwechslungsreich in ihrem Inhalt zu gestalten, rufen wir alle Leser recht eindringlich auf, ihr Licht nicht unter den Scheffel zu stellen, sondern es leuchten zu lassen.

Wir gebrauchen laufend Beiträge aus unserem Leserkreise, sei es in Versform, sei es in Prosa. Kleine Erzählungen in ernster und humoristischer Form, persönliche Erlebnisse, die dazu angetan sind, anregend und unterhaltend zu wirken, Beiträge für die Witzecke, Fragen für den Briefkasten und dergleichen.

Wir hoffen und wünschen, daß dieser unserer Anregung im weitgehendsten Maße entsprochen wird. Jeder möge es versuchen, es ist wirklich nicht so schwer, wie es vielleicht den Anschein hat. Die feste Überzeugung, mitzuhelfen an einem guten Werk, nämlich: die von der Betriebsführung und Gefolgschaft angestrebte kameradschaftliche Verbundenheit zu fördern und auszubauen, wird die von uns geforderte Mitarbeit erleichtern.

Die Redaktion der „Kaffeebohne"

Berichte nicht nur mit der Firmenzentrale, sondern auch untereinander in Verbindung bleiben sollten. »Je größer das Unternehmen – als größte deutsche Kaffeerösterei sind wir heute ein Großbetrieb –, desto mehr laufen wir Gefahr, daß jeder von uns in diesem Betrieb zu einer Nummer wird. Wir wollen keine Nummer werden, sondern wollen Tuchfühlung behalten und Kameraden bleiben. ›Der Kontakt‹ soll uns alle wie in der Elektrizität miteinander verbinden und zu einer großen Kraftquelle werden, aus der jeder von uns neuen Mut und neue Kraft schöpfen kann.«[12] Entsprechend berichtete der »Kontakt« nicht nur über neue Jacobs-Produkte und Werbemaßnahmen, informierte über den Kaffeemarkt und die neuesten Entwicklungen im Einzelhandel und bot Leitfäden für Verkaufsgespräche und Verhandlungsführung. Ein wichtiger Bestandteil des kleinen Heftes waren auch immer wieder Mitarbeiter- und Verkaufsgruppenporträts, Berichte von Außendiensttagungen oder heitere Anekdoten aus dem Vertreteralltag. Obligatorisch auch die neuesten »Familiennachrichten« über Firmenjubiläen, Geburtstage und Hochzeiten der Außendienstler, Pensionierungen oder Nachrufe. Und auch Themen jenseits der Jacobs-Welt fanden Einzug: Themen der Zeit, Historisches, Reiseberichte, Hobbys, Rätsel, selbst »Haushaltskniffe« und sogar Ehetipps gab es. Der »Kontakt« legte immer auch Wert auf Unterhaltung. Zum absoluten »Dauerbrenner« entwickelte sich allerdings die Rubrik »Mit dem Auto auf Du und Du«, in der Hinweise zu Verkehrsregeln, Verkehrssicherheit und in technischen Fragen rund um den Wagen gegeben wurden – schließlich waren die schwarz-gelben »Hummeln« das wichtigste Arbeitswerkzeug des Außendienstes.

15 Jahre lang richtete sich der »Kontakt« als »persönliche Information« und »streng vertraulich« ausschließlich an den Außendienst. 1970 jedoch wurde er zur Hauszeitschrift für alle Jacobs-Mitarbeiter. »Der täglich forcierte Wettbewerb fordert von uns, daß wir die Probleme des Außendienstes in der Produktion und Verwaltung noch besser verstehen lernen, genauso wie der Außendienst bei den Bemühungen um eine rationelle Produktion und Verwaltung mithelfen kann und muß«, begründete Klaus Jacobs diese Öffnung ins Gesamtunternehmen.[13] Der neue »Kontakt« sollte gleichsam einen Grundstein für ein engeres »Miteinander und Füreinander« legen. Eben nicht nur die Redaktion sollte Themen und Inhalt des »Kontakts« bestimmen, sondern auch die Mitarbeiter wurden immer wieder ausdrücklich zur Mit-

Die erste Nummer des »Kontakts« erscheint 1955

Jacobs-Verkaufskongress in Mainz 1975 mit »Jacobinern«, so weit das Auge reicht. Damit die selten nach Bremen kommenden Außendienstmitarbeiter über die Firmenneuigkeiten informiert sind, gibt es den »Kontakt«. Im Vordergrund Klaus Jacobs und Xenia Katzenstein, der bekannte Jacobs-Werbestar »Karin Sommer«, am Tisch der Geschäftsführung

arbeit aufgerufen: »Mein Appell zur verstärkten Mitarbeit geht an alle, die mit der Feder umgehen können«, wandte sich der langjährige »Kontakt«-Schriftleiter Curt Caprano an die Leser. »Es gilt, den KONTAKT im wahrsten Sinne zu hegen und zu pflegen, denn er ist innerhalb der großen JACOBS-Familie ein wertvolles Bindeglied.«[14] Entsprechend bunt blieb der Themenmix, und regelmäßige Leserbefragungen verrieten, dass die Mitarbeiterzeitschrift gut ankam. Berichte über Jacobs-Produkte und Personalnachrichten standen auf der Hitliste ganz oben, aber auch Reiseberichte und andere »Freizeitthemen«, Tipps rund um Geld, Versicherungen und um »Recht im Alltag« oder Mitarbeiter- und Abteilungsporträts waren beliebt.[15] Diese bewusst auch ins Private reichenden Informationen haben den Familiengedanken, welcher sich seit Jahrzehnten im Unternehmen herausgebildet hatte, weiter gefördert. Obwohl Jacobs sich längst bezüglich Umsatz und Mitarbeiterzahlen zum Großunternehmen entwickelt hatte – der »Kontakt« trug dazu bei, dass die Welt der Jacobiner in gewisser Weise doch familiär und überschaubar blieb und wichtige Neuigkeiten – die Einführung eines neuen Produkts ebenso wie die Hochzeit der Kollegin aus dem Büro nebenan – alle erreichten.

Im Zuge der Internationalisierung des Unternehmens seit Mitte der siebziger Jahren erhielt die Mitarbeiterkommunikation aber eine neue Aufgabe: Jacobs-Mitarbeiter an Standorten weltweit miteinander in Kontakt bringen. »Eine vorrangige Aufgabe sehen wir darin, über das Geschehen an nationalen Märkten hinaus die Übereinstimmung unserer Interessen und Aufgaben herauszukristallisieren und international zu veranschaulichen, daß die praktische Arbeit durch gemeinsamen Konsens getragen wird«[16] – Integration und Identitätsstiftung erhielten in der internationalen Kommunikation noch größere Bedeutung. Eine neue internationale Version der Jacobs-Mitarbeiterzeitschrift, der »contact international«, sollte diese Aufgabe übernehmen und Brücken zwischen den Mitarbeitern in den verschiedenen Ländern bauen. Im Hauptteil dreisprachig, deutsch-eng-

Titelblatt des »contact international« 2/1982

lisch-französisch, berichtete die Zeitschrift ab 1981 regelmäßig über länderübergreifende Strategien oder stellte Firmen und Produkte aus der Unternehmensgruppe vor. Der Einleger »magazin« wurde in der jeweiligen Landessprache gedruckt und bediente die Themen des einzelnen Standortes.

Die »Integrationsfunktion« der Mitarbeiterzeitschrift gewann noch an Bedeutung, als Jacobs 1982 mit Suchard-Tobler fusionierte. Nicht nur aus den verschiedenen Kaffee-Unternehmen, auch aus der Welt der Schokolade kamen nun die Nachrichten, neue Mitarbeiter an neuen Standorten mussten kommunikativ eingebunden und gleichzeitig den angestammten »Jacobinern« die neue Unternehmenskonstellation vermittelt werden. Mit Unterbrechungen erschien der »contact international« bis 1987.

Für die Mitarbeiter der deutschen Jacobs-Suchard-Gruppe erschien ab 1983 zusätzlich der »contact deutschland«. Unter redaktioneller Leitung von Rolf Sauerbier bot diese leicht modernisierte Form der bewährten Jacobs-Mitarbeiterzeitschrift den gewohnten Mix aus Information und Unterhaltung.

In dieser Zeit gab es in allen Bereichen der Firma noch sehr viel »Handarbeit«, so auch bei der Produktion von »contact«, wie sich Karin Unglaube, langjährige Mitarbeiterin der PR-Abteilung, heute erinnert:

Im Bereich PR trat 1979 Rolf Sauerbier die Nachfolge von Helmut Krause an. Dieser Wechsel bewirkte eine Menge Veränderungen. Nachdem ich bei Antritt von Rolf Sauerbier noch halbtags für ihn arbeitete, war bald klar, dass er eine Ganztagskraft brauchte, und ich stand vor der Entscheidung »entweder ganz oder gar nicht«. Ich entschied mich für »ganz« und bekam viele neue Aufgaben übertragen, die mir sehr viel Spaß machten. Auch räumlich verbesserten wir uns: Mit Herrn Krause saß ich noch in einem dunklen und engen Raum über der Kantine, die damals noch nicht zweigeschossig war. Dann bekamen wir zwei helle Räume in der 3. Etage des Gebäudes Grünenstraße. Damals gab es ja noch keine Computer oder Textverarbeitungssysteme. Rolf Sauerbier schrieb sämtliche Texte für die Mitarbeiterzeitschrift »Kontakt«, Briefe, interne Memos (die per Hauspost verschickt wurden!), Pressemitteilungen, Reden etc. per Bleistift in den Schreibblock und legte mir das alles auf den Tisch zum Abtippen auf der Schreibmaschine. Ich bewundere noch heute seine Fähigkeit, Texte in einem Fluss und ohne großartige Änderungen herunterzuschreiben. Dafür hatte er eine Gabe. Die »Kontakt«-Artikel wurden zur Abstimmung per Hauspost durch das Haus geschickt. Bis sie endgültig »standen«, hatte ich sie mehrfach getippt oder mithilfe von TippEx korrigiert. Das hat ganz schön gedauert! Eilige Pressemitteilungen wurden damals per Fernschreiber herausgegeben. Der Fernschreiber stand im Rohwareneinkauf, der sich damals in dem Altbau in der Langemarckstraße befand. Für jede Redaktion musste der Papierstreifen neu in den Fernschreiber eingelegt werden. Es konnte schon mal zwei Stunden dauern, bevor alle Fernschreiben abgesetzt waren. Erst nach Einführung der ersten Textverarbeitung, die wir uns in den Anfängen noch mit der Rechtsabteilung teilen mussten, wurde es besser.

Unternehmenskommunikation in Umbruchzeiten

Wie wichtig eine offene und transparente Kommunikation zwischen Unternehmen und Mitarbeitern ist, zeigt beispielhaft die Zeit um 1990, als während des Verkaufs von Jacobs Kaffee die Tugend des offenen Wortes gerade nicht das hervorstechende Merkmal der Unternehmensführung gewesen war. Die Unstimmigkeiten und Verunsicherungen, die sich innerhalb der Belegschaft daraus ergeben haben, mussten langsam und mühevoll wieder aus dem Weg geräumt werden. Karin Unglaube dazu:

Die Nachricht traf uns unvorbereitet: Aus den Medien erfuhren wir, dass Klaus J. Jacobs das Unternehmen an Philip Morris verkauft hatte. Ich kann mich noch gut daran erinnern, wie verunsichert alle waren. Es begann eine Zeit mit vielen Fragezeichen, denn niemand wusste, wohin die Reise geht. Sicher war, dass wir auf einmal zu einem amerikanischen Konzern gehörten und damit eine andere Unternehmenskultur eingeführt würde. Vorher fühlten wir uns wie in einer großen Familie, die nun schlagartig aufgelöst wurde. Längere Zeit war unsicher, wie es weitergehen würde, und viele hatten Angst um ihren Arbeitsplatz. Wir fragten uns: »Zerschlagen sie das Unternehmen und verkaufen einzelne Marken an Mitbewerber?« Es wurde viel spekuliert. Die Zeit danach bedeutete für uns im Bereich Öffentlichkeitsarbeit einen Riesenumbruch. Es war klar, dass mehr Arbeit auf uns zukommt. Philip Morris – Tabakbranche –, damit hatten wir ja keinerlei Erfahrung. Wir haben uns dann viel mit den Philip-Morris-Kollegen ausgetauscht. Die Zeit wurde schnelllebiger, und die Strukturen der Abteilung änderten sich. Neue Kollegen kamen hinzu, und Rolf Sauerbier pendelte Anfang 1990 regelmäßig zwischen Bremen und Zürich. Die Anforderungen an unsere Abteilung waren andere als in der Zeit, in der wir noch klein, fein und übersichtlich waren.

Die Informationspolitik gegenüber den Mitarbeitern bedeutet für jede Firma eine Gratwanderung, die nicht immer unfallfrei verläuft. Sowenig Sinn es macht, die Belegschaft über sämtliche Pläne und Ziele der Unternehmensleitung vorab zu informieren, so falsch ist es, zu wenig zu kommunizieren. Im Rahmen einer im Jahr 2002 durchgeführten Umfrage zur Zufriedenheit der Mitarbeiter von Kraft Foods Deutschland gab die Mehrheit der Mitarbeiterinnen und Mitarbeiter an, sich nicht ausreichend umfangreich über die Veränderungen innerhalb der Firma unterrichtet zu fühlen.[17]

Durch den Zusammenschluss mit der Firma Kraft 1993 musste ein vollkommen neues Konzept für die Mitarbeiterzeitung gefunden werden. Viel mehr noch als zuvor galt es nun, die Mitarbeiter gegenseitig über ganz neue Geschäftszweige zu informieren – und sie dafür zu interessieren. Bis dahin kannte man sich bei der Firma Jacobs Suchard mit Kaffee und Schokolade aus, aber »Käse, Ketchup, Mayonnaise ...«, das waren neue Geschäftsfelder, die nun aber unter der Firmierung »Kraft Jacobs Suchard« mit bewältigt werden mussten. Die letzte Ausgabe des »contact« erschien 1993, darin enthalten war der Aufruf, einen Namen für die zukünftige KJS-Mitarbeiterzeitschrift zu finden – »Panorama« machte das Rennen und wurde der Nachfolgetitel.

Heute übernehmen neue, moderne Medien wie das Internet immer mehr die Aufgabe der Informations- und Wissensvermittlung in einem Unternehmen. Bei Kraft Foods wurde 2002 die Erscheinungsweise der klassischen Mitarbeiterzeitschrift von sechs- auf viermal im Jahr geändert, denn gerade aktuelle Themen lassen sich über das firmeneigene Intranet viel schneller vermitteln. Bis zur Herbstausgabe 2009 wurde über »Jacobs Kaffee« in der »Panorama« berichtet. Seit der Winterausgabe des Jahres erscheint die Kraft-Foods-Mitarbeiterzeitung unter dem Namen »One«.

Betriebssport für alle – und ein deutscher Fußballstar erinnert sich

Für ein gutes Betriebsklima und hohe Identifikation der Mitarbeiter mit dem Unternehmen ist eine gute Kommunikation, die Identität stiftet, Gemeinsamkeiten fördert, die Geschäftsentscheidungen und -abläufe transparent macht und Mitarbeiter einbezieht, sicherlich ebenso wichtig wie großzügige Sozialleistungen und betriebliche Mitbestimmung (beispielsweise über den Betriebsrat oder über Mitarbeiterbefragungen). Aber auch den Rahmen für eine Betätigung außerhalb der beruflichen Wirkungsstätte und damit den Ausgleich zum Arbeitsleben zu schaffen ist in diesem Zusammenhang hilfreich. Hier spielt(e) der Betriebssport bei Jacobs eine große Rolle. Auch Karin Unglaube hat das Angebot der Firma aktiv genutzt:

1975 wurde nach der bereits bestehenden Judogruppe eine neue Anfängergruppe gegründet, der ich beitrat. Einmal wöchentlich trainierten wir in der zum Unternehmen gehörenden damaligen Sporthalle in der Häschenstraße für den Gelbgurt. Die Prüfung dafür absolvierten wir dann alle mit Erfolg. Danach ging es mit dem Training weiter für den nächsten Gurt. Das wurde mir irgendwann zu hart, und ich hörte auf. Insgesamt war das eine Zeit, an die ich noch gerne zurückdenke. Wir haben nicht nur zusammen trainiert, sondern auch zusammen gefeiert und sind zum Teil noch heute miteinander befreundet. Schon damals gab es noch weitere Betriebssportarten wie Fußball, Handball, Tischtennis und später auch Tennis. Sportliche Betätigung der Mitarbeiter wurde vom Unternehmen ausdrücklich begrüßt und gefördert. Vor allem der damalige Betriebsratsvorsitzende Udo Scharnweber setzte sich dafür ein.

Der Sport hat bei Jacobs eine lange Tradition. Bereits in der »Kaffeebohne« von 1935 war die Rede vom Firmensport, denn schon in den dreißiger Jahren waren die Jacobiner in Fußball, Handball, Leichtathletik, Tischtennis und Frauensport – wohl Tanz und Gymnastik – aktiv.

13 fußballbegeisterte Mitarbeiter gründeten 1957 die »Betriebssportgemeinschaft Jacobs« und kickten fortan erfolgreich bei Stadt- und Landes-

Kollegialer Wettkampf beim Betriebsausflug im Juni 1934 mit firmeneigenem Sportgerät

Mit dem Tassenlogo auf der Brust: Die Jacobs-Fußballmannschaft im September 1935

meisterschaften des Betriebssportverbandes mit. Zwischen 1968 und 1971 wurde die 1. Jacobs-Mannschaft viermal in Folge Stadt- und dreimal auch Landesmeister! Bald kamen zum Betriebssport-Programm Tischtennis, Handball, Gymnastik, Korbball, Judo, Squash, Tennis und Bowling hinzu, teils mit Ambitionen im (Betriebssport-) Ligabetrieb, teils aber auch »nur« als Breiten- und Ausgleichssport. Für Tischtennis, Gymnastik und Judo konnten die Bremer Jacobs-Sportler den Sportraum im firmeneigenen Sozialgebäude an der Häschenstraße nutzen und direkt nach Feierabend trainieren. Auch das Angebot von ermäßigten Eintrittspreisen für das nahe Schwimmbad fand regelmäßig großen Anklang. Als die Jacobs-Betriebssport-Gemeinschaft 1982 ihr 25-jähriges Bestehen feierte, gab es immerhin mehr als 320 sportlich aktive Mitglieder.[18]

Auch wenn sich das Jacobs-Betriebssportprogramm ständig auf neue Sportarten und neue Standorte ausweitete – heute wird genauso eifrig in Fallingbostel oder in Lörrach trainiert und gespielt –, einen gemeinsamen Ursprung haben die Mannschaften doch in der Bremer Jacobs-Fußballmannschaft. Und sogar ein echter Star ist daraus hervorgegangen: Max Lorenz, eine Ikone des Bremer und auch des deutschen Fußballs (Werder Bremen, Deutsche Nationalmannschaft), begann 1957 seine berufliche Karriere bei Johann Jacobs in der Obernstraße und konnte, auch dank der Großzügigkeit seiner Chefs, die bei der einen oder anderen Kapriole des angehenden Profikickers das eine oder andere Auge zudrückten, Arbeit und sportliche Karriere gut verbinden. Heute denkt er gern an seine fast zehnjährige Firmenzugehörigkeit und die vielen Geschichten zwischen Kaffee und Fußball zurück:

1957 bin ich bei Jacobs als Lehrling angefangen. Unsere Mutter hatte eine Empfehlung, und dann bin ich da einfach hingegangen und habe gesagt: »Hallo, ich heiße Max Lorenz und will Kaffeekaufmann werden.« Und dann guckte der Herr Dreyer, der unten den Laden leitete, ein großer, fixer Kerl, mich schräg an, aber er hat mich genommen. Wegen Herrn Dreyer sind morgens schon viele junge Damen gekommen, der war eine eindrucksvolle Erscheinung. Er war auch zu uns jungen Leuten gut, er hat uns auf die richtige Bahn gebracht und

Das Logo der Jacobs-Betriebssportgemeinschaft, 1977

Auch als Nationalspieler blieb er noch eine Weile seinem Kaffeeauto und den Kunden treu: Max Lorenz belädt seinen Kaffeewagen an der Rückfront der Obernstraße …

… und erzählt 45 Jahre später im Herbst 2010 von seiner Zeit als Jacobiner

auch mal über Fehler hinweggesehen. Ja, das war »Fiedel« Dreyer. Und dann gab es in dem Kaffeegeschäft Obernstraße 20 einen Tee-Ausschank. Den hat Heinrich Lüddeckes Schwester, Frau Rahe hieß sie, gemacht. Sie hatte graue Haare und war eine feine Dame. Sie sagte immer »Max« und »Sie« zu mir, da war ich immer ganz stolz. Sie hatte auch oft eine Tasse Tee für mich mit frischer Sahne und mit Zucker, das hat mir gut gefallen.

Ich habe in der Obernstraße 20 alles Mögliche gemacht, Kaffee abgeladen, überall mitgeholfen und dann auch Kaffee geröstet. Das war das Ziel eines jeden jungen Mannes, der bei Jacobs angefangen hat – der die Chance bekommen hat –, das war nämlich schon etwas Besonderes, bei Jacobs Kaffee zu landen, das muss ich immer wieder sagen. Später bin ich in den Verkauf gekommen, mit Schlips und Kragen. Das war auch etwas Besonderes – ich sehe noch die alten Baumwollherrschaften, von denen einige mit brennender Zigarre in den Laden kamen, und dann der Duft des frisch gemahlenen Kaffees und der Zigarrenqualm, das kann man sich heute gar nicht mehr vorstellen – das war toll! Wir waren vierzehn junge Leute, und alle kriegten einen Anzug, so einen Pfeffer-und-Salz-Anzug. Das war da eine Zeit, da hat das noch Spaß gemacht, und wir waren auch dankbar dafür.

Ich habe auch noch den Gründer kennengelernt, der hat mich jungen Mann sehr beeindruckt. Johann Jacobs – ich sehe ihn heute noch reinkommen – wurde jeden Tag von Rudi Wille vorgefah-

ren. Jacobs hatte als Privatauto einen sehr großen Maybach. Er ist ja selber nicht gefahren, und Rudi Wille wohnte in der Hartwigstraße schräg gegenüber von Johann Jacobs' Haus. Jacobs war nicht sehr groß und konnte fast aufrecht in den Wagen einsteigen. Mich jungen Menschen hat das damals sehr beeindruckt, wenn Herr Jacobs vorgefahren kam. Oft habe ich ihm dann die Tür aufgehalten und ihn in den Fahrstuhl geführt, und er hat sich jedes Mal bei mir bedankt.

Schon von klein auf habe ich in Hemelingen Fußball gespielt. Bei Jacobs gab es Firmenmannschaften – Obernstraße und Langemarckstraße waren getrennt. Der Vereinsplatz für Jacobs war in der Neustadt bei »Polizei Bremen«. Wir waren ziemlich gut und haben fast immer gewonnen. Dann kam Klaus Jacobs und hat zugeguckt und hat uns begrüßt. Ich hatte dem erst gar nicht viel beigemessen. Er hat dann öfter, wenn er in Bremen war, uns betreut und Spaß daran gehabt.

Dann bekam ich mein Auto und mein Verkaufsgebiet, Bremen-Nord. Ich durfte den Kaffeewagen auch privat nutzen und bin damit immer zum Fußball gefahren. Einige meiner Mitspieler, die ja noch keine so schönen Autos hatten wie heute – und die auch noch umsonst –, die habe ich dann nach Trainingsschluss mitgenommen. Aber ich musste aufpassen, es gab ja Franz Hohmann, den Büroleiter in der Obernstraße – ein ganz netter Kerl, aber er achtete immer sehr genau darauf, dass die Fahrzeuge tadellos in Ordnung waren. Nun wusste er von dem Fischgeschäft meiner Eltern in Hemelingen, und von irgendwoher hatte er erfahren, dass ich auf einer Tour nach Bremen-Nord ein paar Eimer Heringe für meinen Vater mitgenommen hatte, und war entsetzt: »Das geht nicht, bist du verrückt – wie kannst du da Fisch mitnehmen im Kaffeefahrzeug.« Als ich mal öfter zu schnell gefahren bin, musste ich meinen Führerschein abgeben. Dann durfte meine Frau Hilde sich ans Steuer setzen, und ich kam im Kaffeewagen als Beifahrer zu den Kunden!

Unser Heinrich Lüddecke war wohl nicht sehr an Sport interessiert, er war durch und durch Kaufmann. Als er erfuhr, dass ich öfter in der Zeitung und später auch im Fernsehen war, kam er zu mir: »Na, erzählen Sie mal, Max, wie läuft denn das so mit Ihrem Fußball?« In Bremen sind wir ja mit Werder Deutscher Meister geworden, und dann haben wir ja in Brasilien gespielt – Brasilien–Deutschland – ich glaube 1965 oder 1966. Da haben wir gegen die richtig guten Fußballer gespielt, absolute Weltstars, auch »Pelé«. Und ich habe einen Sack Kaffee geschenkt bekommen. Da

Es geht auch ohne Nationalspieler: die Sieger des Fußballturniers der Kraft-Foods-Mitarbeiter, 2011

hat Pelé mir eine Widmung auf den Kaffeesack geschrieben, und der stand später wochenlang in der Obernstraße im Schaufenster. Dann habe ich dafür gesorgt, dass alle Spieler, Trainer und wer da alles so dazugehörte ein Pfund Kaffee bekamen – dreißig, vierzig Leute, so viel Kaffee war da gar nicht drin! Das hat Herr Lüddecke aber gern mitgemacht, da bekamen alle ein Päckchen mit einem Gruß von der Firma und von mir. Da lacht man heute darüber, aber das sind so schöne Erinnerungen, das war in allen Zeitungen drin.

Als ich Nationalspieler geworden war, bin ich bei Jacobs Kaffee teilweise freigestellt worden. Fast

Die ersten kleinen Jacobiner im firmeneigenen Kindergarten, 1970

zehn Jahre war ich in der Obernstraße beschäftigt, aber mit der Bundesliga kam immer mehr Fußball. Du musstest morgens und nachmittags trainieren. Da habe ich dann bei Jacobs aufgehört, leider, muss ich heute fast sagen, wenn ich so daran zurückdenke, es war eine schöne Zeit.

Die jüngsten Jacobiner

Bereits Johann Jacobs hatte erkannt, dass die Leistungsbereitschaft und Loyalität der Mitarbeiter steigen, wenn sie sich im Unternehmen wohlfühlen. Seine Devise lautete: »Es genügt nicht, gute Gehälter und Pensionen zu zahlen, man muß sich auch viel Zeit für die persönlichen Belange der Mitarbeiter nehmen.«[19] Zu den persönlichsten Belangen der Mitarbeiter zählt mit Sicherheit die Familie, und in Zeiten zunehmender Berufstätigkeit von Frauen kam in den sechziger Jahren die Frage auf, wie Familie und Beruf zu vereinbaren sind. Kinderbetreuung wurde zum Thema, und Jacobs engagierte sich früh in diesem Bereich. Kindergärten oder gar Ganztagsbetreuung waren noch lange keine Selbstverständlichkeit, zu sehr dominierte im Allgemeinen noch das klassische Frauenbild von der »Mutter und Hausfrau«, und Vorschulkinder wurden selbstverständlich zu Hause betreut. Doch bei Jacobs wussten junge berufstätige Mütter ab 1970 ihren Nachwuchs gut untergebracht – im firmeneigenen Kindergarten konnten die jüngsten Jacobiner unter Leitung der Sozialpädagogin Eva Deuster ungestört und unweit ihrer Mütter spielen, toben und basteln. Von sieben Uhr morgens bis fünf Uhr nachmittags bot die Einrichtung pädagogisch versierte Ganztagsbetreuung für Drei- bis Sechsjährige, inklusive Mittagsschlaf. Schon kurz nach der Gründung besuchten mehr als 30 Kinder den Jacobs-Kindergarten und füllten das neue Sozialgebäude im ehemaligen Teehaus an der Häschenstraße mit Leben. Die geburtenschwachen Jahrgänge Ende der achtziger Jahre führten jedoch dazu, dass diese Einrichtung geschlossen werden musste.

Erst im Jahr 2003 stellte sich die Situation der berufstätigen Mütter und nun auch Väter wieder so dar, dass es von großem Nutzen für das Unternehmen wäre, doch wieder eine Betreuung der Kinder von ein bis drei Jahren zu organisieren. Kindergartenplätze (ab drei Jahren aufwärts) zu bekommen war nicht so schwierig wie eine Betreuung der Kleinsten. Viele Mitarbeiter und Mitarbei-

Auch alle Kinder der Kraft-Foods-Belegschaft und ihre Freunde sind zum jährlichen Spendenlauf »Kinder laufen für Kinder« eingeladen. Von den Kleinen gerannt und von den Großen gespendet wird zugunsten der SOS-Kinderdörfer, hier auf der Bremer Galopprennbahn, 2010

terinnen wollten nach der Geburt ihres Nachwuchses schnell wieder ihre Tätigkeit aufnehmen, um im schnelllebigen Geschäftsalltag nicht den Anschluss zu verlieren. Unter dem Motto »Frauen schnell wieder in den Beruf« startete in Zusammenarbeit mit der Zionsgemeinde in der Bremer Neustadt das Projekt »Kraft Kids«. Mitarbeiterinnen von Kraft Foods haben sich stark für die Schaffung dieser »Teilzeitbetreuung« eingesetzt. Erstmals war es möglich, die Gleitzeit (variable Arbeitszeiten im Büro) der Mütter und Väter mit den Betreuungszeiten der Kleinsten zu vereinbaren. Bénédicte Bank, Uschi Wagener oder Nicola Oppermann, alles Mitarbeiterinnen von Kraft Foods, haben sich intensiv dafür eingesetzt, dieses Pilotprojekt für Kraft Foods erfolgreich verlaufen zu lassen. Auch die Stadt Bremen war schnell von diesem Konzept zu begeistern und beteiligte sich an der Gründung der Betreuungsstätte. Überrascht und erfreut stellten die Verantwortlichen schnell fest, dass das Konzept der Vereinbarkeit von Beruf und Karriere bei Kraft Foods gut funktionierte. Nun konnten die Kinder betreut und gleichzeitig individuell gefördert werden.

»Kraft Kids« beim Vorlesen heute. Insgesamt stehen 16 Ganztagsplätze im Haus Zion in der Kornstraße zur Verfügung

1 Erika Lüddecke am 27. 10. 2010 und 4. 11. 2011; Horst Hilken am 9. 12. 2010; Herbert Schwede am 16. 11. 2010; Max Lorenz am 13. 11. 2010; Karin Unglaube am 24. 3. 2011; Dr. Holger Hasenkamp am 1. 6. 2011. Die Interviews führten Bärbel Kern und Silke Puls (Archiv Kraft Foods).
2 Sozialwerk Miteinander, Füreinander, in: »Kontakt« 4/1970.
3 Archiv Kraft Foods, 39342.
4 Unternehmensbericht Joh. Jacobs & Co. GmbH 1971.
5 Jacobs Sozialwerk, Miteinander – Füreinander und Versorgungswerk, 2. Januar 1971, Archiv Kraft Foods.
6 Jacobs Betriebsordnung 1971 und Jacobs Führungsrichtlinien 1971, Archiv Kraft Foods.
7 Richtlinien für das betriebliche Vorschlagswesen bei Jacobs, in: »Kontakt« 9/1974; Betriebliches Vorschlagswesen Jahresbilanz '74, in: »Kontakt« 3/1975; Verbessern & gewinnen, Betriebliches Vorschlagswesen bei Jacobs, Zwischenbilanz für das 1. Halbjahr 1976, in: »Kontakt« 8/1976.
8 Erläuterungen zum Sozialwerk, Teil I–IV, in: »Kontakt« 10/1976, 11/1976, 1–2/1977, 3/1977; Jacobs Sozialwerk 15. 12. 1983, Archiv Kraft Foods.
9 Rundschreiben »An die Gefolgschaft der Firma Kaffee-Jacobs einschl. Vertreter und Vertrauenskunden« vom 17. November 1934, Archiv Kraft Foods.
10 Vgl. Abschnitt »Die Kaffeebohne«, in: Jacobs-Chronik, Bd. 1, S. 22 f.
11 Ebd.
12 Meine lieben Mitarbeiter im Außendienst!, in: »Kontakt« 1/1955.
13 Editorial, in: »Kontakt« 4/1970.
14 In eigener Sache, in: »Kontakt 6/1971.
15 Ergebnis der »Kontakt«-Leserbefragung, in: »Kontakt« 3/1974; Testergebnis: zufriedenstellend, in: »Kontakt« 7/1980.
16 Weltweit in Verbindung, Editorial Klaus J. Jacobs, in: »contact international«, Sonderausgabe zum Geschäftsbericht September 1980.
17 Company Archive, Mitarbeiterbefragung 2002.
18 20 Jahre Betriebssport bei Jacobs, in: »Kontakt« 3/1977; 25 Jahre Betriebssport bei Jacobs, in: »contact international« 3/1982.
19 Portrait eines Unternehmers, in: Joh. Jacobs und Co. Bremen, Unternehmensbericht 1971.

Joh. Jacobs & Co. als globales Unternehmen

Alexander Schug

Von Bremen auf die Weltmärkte

Die Wirtschaftswunderjahre und die Zeit der großen Zuwachsraten im Kaffeegeschäft neigten sich in den sechziger Jahren bald dem Ende zu. Nach der dynamischen Aufbruchsphase verebbte das Wirtschaftswachstum. Ökonomisch wendete sich Mitte des Jahrzehnts das Blatt. »Ist das Wirtschaftswunder zu Ende?«, titelte am 3. Januar 1966 auch das Nachrichtenmagazin »Der Spiegel«.[1] Konjunkturabschwächung und die Preisentwicklung waren untrügliche Indizien dafür, dass die Bundesrepublik in die erste Rezession nach dem Krieg rutschte. Die Arbeitslosigkeit stieg zudem im bisherigen Land der Vollbeschäftigung schnell an.

Das Kaffeegeschäft blieb von diesen Entwicklungen nicht unberührt. Auch die Joh. Jacobs & Co. agierte in einem zunehmend gesättigten Markt. Zur Mitte der sechziger Jahre stagnierte der Kaffeemarkt, die Konzentration auf der Anbieterseite nahm zu. Die fünf größten Firmen, zu denen auch Jacobs zählte, hatten zusammen einen Marktanteil von 65 Prozent. Der Wettbewerb verschärfte sich. Dabei trafen die beiden größten Röster, Jacobs und Tchibo, nicht einmal direkt aufeinander. Während nämlich die Bremer ihren Kaffee ausschließlich über rund 120.000 Einzelhändler und Warenhausfilialen verkauften, bot Tchibo, nach dem Krieg zunächst vor allem im Kaffeeversand tätig, seine Bohnen in 500 eigenen Filialen und 3500 Frischedepots – vorwiegend in Bäckereien – an. Der Kampf um Marktanteile, so das Urteil der Branche, hatte in den sechziger Jahren den Hamburgern kleine Geländegewinne gebracht. Jacobs hielt jedoch dagegen. Dessen Marktanteil beim Röstkaffee stieg von 14 Prozent 1962 auf 20 Prozent im Jahr 1969.[2] Trotz dieser Zahlen und einer Steigerung des Umsatzes auf fast 800 Millionen D-Mark von 1961 bis 1970 konnte sich die Joh. Jacobs & Co. nicht ausruhen.[3] Denn: Die Umsätze wuchsen in der Folgezeit nur noch in Höhe der Preissteigerungen – 1972 um rund fünf Prozent auf 920 Millionen D-Mark. Und die Gewinne waren in diesen Jahren sogar rückläufig. 1973 war der Gewinn um rund zehn Millionen auf 29 Millionen D-Mark gesunken, 1974 hat-

Der Jacobs-Turm an der Langemarckstraße, 1971

Jacobs Verkaufsregal im Supermarkt, 1967

te er sich nahezu halbiert.[4] Das hatte auch mit strukturellen Veränderungen am Markt zu tun.

In den Boomjahren war die Jacobs-Frischdienstorganisation mit fast 2000 Außendienstmitarbeitern eine der größten Verkaufstruppen Europas gewesen. Doch mit dem Abschwung, der den Einzelhandel in eine Strukturkrise stürzte, musste auch die Zahl der Kaffeeverkäufer reduziert werden. Denn immer mehr Einzelhändler – vor allem die kleinen – schlossen ihre Pforten. Tante-Emma-Läden verschwanden, der Konkurrenzkampf war zu hart. Neue Handelsformen übernahmen stattdessen die Marktmacht: Verbrauchermärkte, SB-Läden und Discounter. Sie konnten der Konsumgüter- und Nahrungsmittelindustrie die Preise diktieren. Der Streit zwischen Handel und Herstellern um die Handelsspannen verschärfte sich noch durch die besondere Preissensibilität der Deutschen. Der Existenzkampf wurde härter und der Umgang zwischen Handel und Herstellern rauer. Kostensteigerungen konnten kaum noch an die Konsumenten weitergegeben werden.[5]

Damit nicht genug: Nicht nur die nachlassende Konjunktur und die Sättigung des deutschen Markts trieben den damaligen Firmenchef Walther J. Jacobs an. Der Lebensmittelmarkt hatte sich auch in Bezug auf die Qualität der Wettbewerber geändert. »Wenn den deutschen Unternehmern nicht mehr als bisher einfällt, werden ihnen die ausländischen Konzerne bald die Luft abdrücken«, kommentierte ein leitender Manager von Jacobs die Zukunft der deutschen Nahrungs- und Genussmittelfirmen.[6] Er spielte damit auf eine vollkommen neue Entwicklung an: Tatsächlich beherrschten schon damals rund ein Dutzend ausländischer Multis zu mehr als 50 Prozent die Regale der deutschen Lebensmittelläden. In einigen Bereichen hatten die für deutsche Verhältnisse als »Giganten« wahrgenommenen Unternehmen die einheimische Konkurrenz mühelos und schnell verdrängt. Größe zählte im Lebensmittelmarkt: Der Macht des Handels konnte man nur eigene Größe entgegenstellen, und das war der entscheidende Vorteil der internationalen Player. Auch im Kaffeemarkt sorgten diese Unternehmen für Aufruhr. Immerhin vereinigten ausländische Unternehmen bereits über 50 Prozent des Pulverkaffeemarktes auf sich. Die Wettbewerber von Jacobs waren deshalb nun nicht mehr die bekannten Größen wie Tchibo oder Eduscho vor der eigenen Haustür. Nestlé aus der Schweiz, General Foods (USA), Unilever oder Libby mischten auf dem deutschen Lebensmittelmarkt, zum Teil

auch im Kaffeemarkt, kräftig mit.[7] »An den Erfolgen der Ausländer sind die deutschen Firmenchefs nicht schuldlos«, meinte auch ein Jacobs-Mann, »sie führen ihre Firmen patriarchalisch, haben keinen Mut zum Risiko, sind kooperationsunwillig und der Kleinstaaterei verhaftet.«[8]
Gewissermaßen traf das auch auf die Joh. Jacobs & Co. zu. Man war durch und durch hanseatisches Traditionsunternehmen und Inhaber wie führende Manager von der sprichwörtlichen norddeutschen Sturheit. Dennoch verband sich das mit dem Willen, aus Jacobs mehr als nur einen nationalen Player zu machen, der den Veränderungen am Markt tatenlos zusah. Von Internationalisierung bis hin zur Diversifizierung stand alles auf dem Prüfstand. In Aktion traten die Bremer Ende der sechziger Jahre mit dem auch in den Medien sehr umtriebigen Marketingmanager Leonard Diepenbrock, mit dem sich zunächst viele neue Hoffnungen verbanden. Aus dem Ein-Produkt-Unternehmen Jacobs sollte eine europäische Lebensmittelgruppe entstehen. Diepenbrock hatte zuvor für amerikanische Multis gearbeitet und versuchte seine Erfahrungen und Ideen bei Jacobs einzubringen. Der Marketingmanager konzipierte in hohem Tempo neue Produkte und konnte dabei auf die Erfahrung der großen Jacobs-Vertriebsmannschaft zurückgreifen. Deren Kontakte zum Handel sollten stärker genutzt werden, auch für anderes als Kaffee. Neben milden und koffeinfreien Kaffees, die einen neuen Markt ausmachten und Anfang der siebziger Jahre hohe Wachstumsraten aufzeigten[9], sollte der Weg erneut ins Teegeschäft führen.
Dann überraschte Diepenbrock die Branche mit der koffeinhaltigen Whisky-Praline »Irish Coffee«, »die neue Praline, die stimuliert«, wie es in der Werbung dafür hieß. Auch dieses Produkt entwickelte sich schnell zum Erfolg. Die Jacobs-Praline eroberte in nur wenigen Monaten den dritten Platz unter den alkoholgefüllten Pralinen.[10]
Doch Diepenbrock wirbelte bei Jacobs offensichtlich viel Staub auf und kollidierte mit der kulturellen Identität des Unternehmens. Nur zwei Jahre nach dem Anheuern Diepenbrocks kam es 1970 zum Bruch mit der Familie Jacobs. Firmeneigentümer Walther Jacobs und sein Sohn Klaus wollten – trotz aller Einsicht in die problematischen Marktverhältnisse – Kaffeespezialist bleiben. Die Diversifizierung der Produktpalette durch Pralinen war damit bald wieder vom Tisch.[11] Klaus Jacobs, Juniorchef der Bremer Firma, ließ verlautbaren: »Wir möchten nicht, daß eines Tages Tomatenketchup unter unserem Namen auf den Markt kommt.«[12] Walther Jacobs – zu der Zeit noch der entscheidende Mann im Unternehmen – setzte deshalb vielmehr auf eine andere Strategie: Wachstum durch Internationalisierung.[13]

Nur ein Gastspiel: Die alkoholhaltige Praline »Jacobs Irish Coffee« hatte kurzfristig großen Erfolg, wurde aber wieder aus dem Programm gestrichen

Rechte Seite:
Vor der 1974 gescheiterten Fusion mit Douwe Egberts waren der Jacobs-Belegschaft bereits die Produkte der niederländischen Firma in der Mitarbeiterzeitschrift präsentiert worden

Europa als Wachstumsmotor

Erfahrungen im internationalen Geschäft hatte die Joh. Jacobs & Co. bereits gesammelt. Die ersten Schritte ins europäische Ausland hatten die Norddeutschen 1961 in Österreich gewagt.[14] Die Röstbohnen von Jacobs avancierten nach der Gründung der Jacobs-Kaffee GmbH Wien am 18. Dezember 1961 in der Alpenrepublik vor allem unter dem Namen »Monarch« schnell zur Spitzenmarke. Zehn Jahre später, 1971, hatte Jacobs auf dem österreichischen Röstkaffee-Markt einen Anteil von rund 23 Prozent (Haushaltsverbrauch) erreicht. Damit war Jacobs Kaffee im Bereich Röstkaffee klarer Marktführer.[15] Auch in Jugoslawien klappte es ab 1968/69 auf Anhieb. Unter der Regie der staatlichen Handelsorganisation Podravka eroberte »Jacobs-Kava« als Lizenzprodukt der Bremer binnen weniger Monate 15 Prozent Marktanteil.[16]

Als sich Jacobs anschickte, in Frankreich Fuß zu fassen, begegnete das Unternehmen seinem potentesten Mitbewerber auf dem europäischen Markt, Douwe Egberts. Statt der Konfrontation suchten beide Unternehmen die Kooperation: Sie beteiligten sich je zur Hälfte an Les Cafés Jacques Vabre SA, Paris. Zwei Jahre später übernahmen sie gemeinsam die Kern Handels AG, Zürich, die im November 1971 in die Jacobs Café AG, ebenfalls mit Sitz in Zürich, umgewandelt wurde.[17] Damit war man auch auf dem Schweizer Markt präsent.

Anfang 1973 gelang es dem Unternehmen, in den dänischen Markt einzudringen.[18] Aber schon bald musste Jacobs feststellen, dass die Kapitalkraft des Unternehmens kaum ausreichte. Mit Hollands größter Kaffee-, Tabak- und Teefirma Douwe Egberts plante man weitere Schritte.[19] Beide Unternehmen waren Wettbewerber, aber bereits eng miteinander verbunden. Zum einen gab es seit 1968 die gemeinsame DEJ International Research Company B.V./Utrecht, die Forschung und Entwicklung beider Unternehmen zusammenführen sollte. Zum anderen gab es ein paritätisch besetztes Management Committee, das ab 1968 jeden Monat abwechselnd in Utrecht oder Bremen zusammentrat.[20] Und nicht zuletzt das gemeinsame Engagement in Frankreich hatte beide zusammengeführt und ließ Gedanken an noch engere Kooperationen bis hin zur Fusion sinnvoll erscheinen.

Diese Zusammenarbeit war auch für Bremen folgenreich, hing am Ende damit doch die Entscheidung zusammen, der Stadt den Rücken zu kehren und den Hauptsitz in die Schweiz zu verlegen. Die Joh. Jacobs & Co. GmbH wurde im Zuge der Fusionsplanungen mit Douwe Egberts an die Schweizer Holding Jacobs AG in Zürich übertragen. Die Transaktion löste Spannungen im Unternehmen aus und brachte der Familie Jacobs schlechte Presse, unterstellte man ihr doch, lediglich aus steuerlichen Gründen in die Schweiz gegangen zu sein. Klaus Jacobs wurde nicht nur von der lokalen Presse in Bremen als »Buhmann der Nation« bezeichnet.[21] Diese Transaktion, aus rein betriebswirtschaftlichen Gründen herbeigeführt, belegt deutlich, wie stark Unternehmen zu dieser Zeit noch als kulturelle und identitätsstiftende Akteure wahrgenommen wurden. Durch die Bekanntheit steigerte sich dies noch – die Marke Jacobs wurde als bremisch, höchstens als deutsch empfunden. Medien, Konsumenten und große Teile der Mitarbeiterschaft dachten innerhalb dieser Grenzen, und bei vielen stießen die neuesten Entwicklungen bei Jacobs auf Unverständnis.

In unternehmenseigenen Publikationen wurden diese Tatsachen meist heruntergespielt. Zum Umzug veranlasste vielmehr, so hieß es, dass man schlicht neue internationale Märkte erschließen wolle. Geplant war nun, mit Douwe Egberts zusammenzugehen. Die Wirtschaftspresse titelte bereits: »Ein neuer Gigant bei Genussmitteln«.[22] Mit Nachdruck wies Klaus Jacobs in dieser Zeit darauf hin, dass es sich um eine Fusion handeln würde, keinesfalls um eine Übernahme der einen Gruppe durch die andere. Die geplante Fusion

Die Produkte von DOUWE EGBERTS

Mit seinen verschiedenen Unternehmen ist DOUWE EGBERTS schwerpunktmäßig in drei Bereichen tätig: Kaffee, Tee und Tabak. Tabak ist eine Produktgruppe, zu der wir bislang keine direkte Beziehung hatten, die aber eine große Bedeutung für DOUWE EGBERTS hat. Unser Titelbild zeigt ein Arrangement D. E. Tabak „Amphora", einer Marke, mit der DOUWE EGBERTS in der Bundesrepublik vertreten ist.

Darüber hinaus betätigt sich D. E. mit der Herstellung von Zigarren, und es wird in verschiedenen Ländern auch als Handelsunternehmen tätig, wobei eigene Produkte, u. U., wie in den Niederlanden importierte Produkte, gehandelt werden. Darüber hinaus besteht ein Handel mit Getränkeautomaten und dem dazugehörigen NHV-Programm (Nicht-Haushalts-Verbrauch).

Die Marktanteile in den verschiedenen Ländern ist zum Teil außerordentlich hoch. So ist D. E. in Belgien und in den Niederlanden sowohl im Kaffee- als auch im Teebereich absoluter Marktführer; das Gleiche gilt auch für den Tabakbereich. Das Tee-Programm wird mit der international bekannten bekannten Marke „Pickwick-Tee" bestritten. „Pickwick-Tee" wird in über 80 Ländern der Welt vertrieben.

Auf dem Kaffeemarkt wird neben Röstkaffee in starkem Maße auch Instant-Kaffee angeboten.

Die Herstellung von Tabak erstreckt sich auf Pfeifentabak und Zigarettentabak. Die Marktanteile in den verschiedenen Ländern sind zum Teil – gerade in Übersee – auch außerordentlich hoch. Seine Tabakerzeugnisse vertreibt D. E. in über 120 Ländern der Erde.

Die auf den vorigen Seiten vorgestellten Betriebsstätten in den verschiedenen Ländern dieser Welt sorgen dafür, daß D.E.-Produkte nach den hohen Qualitätsvorstellungen des Unternehmens an den Verbraucher gelangen.

Das Image des Unternehmens und der Produkte von D. E. ist in seinem Heimatland außerordentlich positiv. Wenn es demnächst zu einer Verbindung kommen wird, so können wohl beide Unternehmen und die Mitarbeiter der Unternehmen ein wenig stolz auf die Vergangenheit sein und zuversichtlich in die Zukunft blicken.

wurde gleichermaßen als Rechtfertigung genommen, weshalb der Firmensitz nach Zürich ging. Von dort sollte Jacobs in Bremen als Tochter strategisch geführt werden, das operative Geschäft weiter in den Händen des Bremer Managements liegen.[23] Die »neutrale« Schweiz, so Jacobs, war als Sitz einer gemeinsamen Holding gewählt worden, damit eben nicht der Eindruck einer Übernahme entstehe. Steuerrechtlich hätten sich auch die Niederlande angeboten, aber dann hätte es vermutlich geheißen: »Douwe Egberts schluckt Jacobs«.[24]

Entstanden wäre auf jeden Fall Europas größter Kaffee- und Teekonzern und der zweitgrößte Kaffeeimporteur der Welt mit mehr als zwei Milliarden D-Mark Umsatz und rund 8000 Mitarbeitern.[25] Dieser Schritt sollte die Abhängigkeit vom deutschen Markt beenden, neues Wachstum schaffen sowie den ausländischen Wettbewerbern Paroli bieten. Als Douwe Egberts Jacobs AG mit Hauptsitz in Zürich wollte das neue Unternehmen starten, die Presse berichtete ausführlich darüber, bis dann die Fusion sprichwörtlich in letzter Minute platzte. Im Juli 1974 scheiterten die Pläne am Widerspruch niederländischer Aktionäre, die die geplanten Gewinnaufteilungen nicht mittragen wollten und sich benachteiligt sahen. Die gescheiterte Fusion ließ Klaus Jacobs jedoch nicht alles revidieren, was zuvor verändert worden war. »Trotz der aufgelösten Züricher Verlobung«, so Jacobs, »bleiben wir in der Schweiz.«[26]

Das Scheitern der Fusion wurde von der deutschen Presse mit großer Häme begleitet. Doch Jacobs gab die Internationalisierungspläne nicht auf und machte alleine weiter. Die Basis dafür war gut, schließlich entwickelten sich die Geschäftszahlen wieder positiver, und man hatte Anfang der siebziger Jahre kräftig in neue Produktionsanlagen investiert.[27] Auch Walther J. Jacobs, Präsident des Verwaltungsrates der Jacobs AG, bedauerte das Scheitern der Fusion, machte jedoch deutlich: »Wir sind zuversichtlich [...]. Denn wir bauen [...] auf einen bewährten Unternehmensgrundsatz, der vor allem – wie ich meine – hinter unserem bisherigen Erfolg stand: die Verpflichtung zur Qualität.«[28]

Glücklicher Single: Jacobs Shoppingtour in den siebziger Jahren

Jacobs ging die Internationalisierung nun auf eigene Faust an. Das Unternehmen legte dabei ein ehrgeiziges Tempo vor. 1976 kam Nabob Foods Ltd. in Kanada hinzu. 1977 übernahm Jacobs Les Cafés Jacques Vabre S.A. in Frankreich komplett und 1979 Les Cafés Chat Noir S.A. in Belgien.[29] Mit diesen Käufen war Jacobs zu Europas größtem Kaffeeröster aufgestiegen. Weltweit war das Unternehmen jetzt auf Position drei. Getragen wurde die Einkaufstour durch gewonnene Marktanteile im heimischen Markt. Von 1974 bis 1975 stieg der Marktanteil von Jacobs von 20,9 auf

Das Löskaffee -Sortiment, grafisch mit dem Hemelinger Sprühturm für den Geschäftsbericht 1980 in Szene gesetzt

24 Prozent, der Umsatz insgesamt von 907 auf 975 Millionen D-Mark, wobei das Wachstum allerdings maßgeblich auf die Akquisitionen zurückzuführen war, denn der Pro-Kopf-Konsum von Kaffee stagnierte in den siebziger Jahren – auch wenn Kaffee, nicht zuletzt durch das Marketing von Jacobs, mittlerweile das preiswerteste sowie beliebteste Genussmittel in der Bundesrepublik geworden war.[30]

Aber: Das Wachstum verlief nicht problemlos. Fast niedergeschlagen klang 1977 das erste Fazit im Bericht der Geschäftsführung: »96 Mio. Franken Verlust bedeuten für unsere Gesellschaft einen schweren Rückschlag auf dem im Jahr 1974 so erfolgreich begonnenen Weg. Es ist dies zudem noch der erste Verlust, den das Unternehmen in seiner über 80jährigen Geschichte erlitten hat.«[31] Trotz dieser Einsicht wollte man nicht von dem einmal eingeschlagenen Weg abgehen. Dieser »Jacobs-Weg« war insgesamt ungewöhnlich: Während sich in den Jahrzehnten zuvor die Kaffeeindustrie aus nationalen und mittelständischen Unternehmen zusammengesetzt hatte, markierten die siebziger Jahre den Systembruch. Wer überleben wollte, musste wachsen, auch über die eigenen Landesgrenzen hinweg, um zu den internationalen Multis aufschließen zu können. Jacobs spielte dabei eine Sonderrolle unter den deutschen Kaffeeröstern. Durch eigene Akquisitionen und den Willen der Eigentümer, das Unternehmen nicht zu verkaufen, wurde Jacobs nicht nur drittgrößter Kaffeeröster weltweit, sondern blieb auch das einzige Unternehmen, das nicht zu einem großen amerikanischen Konzern gehörte, wie Klaus Jacobs 1980 auf einer Konferenz der General Manager seines Unternehmens betonte.[32]

Klaus Jacobs war entschlossen, diese Unabhängigkeit (noch) zu behalten, gleichzeitig aber auch im Konzert der Großen mitzuspielen. Nicht grundlos wurde der Firmeninhaber in den Medien als durch und durch ehrgeiziger Unternehmer dargestellt. Das nötige Kapital für weiteres Wachstum beschaffte er sich an der Börse. Er selbst behielt zwar die Mehrheit der Stimmrechte über die Jacobs AG, platzierte aber einen Teil der Aktien am Züricher Handelsplatz. Es war ein spannender Spagat: Jacobs erhielt den Charakter eines Familienunternehmens, setzte aber auf Kapitalbeschaffung am Aktienmarkt.[33] 1980 gab Klaus Jacobs schließlich seinen persönlichen Ausblick auf das kommende Jahrzehnt: »Das Unternehmen, welches 1895 von Johann Jacobs [...] gegründet [wurde ...] und heute zu den grössten Kaffeeunternehmen der Welt gehört, soll weiterhin unabhängig bleiben. Als Kaffee-Spezialunternehmen wollen wir in allen bedeutenden internationalen Kaffeemärkten vertreten sein. [...] Wir möchten unseren finanziellen Spielraum, um gegen die internationale Konkurrenz bestehen zu können, erweitern, aber den persönlichen Charakter und das Wohlergehen eines jeden einzelnen nie aus dem Auge verlieren. Für ganz Neugierige darf ich zum Schluss bemerken, dass das Thema Diversifikation erst nach 1985 zur Diskussion steht. Das heisst nicht, dass wir hier und dort Versuche unternehmen, mögliche Tests durchzuführen. Vom Charakter her bleiben wir ein Kaffeeunternehmen.«[34]

Die internationalen Röstkaffees, 1981

Die süße Verführung – Jacobs steigt ins Schokoladegeschäft ein

Versteht man ein Unternehmen als lernende Organisation, die sich bestmöglich an die Märkte anpassen und sich damit selbst immer hinterfragen muss, so verwundert es nicht, dass die achtziger Jahre einen grundlegenden Wandel in der Firmenpolitik einleiteten. »Vom Charakter her bleiben wir ein Kaffeeunternehmen«, hatte Klaus Jacobs 1980 als Devise ausgegeben, doch das hielt nicht lange an. Hatte der Jacobs-Clan die Versuche eines Marketingmanagers zehn Jahre zuvor ausgebremst, die Produktpalette zu diversifizieren, weil man 100 Prozent der Verkäufe mit Kaffee machen wollte, so wandelte sich die Einstellung hierzu. Das Auf und Ab der Märkte, der Verfall der Rohkaffeepreise, dann wieder enorme Steigerungen bei einer schlechten Ernte nach verheerenden Frösten wie 1977 in Brasilien bei nach wie vor angespannter Wettbewerbssituation machten das Kaffeegeschäft zu einem unsicheren Geschäft. Die Jacobs'sche »Kaffee-Monokultur« wurde deshalb einmal mehr auf den Prüfstand gestellt. Das Teegeschäft schien wieder naheliegend; in Kanada sollte ein Markt für Frühstücksprodukte gesucht werden. Nachdem Klaus Jacobs 1970 in der Fachpresse noch mit den Worten zitiert worden war, dass er nicht mit Tomatenketchup in Verbindung gebracht werden wolle, dachte das Management nun anders. Neben der Internationalisierung wurde die Diversifizierung des Angebots hochgehalten: Man wollte auf mindestens zwei Beinen stehen. Den wirklich ersten großen Schritt wagte Jacobs 1982: Der Kaffeeröster kaufte die Schweizer Interfood AG, die 1972 aus dem Zusammenschluss von Suchard und Tobler hervorgegangen war. Interfood war ein großer Coup. Mit 1,6 Milliarden Schweizer Franken Umsatz war das Unternehmen größter Schokoladehersteller der Schweiz mit bekannten Marken wie Toblerone und Milka. Im Vergleich zu Jacobs war Interfood allerdings der Juniorpartner; der Kaffeeröster brachte es auf 2,7 Milliarden Schweizer Franken an Umsatz. Der Zusammenschluss wurde zum 1. April 1982 gültig. Das neue Unternehmen firmierte unter dem Namen Jacobs Suchard und organisierte sich grundlegend neu.[35]
Aus dem deutschen Kaffeeröster wurde »eine schweizerische Aktiengesellschaft mit einer europäisch geprägten unternehmerischen Ausrichtung, wachstumsorientiert, innovativ und führend im Know-how bei Süßwaren und Kaffeeprodukten«, wie es 1985 in den Unternehmensgrundsätzen hieß.[36]
Mit der Schokolade war Jacobs auf den Geschmack gekommen: So übernahm Jacobs Suchard 1986 die österreichische Schokoladenfirma Bensdorp und die niederländische Van-Houten-Gruppe, die man von dem Aachener Unternehmen Leonard Monheim (Trumpf Schokolade) erwarb. Ende 1986 kaufte Jacobs Suchard in einem nächsten

Auf dem Titel der Mitarbeiterzeitschrift wird 1985 das im Juni des Jahres eingeweihte Schokoladenwerk in Bern-Brünnen präsentiert

Das Jacobs-Suchard-Logo über dem Sortiment, 1985

Schritt den amerikanischen Süßwarenhersteller E. J. Brach und rückte über Nacht zum drittgrößten US-Hersteller von Süßigkeiten auf, zahlte jedoch auch stolze 730 Millionen US-Dollar dafür. 1987 folgten die italienische Schokoladefirma Du Lac und die belgische Côte d'Or. Die erste Etappe war 1987 geschafft: Das Schokoladegeschäft überstieg erstmals den Kaffee-Umsatz.[37] 1988 kam der griechische Schokoladenhersteller Pavlides hinzu.[38] Und selbst in Japan wollte Jacobs Suchard seine Marken einführen. 1988/89 gründete das Unternehmen Tochterfirmen in Japan und Australien, auch in Korea und Hongkong entstanden Geschäftsniederlassungen.[39]

Zweimal war Klaus Jacobs bei seinem Expansionsdrang in eine Sackgasse geraten. 1986 wollte er auch den Schweizer Marmeladenhersteller Hero kaufen, doch das Management wehrte sich erbittert dagegen. Auch Schweizer Politiker protestierten, dass das Unternehmen »nicht an einen Deutschen fallen« dürfe. Erneut zeigten sich die kulturellen Barrieren im Wirtschaftsleben. Klaus Jacobs zog sein Angebot für Hero deshalb zurück. Doch ganz leer ging er nicht aus, denn aus dem Aktiengewinn sollen bis zu 60 Millionen Schweizer Franken an Jacobs Suchard geflossen sein.[40]

Erfolglos blieb auch ein anderer Übernahmeversuch: Mit dem Kauf des britischen Süßwarenherstellers Rowntree plante Jacobs Suchard, der größte Süßwaren-Anbieter der Welt zu werden. Fast zwölf Milliarden D-Mark Umsatz wären zusammengekommen, und man hätte sich den Giganten wie dem US-Unternehmen Mars dicht genähert. Rowntree war auch deshalb für Jacobs Suchard interessant, weil sich das Unternehmen zwar in viele Märkte in Europa, Nordamerika und Asien eingekauft hatte, aber der britische Markt noch vollkommen unbefleckt geblieben war. So wäre Rowntree eine wichtige strategische Ergänzung des Portfolios gewesen – wenn nicht einer der Global Player, Nestlé, mit im Spiel gewesen wäre und um das britische Unternehmen mitgeboten hätte. Lange Zeit blieb das Spiel zwischen beiden offen. Beide Unternehmen überboten sich, doch stellte die Presse frühzeitig fest, dass Jacobs an der Grenze seiner Möglichkeiten operierte. Nestlé musste schon aus strategischen Gründen die Jacobs-Suchard-Initiative in Großbritannien abfangen, wenn man im Schokoladegeschäft seine Position nicht aufgeben wollte. Denn mit der Rowntree-Übernahme wäre Jacobs Suchard zur globalen Nummer eins im Schokoladenmarkt aufgestiegen.[41] In einer wahren Bieterschlacht versuchten beide Unternehmen, sich die Aktienmehrheit bei Rowntree zu sichern, was in Großbritannien hingegen zunehmend zur nationalen Verteidigungsschlacht hochstilisiert wurde.[42] Im Juni 1988 hatte Nestlé eine Offerte von 6,6 Milliarden Franken gemacht, es war die höchste je gebotene Summe für ein britisches Unternehmen. Als Verlierer stand Jacobs Suchard allerdings erneut nicht da: Das Unternehmen hatte immerhin rund 500 Millionen Franken gewonnen, indem es sein preiswert eingekauftes Rowntree-Aktienpaket an Nestlé abtreten konnte.[43]

Klaus und Walther Jacobs Anfang der 1980er Jahre

Kehrtwende in der Unternehmenspolitik: Jacobs Suchard verliert die Eigenständigkeit

»Wir müssen zusammenhalten, damit Jacobs Suchard als David unter den Goliaths auf dem Markt bestehen kann«, hatte Klaus Jacobs seine Manager noch 1986 beschworen. 1990 stieg er plötzlich aus und verkaufte das Unternehmen an den amerikanischen Multi Philip Morris, der neben dem Tabakgeschäft weitere Standbeine aufzubauen versuchte, 1985 General Foods und 1988 Kraft gekauft hatte. 1990 kam nun Jacobs Suchard dazu.

Wieder ließ die Presse kein gutes Haar an Klaus Jacobs und warf ihm den zweiten Verrat innerhalb weniger Jahre vor: Erst hatte er dem Traditionsstandort Bremen den Rücken gekehrt und war in die Schweiz gegangen, nun »verramschte« er altehrwürdige Marken an die Amerikaner, wie es hieß. Die Globalisierung der Wirtschaft fand in einem schnelleren Tempo statt, als es die Konsumenten und nationalen Beobachter der Märkte wahrhaben wollten. Im Falle von Jacobs Suchard ging es jedoch letztlich auch darum, dass sich Klaus Jacobs mit seinen Expansionsplänen in den achtziger Jahren verhoben hatte. So vermuteten Medien, er habe wohl nicht ganz freiwillig verkauft. Ende der achtziger Jahre hatte er seine Geschwister ausbezahlt und dafür 700 Millionen Schweizer Franken an Kredit aufnehmen müssen. Die Zinsen dafür waren hoch, die Dividendenerträge des Unternehmens reichten nicht für den Schuldendienst aus. Schon im April 1989 hatte

Jacobs bekannt gegeben, dass er nach Partnerschaften suche, weil »der globale Markt erhöhte Investitionen« erfordere. Erstmals nach acht Jahren verkündete das Unternehmen sinkende Gewinne. 1989 war der Gewinn des Konzerns um zehn Prozent auf 310 Millionen D-Mark gesunken. Bisherige Umsatzsprünge waren zuvor fast ausschließlich auf die Akquisitionen zurückzuführen.[44]

1990 hatte Klaus Jacobs ebenfalls kommuniziert, dass die Übernahme der US-Firma Brach ein Problem darstellte. Managementfehler und personelle Fehlentscheidungen hatten 1989 zu einem Verlust von 50 Millionen US-Dollar geführt, weshalb 3000 Mitarbeiter entlassen werden sollten.[45]

Ein weiterer Aspekt kam hinzu und erschwerte die Gemengelage: Die unerwartete Marktöffnung Osteuropas verlangte zusätzliche Investitionen, die nur mit weiteren Kapitalerhöhungen oder der Reduzierung der Stimmrechte von Inhaber Jacobs innerhalb der AG möglich gewesen wären.[46]

Für Jacobs war der Zeitpunkt gekommen, grundlegend über die eigene unternehmerische Selbstständigkeit nachzudenken. Er verkaufte für rund drei Milliarden Schweizer Franken sein Aktienpaket – 34 Prozent des Konzernkapitals – an Philip Morris. Um auch noch an die restlichen Anteile zu kommen, machte der amerikanische Multi den freien Aktionären ein großzügiges Angebot. Der Kaufpreis für das gesamte Unternehmen belief sich schließlich auf 6,75 Milliarden Schweizer Franken.[47]

Jacobs Suchard war damit Teil eines noch größeren Konzerns mit einem diversifizierten Produktangebot geworden. Die einzelnen Marken wurden 1993, als die Jacobs-Suchard-Gruppe mit der Philip-Morris-Tochter Kraft General Foods operativ zusammengelegt wurde, vier organisatorischen Einheiten zugeordnet: Nahrungsmittel (Kraft), Kaffee (Jacobs), Schokolade (Suchard) und die Großverbraucher-Verkaufsorganisation (Jacobs Goldene Tasse/Food Service).[48]

Das neue Firmenlogo – ab 1994 auch auf dem Dach des »Towers«

Mit gemeinsamer Kraft voraus

1990 veröffentlichte die Jacobs Suchard AG ihren letzten Geschäftsbericht – danach wurde das Traditionsunternehmen in die Finanzberichterstattung von Philip Morris integriert. Fünf Jahre vor dem 100. Gründungstag war Jacobs damit kein eigenständiges Unternehmen mehr, doch sollten die Marken von Jacobs Suchard weiter erhalten und gepflegt werden. Im Bericht des neuen Verwaltungsratspräsidenten, Raymond G.

»Aroma, das Nähe schafft«, lautet der Text dieser im Jahr 2000 für die Ukraine gestalteten Anzeige

Viault, hieß es dazu: »Ich bin zuversichtlich, dass in der letzten Dekade dieses Jahrtausends Jacobs Suchard das angestrebte Ziel erreichen wird, das weltweit erfolgreichste Kaffee- und Susswarenunternehmen zu werden.«[49] Doch zunächst stand ein großes Umstrukturieren an: Klaus J. Jacobs übernahm einige Beteiligungen der bisherigen Jacobs Suchard AG. Die asiatischen als auch lateinamerikanischen Aktivitäten von Jacobs Suchard gingen in der Organisation von Kraft General Foods auf, während in Europa die Kraft-General-Foods-Aktivitäten hauptsächlich bei Jacobs Suchard untergebracht wurden, nachdem 1990 auch das Bundeskartellamt seine Genehmigung erteilt hatte.[50] Vor allem die Röstkaffee- und Löskaffee-Einheiten von Kraft General Foods – das waren in Deutschland vor allem die Kaffee-HAG-Geschäftsbereiche, die 1979 an General Foods verkauft worden waren – bündelte man nun in Bremen. Übrig blieb ein Stammgeschäft mit 10.200 Mitarbeitern und einem Gesamtumsatz von 4,3 Milliarden Schweizer Franken im Jahr 1990.[51]

Was 1978 übrigens aus kartellrechtlichen Gründen noch nicht möglich gewesen war – eine Fusion von HAG und Jacobs –, konnte schließlich 1993 mit dem Zusammenschluss von Kraft General Foods und Jacobs Suchard zu Kraft Jacobs Suchard doch noch verwirklicht werden.

Nach dem Zusammenschluss von Jacobs Suchard und Philip Morris konnte Jacobs als Marke seine Marktführerstellung in Deutschland zunächst nicht nur behaupten, sondern noch ausbauen. Während sich die Jacobs-Produkte im Westen der Republik nach 1990 ein Kopf-an-Kopf-Rennen mit Tchibo lieferten, lag Jacobs in den neuen Bundesländern unangefochten weit vorn.[52] So kam Jacobs in den neuen Bundesländern auf einen Marktanteil von mehr als 40 Prozent, während im Westen etwa 20 Prozent erreicht wurden. In den folgenden Jahren blieb der Gesamtmarktanteil der Jacobs-Produkte relativ konstant. Zusammen mit seinen anderen Kaffeemarken, wie Onko oder HAG, gelang es Jacobs Suchard und später Kraft Foods, mit seinem Zugpferd Jacobs Kaffee seine Marktführerschaft für Filterkaffee in Deutschland auszubauen und damit seine Hauptkonkurrenten deutlich zu distanzieren.[53]

Eine echte Erfolgsgeschichte bietet die Marke Jacobs Kaffee heute auf den europäischen Märkten. Auch in Österreich besitzen die Kaffeeprodukte von Kraft Foods mit 26 Prozent des Gesamtumsatzes nach wie vor einen hohen Anteil, wobei die Marke Jacobs in allen wichtigen Kaffeebereichen (Röstkaffee, löslicher Kaffee, Ready-to-Drink und Spezialitätenkaffee) die herausragende Rolle spielt.[54] In Osteuropa besitzt Kraft Foods sogar noch einen größeren Marktanteil.[55] Russland bildet dabei den größten Markt für Kaffee, mit einem Marktumsatz von 5,5 Milliarden US-Dollar pro Jahr. Dort hat Kraft Foods eine führende Position. Da auch in Russland der Anteil von Instantkaffee sehr groß ist und dort die Zuwachsraten eher im Bereich der Röstkaffeeprodukte gesehen werden, bieten sich hier gute Chancen für den weiteren Ausbau der Marktposition.

1 »Der Spiegel«, 1/1966.
2 Wittig, Ulrich, Mergers & Acquisitions. Voraussetzungen, Ablauf und Folgen von Fusionen und Übernahmen bei Kraft Foods in Deutschland von 1978 bis 1998, Bielefeld 2007, S. 277.
3 Jacobs Geschäftsbericht 1971, S. 7; zu den Umsatzzahlen siehe auch Wittig, Ulrich, Mergers & Acquisitions, S. 278.
4 Jacobs Geschäftsbericht 1974, S. 8.
5 Zu den negativen Markteinschätzungen siehe: Jacobs Geschäftsbericht 1974, S. 5–15; positive Entwicklungen ließen sich erst 1975 wieder verzeichnen: Jacobs Geschäftsbericht 1975, S. 10 f.; »Die Zeit«, 14.2.1975, http://www.zeit.de/1975/08/jacobs-nicht-mehr-wunderbar, 20.7.2011.
6 »Der Spiegel«, 18/1969, S. 58.
7 »Die Zeit«, 21.8.1970, http://www.zeit.de/1970/34/am-kaffee-clan-gescheitert, 20.7.2011.
8 Ebd.
9 Vgl. Jacobs Geschäftsbericht 1971, S. 7.
10 »Die Zeit«, 21.8.1970, http://www.zeit.de/1970/34/am-kaffee-clan-gescheitert, 20.7.2011.
11 Wittig, Ulrich, Mergers & Acquisitions, S. 279.
12 »Die Zeit«, 21.8.1970, http://www.zeit.de/1970/34/am-kaffee-clan-gescheitert, 20.7.2011.
13 »Die Zeit«, 14.2.1975, http://www.zeit.de/1975/08/jacobs-nicht-mehr-wunderbar, 20.7.2011.
14 Vgl. Darstellung in Jacobs-Chronik 1974, Österreich_Yugoslawien_Berlin_Bautzen, S. 2–11.
15 Jacobs Geschäftsbericht 1971, S. 9.
16 Jacobs-Chronik 1974, Österreich_Yugoslawien_Berlin_Bautzen, S. 26; vgl. auch: »Kontakt«, 12/1973, S. 16.
17 Jacobs Geschäftsbericht 1972, S. 7.
18 »Kontakt«, 12/1973, S. 16.
19 Zu der Kooperation beider Unternehmen seit 1968 siehe: »Die Welt«, 13.3.1972.
20 Jacobs Geschäftsbericht 1971, S. 9.
21 »Bilanz«, Schweizer Wirtschaftsmagazin, 1.4.2000.
22 »Handelsblatt«, 29.5.1973.
23 »Kontakt«, 1/1974, S. 14.
24 »Kontakt«, 12/1973, S. 16; zur Standortbestimmung siehe: Jacobs & Co. GmbH (Hg.), Studie zur Standortbestimmung 1972, Bremen 1972, S. 1 f.
25 Kraft Jacobs Suchard (Hg.), 100 Jahre Jacobs Café, Bremen 1994, S. 60.
26 »Der Spiegel«, 6/1976, http://www.spiegel.de/spiegel/print/d-41330763.html, 20.7.2011.
27 Zu den allgemeinen Geschäftsentwicklungen und den positiven Aussichten ab 1975 siehe: Jacobs Geschäftsbericht 1975, S. 3.
28 Ebd.
29 Zum Engagement in Frankreich siehe: Jacobs Geschäftsbericht 1977, S. 5.
30 Kraft Jacobs Suchard (Hg.), 100 Jahre Jacobs Café, Bremen 1994, S. 63.
31 Jacobs Geschäftsbericht 1977, S. 5.
32 Jacobs Geschäftsbericht 1981, S. 7; Editions Zürich AG (Hg.), Unternehmen und gestalten, Zürich 1986, S. 35.
33 Editions Zürich AG (Hg.), Unternehmen und gestalten, Zürich 1986, S. 37.
34 Ebd.
35 Vgl. Wittig, Ulrich, Mergers & Acquisitions, S. 296.
36 Zit.n. ebd, S. 297.
37 »Der Spiegel«, 13.6.1988, http://www.spiegel.de/spiegel/print/d-13528335.html, 20.7.2011.
38 Jacobs Suchard Geschäftsbericht 1988, S. I.
39 Ebd.
40 »Die Zeit«, 29.6.1990, http://www.zeit.de/1990/27/beim-grossen-fressen-verschluckt, 8.11.2011.
41 René Lüchinger, Brigitta Willmann: Der Jacobs Weg. Die autorisierte Biografie des Unternehmers Klaus J. Jacobs, Zürich 2007, S. 197.
42 Ebd., S. 200 f.
43 Ebd., S. 209 f.
44 »Die Zeit«, 29.6.1990, http://www.zeit.de/1990/27/beim-grossen-fressen-verschluckt, 8.11.2011.
45 Wittig, Ulrich, Mergers & Acquisitions, S. 313.
46 Ebd., S. 317.
47 »Die Zeit«, 29.6.1990, http://www.zeit.de/1990/27/beim-grossen-fressen-verschluckt, 8.11.2011.
48 Kraft Jacobs Suchard (Hg.), 100 Jahre Jacobs Café, Bremen 1994, S. 76.
49 Jacobs Suchard Geschäftsbericht 1990, S. 1.
50 Wittig, Ulrich, Mergers & Acquisitions, S. 319; Jacobs Suchard Geschäftsbericht 1990, S. 3.
51 Jacobs Suchard Geschäftsbericht 1990, S. 3.
52 »Die Zeit«, 10.7.1992, http://www.zeit.de/1992/29/alles-frisch-verpackt, 8.11.2011.
53 Statistisches Bundesamt; IRI Handelspanel, http://de.statista.com/statistik/daten/studie/76875/umfrage/filterkaffee---marktanteile-der-marken-jan-bis-sept-2008/, 28.6.2011.
54 http://ebn24.com/index.php?id=25907, 28.6.2011.
55 http://www.reportlinker.com/p0536720-summary/Coffee-Market-in-Eastern-Europe-to-Hot-Drinks.html (»Summary Highlights«), 8.11.2011.

Kundenkommunikation im Wandel

Von »Frau Sommer« zum integrierten Marketingmix

Jacobs Kaffee war eines der Symbole des Wirtschaftswunders in den fünfziger und sechziger Jahren in der Bundesrepublik – mit großer Ausstrahlungskraft in die DDR. Die Marke hatte sich einen festen Platz in den Haushalten der Deutschen erobert und das Unternehmen sich erfolgreich zu einem der großen Werbetreibenden im Land entwickelt.

Das Ausmaß der Marketingaktivitäten und deren massive Ausweitung seit den siebziger Jahren macht Jacobs darüber hinaus zu einem interessanten Fallbeispiel, an dem der Übergang von nachfrageorientierten hin zu angebotsorientierten Märkten und den dazu notwendigen Marketingstrategien nachvollzogen werden kann. Alles wurde modernisiert, die Produktpalette, das Verpackungsdesign, die Werbung, die Preispolitik und der Vertrieb.

Dazu kam: Der Kaffeemarkt stagnierte, und der jährliche Pro-Kopf-Konsum in der Bundesrepublik überschritt kaum noch die Fünf-Kilogramm-Marke. Immer weniger Anbieter teilten sich den Markt. Von den rund 2000 Kaffeeröstern 1950 existierten 15 Jahre später gerade noch 350, und internationale Konzerne stießen neu in den Kaffeemarkt hinzu.[1]

In den Unternehmen führte diese Situation – nicht nur im Kaffeemarkt – zur Neupositionierung und Aufgabenverteilung des Marketings. Produktpolitik, Preisbildung, Werbung und Vertrieb verstanden die Verantwortlichen zunehmend als komplexes zusammenhängendes System. Damit gelang der marketingorientierten Unternehmensführung in der Bundesrepublik endgültig der Durchbruch.[2] Ein Anhaltspunkt dafür sind die enorm gestiegenen Werbeausgaben. Von 1952 bis 1967 wuchsen die Bruttowerbeumsätze in der Bundesrepublik von 565 Millionen auf fast fünf Milliarden D-Mark an. Die Bundesrepublik gehörte damit mit den USA, Japan und Großbritannien zu den Staaten, in denen am meisten Werbung getrieben wurde. Ab den siebziger Jahren gewann diese Entwicklung weiter an Dynamik und überschritt in den neunziger Jahren die Grenze von umgerechnet 30 Milliarden Euro.[3]

Der Jacobs-Werbestar der 1970er und 1980er Jahre: Karin Sommer beim Einkaufen

Edles Ambiente für den Besten von Jacobs: die Krönung, Anzeige 1969

Ausweitung und Ausdifferenzierung waren die Leitlinien dieser Entwicklung auf allen Ebenen des Marketings, die auch bei Jacobs deutlich zu spüren waren. Nicht nur die Werbeetats stiegen beim Bremer Kaffeeröster, auch die Produktpalette wuchs deutlicher als zuvor. Der Vertrieb richtete sich nicht nur auf das Endkundengeschäft ein, sondern fand im »Außer-Haus-Verzehr«, dem Angebot für Großkunden, lukrative neue Märkte. Die Marke Jacobs spiegelte diese Trends und sorgte umgekehrt auch für nachhaltige Impulse auf dem Kaffeemarkt.

Mut zur Erneuerung

Jacobs war fest entschlossen, die Marktführerschaft angesichts der Wettbewerbssituation in den siebziger Jahren zu verteidigen. Ausdruck dessen war zuallererst die Modernisierung des Markenauftritts.

Beim Bremer Traditionshaus kam damit sprichwörtlich Bewegung auf, was nicht zuletzt Klaus J. Jacobs zu verdanken war, der in den USA studiert und 1970 das Zepter in Bremen von seinem Vater Walther J. Jacobs übernommen hatte. Der Sohn besaß die Fähigkeit und den Mut, die Zeichen der Zeit zu erkennen und frühzeitig auf den Markt zu reagieren – und das hieß, Auftritt und Image der Marke Jacobs zu erneuern. Es war eine kleine Revolution. Elemente eines ausgeprägten Corporate Designs, Werbung und massive Investitionen in den Vertrieb (hier vor allem der Jacobs-Frischdienst) hatte es zwar schon früher gegeben, aber vor allem die Präsentation der Marke war in die Jahre gekommen. Das Packungsdesign von 1933 zum Beispiel hatte sich bis ins Jahr 1954 gehalten, Aktualisierungen waren danach eher minimal. Eine solche Stetigkeit in der Markeninszenierung ist beachtenswert, doch schien sich die Welt seit den siebziger Jahren zunehmend schneller zu drehen, die Reize, die eine Marke über verschiedene Medien wie Werbung oder das Verpackungsdesign ausstrahlen kann, funkten immer kurzwelliger.

Am Beispiel Jacobs Kaffee kann man diese Dynamisierung der Markenwelten sehr genau ablesen, wobei dessen Besonderheit immer war, eine starke Kontinuität mit der Bereitschaft zur Modernisierung zu verbinden. Große Marken zeichnen sich genau durch diesen Balanceakt aus Geschichte, Beibehaltung zentraler Erkennungsmerkmale und notwendiger Erneuerung aus. Deren Symbolik besitzt Ausstrahlungskraft, gerade weil man auf Investitionen bisheriger Marketingaktivitäten und somit auf die Kraft jahrzehntelangen Dialogs aufbaut.

Von »Grün«, »Blau«, »Braun« zu neuen Markennamen

Überzeugend ist ein Produkt am Point of Sale, also dort, wo Konsumenten ihre Kaufentscheidungen treffen, jedoch nur, wenn es ansprechend verpackt ist und einen einprägsamen Namen trägt. In diesem Sinne hatte sich Mitte der sechziger Jahre das Verpackungsdesign der Jacobs-Sorten bereits grundlegend geändert. Die Bremer hatten sich für eine Überarbeitung der Produktpalette entschieden, weil die seit 30 Jahren vermarkteten Sorten »Grün«, »Blau« und »Braun« nicht mehr der Vorstellung von modernen Marken entsprachen und Jacobs in einer hochwertigeren Markenwelt ein größeres Potenzial sah. Die Verpackungen waren zwar weiterhin in edlem Gold gehalten und trugen ein markantes Farbfeld, das den Sorten bislang die Namen gegeben hatte, neu kamen allerdings die Bezeichnungen »Tradition«, »Privat«, »Edel-Mocca« und »Krönung« hinzu.[4] Wie oben beschrieben, wurde die Krönung zum Flaggschiff auserkoren und entsprechend als »erlesene Spitzenklasse« vermarktet.[5]

Einschneidend dafür war die erneute visuelle Überarbeitung im Jahr 1975, die die bis heute aktuelle Leitfarbe Grün prominent einsetzte. Mit ökologischem Bewusstsein und Nachhaltigkeit hatte diese Signalfarbe damals noch nichts zu tun – vielmehr ging es um die visuelle Differenzierung in einem Produktumfeld, in dem die Kaffeeverpackungen sämtlicher Anbieter zumeist braun oder golden daherkamen.

Bemerkenswert war die von 1975 bis 1989/90 währende Zusammenarbeit zwischen Jacobs mit dem Hamburger Peter Schmidt, dem bekanntesten Verpackungsdesigner in Deutschland.[6] Schmidt prägte das Erscheinungsbild der Marke,

1966

1970

1975

1993

Oben: Der neue Look der Krönung, 1970

Unten, v. l.: ab 1975; 1986–89; neu ab 1990 und mit rotem Hinweis auf leichtere Öffnung

Im Fernsehspot erklärt Karin Sommer 1974 ihrer Freundin, wie sie mit der Krönung den Familienfrieden wiederherstellen kann

Die Gastgeberin der Nation: Frau Sommer und die wunderbare Welt der Jacobs-Werbung

Nach der oben beschriebenen Werbewelt der fünfziger Jahre mit Jacobs' Sophie Engmann als großmütterlicher Garantin für Tradition, Vertrautheit und Sicherheit markierten die siebziger Jahre eine Zäsur: Es spazierten jüngere und aktivere Frauen auf die Werbebühnen der Kaffeemarke. Eine der wichtigsten Neuerungen war außerdem, dass die Werbung verschiedene Medien für sich nutzte. Neben Werbung und Aktionen in den Geschäften, Anzeigenschaltungen und Direktmarketingmaßnahmen traten nun auch die damals »neuen Medien« in den Blickpunkt. Jacobs produzierte Werbefilme fürs Kino und war – als einer der ersten Werbetreibenden – seit 1964 bei der Fernsehwerbung dabei.[7] Den Durchbruch zur Werbe-Ikone schaffte insbesondere die Krönung allerdings erst mit einer Dame, die schließlich in allen deutschen Fernsehwohnzimmern bekannt war: »Frau Sommer«.

die wie alle Röstkaffees von Jacobs nun in der Vakuumverpackung angeboten wurde: Die Jacobs-Krone gestaltete er verspielter und weniger abstrakt, das obere Drittel der Verpackung blieb weiter golden eingefärbt, der Jacobs-Schriftzug war zentral angeordnet, zwei unterschiedlich grüne Felder folgten. Diese Vierteilung und die dominante Farbigkeit blieben bis 1989/90 erhalten. Erst nach der Ära Schmidt wurde die bekannte gerade, horizontale Teilung der Verpackung aufgehoben. Grün blieb zwar auch danach weiter die Farbe der Krönung, Schriftbild und Aufteilung der Flächen wurden aber grundlegend überarbeitet: oben ein frisches Weiß mit goldenem Jacobs-Schriftzug, das untere grüne Feld trennte eine dynamisch-geschwungene Linie ab: der Aroma-Bogen. Einige Details kehrten auf die Verpackung zurück, so die kleine dampfende Kaffeetasse.

Eine Werbefigur als Star: Karin-Sommer-Autogrammkarte, 1982

Mit Frau Sommer kreierte Jacobs ab 1973 eine der bekanntesten Figuren der deutschen Werbegeschichte überhaupt und machte eine der erfolgreichsten Kampagnen, die jemals in Deutschland umgesetzt wurde. Zwölf Jahre hindurch war die adrette, sympathische, aber auch energische Karin Sommer Markenbotschafterin von Jacobs. Die inszenierte Figur wurde von Xenia Katzenstein gespielt, einem sehr erfolgreichen österreichischen Fotomodell. Die Werbefigur war keine übliche »Kaffeetante«, sondern in ihren Eigenschaften perfekt auf das Zielpublikum abgestimmt: Die 30-jährige Hausfrau Karin Sommer lebte mit zwei Kindern und ihrem Mann Peter in einem Eigenheim im Grünen. In immer wieder neuen Geschichten, erzählt in kurzen Werbespots, die flächendeckend gesendet wurden, rettete sie den Haussegen mit einer guten Tasse Kaffee, verwöhnte den Mann oder überraschte die Freundinnen beim Kaffeeklatsch. Frau Sommer gelang mit Jacobs Kaffee jede Familienfeier, und sie zeigte den Deutschen, worauf es beim Kaffee ankam. Glaubwürdig war Frau Sommer, weil sie ein ganz gewöhnliches Leben führte. Frei von jeglichen Allüren und mit der Ausstrahlung von Natürlichkeit und Ehrlichkeit versehen, fielen ihr die Sympathien zu. Sie war die perfekte Hausfrau, die die Sehnsüchte nach Harmonie bediente und ein Familienleben vorspielte, das Millionen begehrenswert fanden. Schon ein Vierteljahr nach Beginn der Kampagne kannten 25 Prozent aller deutschen Hausfrauen Karin Sommer, die Werbefigur, die täglich ihren TV-Kaffeegenuss zelebrierte.[8] Frau Sommer wurde zur absoluten Ikone, nur noch vergleichbar mit der Klementine, dem Bären von Bärenmarke oder dem Persil-Mann.

Mit Frau Sommer traf Jacobs den Zeitgeist und präsentierte wie kaum eine andere Marke ein Frauenleitbild, das eine große Projektionsfläche abgab.[9] Frau Sommer pries die besonderen Eigenschaften des Jacobs Kaffees, das große Aroma und dessen Qualität. Die zur Marke gehörenden Claims unterstützten das: »Jacobs … weil er das große Aroma hat«, hieß es schon in der Vor-»Sommerzeit« 1971. Danach hielt sich der Verweis auf das besondere Aroma von Jacobs Kaffee. Dabei griff das Unternehmen zu Wortneuschöpfungen wie »Aromaröstung« oder »Jacobs-Aroma«. Ab 1983 dann kam das »Verwöhn-Aroma«, ein Versprechen, das ab 1986 fester Bestandteil der Produktbezeichnung wurde: »Feiner Spitzenkaffee mit dem Verwöhn-Aroma … wunderbar« stand dann auf jeder Verpackung, genauso wie es auch die Werbung betonte.[10] Das »Verwöhn-Aroma« wird bis heute als Begriff in der Werbung eingesetzt und findet sich auf der aktuellen Verpackung der Jacobs Krönung wieder.[11]

Frau Sommer vor der Ostertafel, Anzeige um 1984

»Karin Sommer« und Xenia Katzenstein 2010 auf einer Vertriebskonferenz in Bremen

Frau Sommer hatte zu dieser Zeit bereits ausgedient; ihren letzten Auftritt bekam sie 1985. Nachwirkungen auf die Popkultur der Bundesrepublik hatte diese Werbe-Ikone von Jacobs danach immer noch: In den neunziger Jahren tauchte Frau Sommer als Figur in einem Comic auf.[12] Und noch heute werden die Anzeigen und Werbespots von Frau Sommer im Internet tausendfach aufgerufen.

Neue Vertriebswege: Jacobs Multiplan für Großabnehmer

Anfang der siebziger Jahre machte Jacobs nicht nur mit seiner massentauglichen Werbung auf sich aufmerksam. Das Marketing im Unternehmen neu zu denken hieß auch, die bisherigen Vertriebswege auf den Prüfstand zu bringen. 1971 setzte die Unternehmensleitung eine Arbeitsgruppe ein, die sich mit einer neuen gesellschaftlichen Entwicklung beschäftigen sollte: Die größere Mobilität der Bundesbürger, mehr Freizeit, auch die zunehmende Berufstätigkeit der Frauen, die nun – anders als Frau Sommer in der Werbung – nicht mehr selbstverständlich Haus und Küche hüteten, veränderten die Lebensgewohnheiten. Immer mehr Menschen aßen und tranken außer Haus. Studien gingen davon aus, dass bald die Hälfte aller Westdeutschen täglich eine Mahlzeit außer Haus zu sich nehmen würde; 25 Prozent aller Nahrungsmittelausgaben wendeten sie bereits 1973 für den Außer-Haus-Verzehr auf.[13] Gastronomie, Kantinen und Einrichtungen wie Wohnheime oder Krankenhäuser rückten als attraktive Märkte in den Blickpunkt – Jacobs musste darauf reagieren, schließlich stiegen im traditionellen Einzelhandel die Kundenzahlen nicht mehr, sondern sie fielen. Während bis in die sechziger Jahre noch vier Fünftel aller Abnehmer im klassischen Lebensmittelhandel zu finden waren, über den Jacobs seine Kaffees an den Endkonsumenten verkaufte, hatte sich die Situation zu Anfang der siebziger Jahre dramatisch geändert.[14] Wie auf die neuen Bedingungen am besten zu reagieren sei, war eine bedeutende Frage für die Firma – und die gut überlegte Antwort darauf lautete: der Jacobs Multiplan-System-Service für

Multiplan-Broschüre 1976

Multiplan-Fachberater beim Kundenbesuch. Neben der Auslieferung des Sortiments erhielten die Gastronomen auch Anleitungen zur Gerätebedienung und Empfehlungen bei der Zubereitung, 1975

Großkunden, vorgestellt erstmals 1973 als neuer Geschäftszweig, der ausschließlich für den Außer-Haus-Verzehr zuständig war.[15]

Jacobs baute unter dem Multiplan-Label ein komplett neues Sortiment auf: Heißgetränke (Kaffee, Tee und Trinkschokoladen), Spezialsorten in bedarfsgerechten Verpackungseinheiten, Service- und Zusatzartikel; dazu kam aber auch die Beratung für die richtige Technik. Es war allen Beteiligen klar, dass für diesen Bereich ein komplett neuer Außendienst aufgebaut werden musste. Und so fuhren schon bald die ersten Jacobs-Fachberater mit eigenen Multiplan-Fahrzeugen durch die Republik. Marketing für den Großkonsum musste schließlich ganz anders umgesetzt werden als für Endkunden. Frau Sommer überzeugte im Werbefernsehen, aber First-Class-Hotels oder Betriebskantinen brauchten andere Botschaften als die aus dem Sozialleben einer Familienmutter. Beworben wurde das Sortiment ausschließlich in der Fachpresse und auf Fachmessen.[16]

Das Sortiment bot Jacobs nicht einfach unter den eingeführten Konsumentenmarken an, sondern kreierte eine eigene Markenwelt für den Außer-Haus-Verzehr. Statt der Krönung gab es als Exklusivsorte den »Royal« in der 1,8-g-Portion oder als Großverpackung. Irish-Coffee-Mixes, Café Colombo oder Eistee Colombo hießen Spezialitäten für die Großkunden, zu denen später weitere Flüssigkonzentrate für Kaffeemixgetränke wie der Café Orange Mix kamen. Ein eigenes Werk in Seevetal bei Hamburg produzierte diese Produkte.[17]

Multiplan war schon nach kurzer Zeit eine absolute Erfolgsstory. Als 1976 die erste überregionale Verkaufskonferenz von Jacobs Multiplan in Frankfurt stattfand, feierte man diesen Erfolg. Nach einer rasanten Entwicklungs- und Einführungsphase hatte man sich schnell einen festen Platz im Markt erkämpft. Das Image der Endkonsumentenprodukte, für die Jacobs bisher gestanden hatte, konnte problemlos übertragen werden.

Umfragen ergaben, dass auch Multiplan von den Großabnehmern für höchste Qualität und Service stand.[18] Schon im ersten Jahr seines Bestehens machte Multiplan 20 Millionen D-Mark Umsatz, im darauffolgenden Jahr, 1974, glatt das Doppelte.[19] Zehn Jahre später war Jacobs Multiplan der Kaffeeanbieter Nummer eins im Markt, der nach der Übernahme von Suchard durch Jacobs auch ein breites Trinkschokoladenangebot im Sortiment hatte und seine Stellung bei Großabnehmern damit festigte.[20]

Das Sortiment auf einer Jacobs-Broschüre, 1990

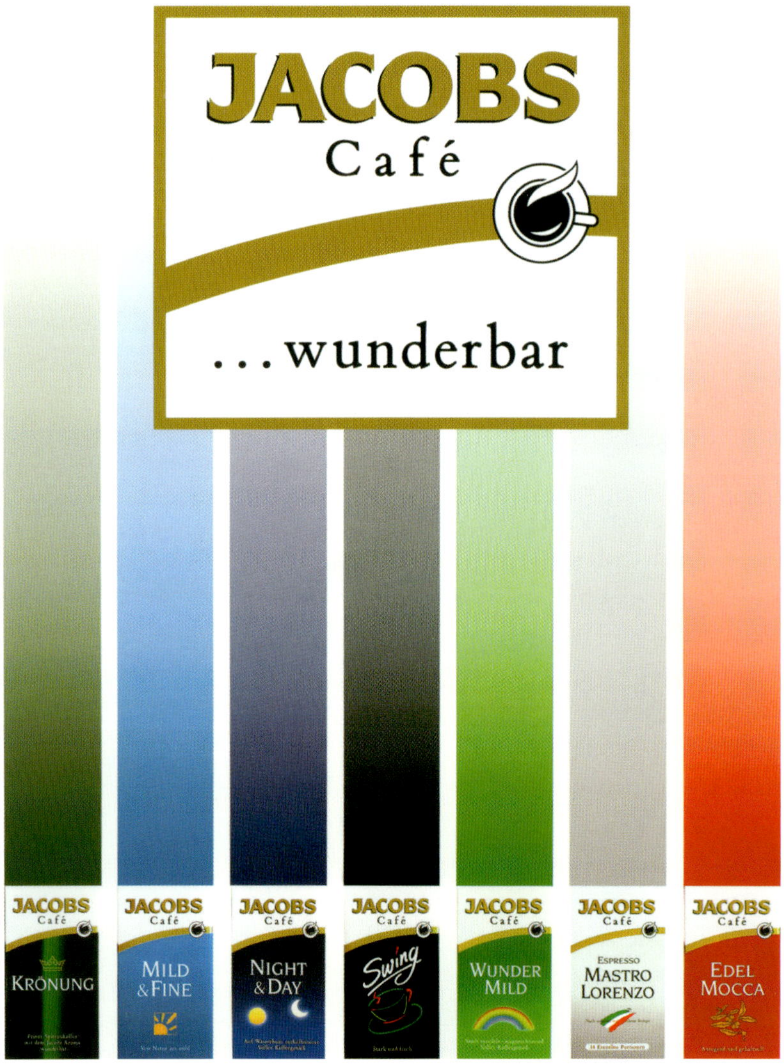

Aus Jacobs Kaffee wird Jacobs Café

Im Herbst 1989 leitete Jacobs eine neue Ära bei seinem Markenauftritt ein, was nicht zuletzt auch mit der vorhergegangenen Internationalisierung des Unternehmens zu tun hatte. Die Verpackungen im Endkundenmarkt zeigten sich moderner und frischer. Aus »Jacobs Kaffee« war darauf nun »Jacobs Café« geworden, was zugleich der stärkeren internationalen Ausrichtung entsprach. Mit dieser Schreibweise traten von nun an alle Marken auf, das Erscheinungsbild wurde damit europaweit einheitlich gestaltet. Die Krönung erhielt das allgemein verständliche Prädikat »No. 1«, auch Sorten wie »Night & Day«, der Entkoffeinierte von Jacobs, war bereits für den internationalen Einsatz geeignet, auch wenn diese Positionierung schon einige Jahre später wieder aufgegeben wurde und das internationale »Café« wieder verschwand. Aber erstmals wurden 1989 auch ökologische Aspekte bei der Markeninszenierung berücksichtigt, wenn auch nicht offensiv herausgestellt: Die Verpackungsmaterialien wurden sparsamer eingesetzt, das Kartonmaterial um 40 Prozent reduziert, der Aluminiumanteil konnte sehr stark verringert werden, auf PVC und optische Aufheller wurde verzichtet – auch hierin zeigte sich der Zeitgeist, den Jacobs immer wieder neu interpretierte.[21]

Wie sich die Lebensstile weiter differenzierten, so veränderten sich in den neunziger Jahren auch die Werbewelten von Jacobs. Frau Sommer hatte schon länger zu wenig Identifikationsfläche für jüngere weibliche Zielgruppen und für Männer geboten. Nicht, dass die grundsätzlichen Werte, die diese Werbefigur repräsentiert hatte, überflüssig geworden wären. Gemeinschaft, Geselligkeit und Familie blieben weiter hoch im Kurs – bis heute. Aber diese Werte lebten die Konsumenten am Ende des 20. Jahrhunderts zunehmend anders. Mit einer Werbefigur wie Frau Sommer konnte man nicht mehr die ganze – ab 1990 nunmehr gesamtdeutsche – Nation erreichen. Folgerichtig kamen nach Frau Sommer ganz unterschiedliche Werbefiguren zum Einsatz, und meist wurden gesellige Kaffeerunden inszeniert.[22] Was soziologisch als Individualisierung und hedonistische Lebenseinstellung bezeichnet wird, sorgte auch bei der Jacobs-Werbung für neue Ansätze, denen umfangreiche Marktforschungen vorausgegangen waren – auch das seit den sechziger Jahren ein Novum. Moderne Marken sind nicht mehr einfach irgendwie die funktionierenden Ergebnisse guter oder selbst genialer Einfälle kreativer Köpfe.[23] Mit wissenschaftlichen Methoden, Befragungen und Tests rückte man also der Frage zu Leibe, wie die Jacobs-Werbung aussehen sollte.

Claudia Schiffer auf der Pressekonferenz zur Einführung der neuen Krönungskampagne mit Jacobs-Unternehmenssprecher Rolf Sauerbier …

Neue Marketingansätze ab den neunziger Jahren

Ein Ergebnis der Neuausrichtung war unter anderem der Einsatz bekannter Testimonials wie Claudia Schiffer (2001), die Gastauftritte in der neuen Werbewelt von Jacobs hatte und einen ganz neuen Frauentyp verkörperte.

Mit dem deutschen Topmodel verbanden sich große Hoffnungen bei Jacobs. Mit ihr inszenierten die Jacobs-Werber den Spitzenkaffee des Hauses geradezu als verführerisches Lifestyleprodukt. In Anzeigen und Spots tupfte sich das Model mit der Fingerspitze ein paar Tropfen Kaffee hinters Ohr und schloss genüsslich die Augen. Mit der Kampagne war Jacobs bei einem stattlichen Werbebudget von 60 Millionen D-Mark angekommen, 80 Prozent davon waren für die Krönung vorgesehen.[24] Zuletzt engagierte man für die Jacobs-Werbung zum Beispiel den Schauspieler Sky Dumont oder 2009 die Chansonette Annett Louisan, die mit dem Song »Lass uns reden« ein passendes Jacobs-Motiv umgesetzt hat.

Aber: Neben den Glamour-Highlights blieben als Konstante immer noch die harmonische Geselligkeit durch das Kaffeetrinken und der besondere Genuss durch Jacobs Kaffee als stärkstes Werbemotiv erhalten. Geselligkeit als werblich inszeniertes Motiv hieß seit den neunziger Jahren nicht mehr, die festlich gedeckte Kaffeetafel und die harmonische Großfamilienfeier darzustellen – das entsprach schließlich immer weniger der

… und vor der überdimensionalen Packung beim abschließenden Posieren für die Fotografen, Bonn 2000

Realität der Deutschen. »Für mich ist das Beste gerade gut genug«, verkündete eine selbstbewusste Yuppie-Frau in den Neunzigern und trank in TV-Spots ihren Jacobs Kaffee.

Schon 1998 setzte die acht Jahre zuvor eingeführte, teil-entkoffeinierte »Krönung light« in neuen Werbekampagnen nicht nur auf die Zielgruppe junger, moderner Frauen, die – anders als die Hausfrau Frau Sommer – nun als joggende Rechtsanwältinnen daherkamen und sich zwischendurch eine gute Tasse Kaffee gönnten, bei »vollem Aroma, aber nur halb so viel Koffein«.

Die »Kinder« von Frau Sommer waren dann erstmals auch individualistische, kreative, aktive Männer, die sich selbst verwirklichten – ein Ausdruck des gesellschaftlichen Rollenwandels. Aktive, kreative Männer finden sich besonders in der Gay-Community, wie Marktforschungen ergeben hatten. Jacobs sprang darauf an und wurde zum Vorreiter im Dialog mit der homosexuellen Szene (»Typisch Kaffeetante: Immer Zeit für Krönung light«).

In größerem Ausmaß trat Jacobs seit 1998 auch mit Sponsoring-Aktivitäten als neuem Kommunikationsinstrument auf, so bei dem schwul-lesbischen Teddy-Award, der im Rahmen der Berlinale vergeben wird.[25] Die Krönung-light-Werbefigur Mike verselbstständigte sich dabei rasch zur Kultfigur in der schwulen Szene. Mike war zwar bei Weitem nicht so populär wie Frau Sommer und auf eine sehr begrenzte Zielgruppe zugeschnitten, aber als Fallbeispiel zeigt diese Kampagne, wie sehr sich Produktpolitik und Werbung an den gesellschaftlichen Großtrend der Diversifizierung von Lebensstilen anpassten.

Krönung light-Anzeigen aus der »Kaffeetanten«-Kampagne, 1997 und 2000

Diversifizierung der Marketinginstrumente

Mit dem Crossmedia-Projekt »Das bin ich« startete Jacobs für die Marke Krönung light 2002 die erste große integrierte Werbekampagne und folgte damit einem bedeutsamen Trend im Marketing: Im 2009 eingestellten Boulevard-TV-Magazin »s.a.m« auf ProSieben gab der Psycho-Physiognomiker Dirk Schneemann sein Wissen über die Zusammenhänge von Aussehen und Charakter zum Besten. Das Format war von Krönung light gesponsort und spielte eine zentrale Rolle in der Kampagne, die in TV-Spots und Anzeigen auf das Internet-Portal www.das-bin-ich.de als Klammer verwies. Auf dem Portal konnten Interessenten mehr über ihren Charakter, ihre Talente und Neigungen erfahren. TV-Spots und Sponsoring brachten Reichweiten und führten Konsumenten zum Internet, wo Markenwelt und persönliches Engagement der Kunden stattfanden. Die für ein Jahr geplante Kampagne war eine die klassischen Marketingmaßnahmen ergänzende »below the line«-Aktion, mit der Jacobs erstmals massiv in die Kommunikation über das Internet investierte und die direkte Interaktion mit den Kunden suchte.[26] Dialogorientierung entwickelte sich immer stärker zu einer der bedeutenden Leitideen im Marketing. Dazu zählte nicht nur die virtuelle Interaktion im Web, ein Trend, der durch das Web 2.0 und die sozialen Medien nachhaltig bestärkt worden ist. Dialog wird eng verknüpft mit Event-Kommunikation: Verlosungsaktionen und Gewinnspiele gehören schon lange zur Werbung bei Jacobs. 1963 gab es erste Erfahrungen mit derartigen Promotions, die dann alle paar Jahre wiederholt worden sind. Seit der zweiten Hälfte der siebziger Jahre jedoch entwickelten sich Promotions zunehmend zum Standardrepertoire. 1992 stellte allein mit zehn Aktionen den Höhepunkt dar. Von Diamantcolliers über Golf Cabrios bis hin zum Traumhaus im Wert von 500.000 D-Mark gab es fast jeden Monat etwas zu gewinnen.

Anzeigenmotiv aus der »Traumhaus-Promotion«, 1992

Seit der Jahrtausendwende wurden die Inhalte der Aktionen stark weiterentwickelt. Nicht mehr nur Verlosungsaktionen, bei denen Konsumenten Teilnahmekarten nach Bremen schickten, fanden statt. Jacobs ging »on the road«: Maßstäbe setzte eine aufwendige Truck Roadshow, mit der Jacobs zum Beispiel 2005 den »Aufstehmeister« in Deutschland suchte und mit einer witzigen Bühnenshow vor allem in den neuen Bundesländern für die neu eingeführte Marke »Meisterröstung« warb, bei der auf Zeit möglichst viele Morgentätigkeiten von Kandidaten durchgeführt werden mussten.[27]

Anzeigenmotiv für die »Night & Day Erlebnistour«, 1992

Diversifizierung auch in der Produktpolitik: Von der Monokultur zum Mehrproduktanbieter

Die Diversifizierung war nicht nur ein gesellschaftliches Phänomen, es wurde auch eine Leitidee für das Marketing. Die Beziehungen zu den Kunden können schließlich nur erfolgreich gestaltet werden, wenn Marketing den Konsum- und Kommunikationsgewohnheiten der Menschen entgegenkommt. Bei Jacobs war dieser Trend auch in der Ausbreitung des Kaffeesortiments seit den siebziger Jahren zu erkennen. Parallel zur Ausdifferenzierung der Werbeansätze kamen neben der Hauptproduktlinie, der Krönung, weitere für unterschiedliche Bedürfnisse auf den Markt. Neben den Filterkaffees hatten vor allem Löskaffees eine Zeit lang einen wahren Wachstumsschub bei den Röstern erzeugt. In den siebziger Jahren gehörten Löskaffees selbstverständlich zum Angebot, wie der Moccapress, der 1957 von Jacobs eingeführt worden war, 1971 kam Cronat, der gefriergetrocknete Bohnenkaffeeextrakt, dazu, der bis heute im Sortiment zu finden ist.[28]

Die Palette der Löskaffees wurde im Laufe der Jahre maßgeblich erweitert: 1988 gab es den koffeinfreien Night & Day als Instantkaffee, ab 1993 auch die Krönung.

Kaffeespezialitäten ergänzten das Angebot immer wieder, teils auch nur als limitierte Saison- und Aktionsware.[29] 1987 gab es zum Beispiel den Jacobs Coffee Cocktail oder, bis Anfang der neunziger Jahre als Fertiggetränk in der Flasche, den Swing Ice Cappuccino.

Den Konsumenten bot man immer wieder neue Überraschungen, wie 2003 die Jacobs Cappuccino Specials Daim, einen Löskaffee mit Daimstückchen zum Aufgießen.[30] Als Fertiggetränk aus dem Kühlregal versprach wenig später der Jacobs Icepresso, »voll zu kicken«.

Generell gab es seit den siebziger Jahren eine Tendenz hin zu milderen Kaffees. 1987 kam »Jacobs mild & fein« auf den Markt, der als magenschonender »Wundermild« und heute als »Milea« fortgeführt wird, ein Kaffee mit mildem Geschmack aus besten Bohnen bei sanfter Röstung.[31] Die Light-Welle brachte weiteren Zuwachs in der Produktfamilie: Der entkoffeinierte »Nacht & Tag« ging 1983[32] ins Rennen, 1988 wurde daraus »Night & Day«,[33] 1990 kam die Krönung light,[34] später, 2003, die Jacobs Krönung Balance, eine Mischung aus koffeinhaltigen und koffeinfreien Spitzensorten.[35]

Andere Sorten sind ebenfalls auf bestimmte Konsumententypen zugeschnitten. Das genaue Gegenstück zu den leichten und entkoffeinierten Kaffees war 1975 die Einführung von »Jacobs Monarch« im bundesdeutschen Markt.[36] Der würzige Spitzenkaffee im oberen Preisbereich kam als Pendant zur feineren »Krönung« in die Regale und wurde später zur kräftigen »Meisterröstung«.

Ein ganz anderes Publikum versuchte dagegen »Jacobs Junior« 1975 anzusprechen, ein kaffeehaltiges Sofortgetränk für Jugendliche, das über

Swing, der freche Kaffee von Jacobs, Anzeige 1988/89

die Testphase jedoch nicht hinauskam – im Gegensatz zu »Swing«, 1987 eingeführt, sollte er junge Erwachsene ansprechen, hielt sich jedoch nicht lange am Markt.[37]

Oberhalb der Krönung ein Label anzusiedeln galt immer wieder als besondere Herausforderung. Mit der Jacobs-Ernterarität »Tesoro de Meseta« gab es 1976 einen ersten Versuch. 1986 brachte Jacobs unter dem Namen des Unternehmensgründers die »Johann Jacobs Selected Coffees« heraus.

Die Sortenbezeichnungen dieser Premium-Kaffee-Linie waren teils bei den ausländischen Schwestergesellschaften von Jacobs entlehnt: Monarch, Carnaval do Rio, Carte Noire, Monte Maro und Espresso Maestro Lorenzo.[38] Gerade im Premium-Segment tat sich Jacobs jedoch schwer. Unter dem Namen »Jacobs Kaffee Welten« wurden 1998 erneut sortenreine Spitzenkaffees aus ausgewählten Anbaugebieten verkauft. »Jacobs Kaffee Welten« gab es in vier verschiedenen Geschmacksrichtungen à 250 Gramm – von sanft über mild bis kräftig und rassig. Die Packung sah wie ein Jutesack aus und passte zu der Vorstellung von einem natürlichen, ursprünglichen Geschmack.

Mit der »Jacobs Sinnfonie«, einem Gourmet Premium Filterkaffee, versuchten die Bremer 2007 noch einmal, oberhalb des Krönungs-Segments eine neue Marke mit den besten Kaffeebohnen in eleganter weißer Verpackung und Goldprägung zu positionieren.[39] Aber auch die »Jacobs Sinnfonie« ist mittlerweile wieder vom Markt verschwunden.

Kaffee, eisgekühlt und direkt aus der Dose zu genießen, Anzeige, 2002

Kaffee auf Knopfdruck mit ganzen Bohnen, Pads und Tassimo

Das Zubereiten von Kaffee war seit den siebziger Jahren auch bei Jacobs Thema für neue Produkte und Marktfelder. 1972 führten die Bremer den »Filtermeister« ein, eine Kaffeemaschine für gemahlenen Kaffee, die sich gleich im ersten Jahr 75.000 Mal verkaufte.[40] Die Verbindung mit einem Elektrogerätehersteller und der Vertrieb eigener Kaffeemaschinen sollten kein Einzelfall bleiben.

Starke Impulse setzte seit Ende der neunziger Jahre auch der neu entstehende Markt für Kaffeepadmaschinen, was Ende 2003 zur Kooperation mit dem Kaffeepadautomatenhersteller petra-electric führte.[41] Die neuen Geräte sind im Vergleich zum »Filtermeister« der siebziger Jahre regelrechte Hightech-Maschinen.[42]

Pads erobern den Markt, Jacobs wirbt für seine »Crema«, 2004

»Kaffee auf Knopfdruck« entwickelte sich schließlich zum absoluten Wachstumsmarkt, der Kaffeeverband ging um die Jahrtausendwende von einem jährlichen Wachstum von 30 Prozent in diesem Bereich aus, was auch die Kaffeesparte von Kraft General Foods auf den Plan rief, den Lebensmittelmulti, zu dem Jacobs seit 1990 gehörte.[43]

Pads und dazu passende Maschinen, aber auch Kaffeeautomaten mit eigenem Mahlwerk für ganze Bohnen machten den einen Teil dieses neuen Trends des »Kaffee auf Knopfdruck« aus. Der nächste große Schritt bei Jacobs war jedoch ein komplett neues System zur Kaffeezubereitung. In Bremen brachte man in Zusammenarbeit mit der Firma Braun 2004/05 unter dem Namen Tassimo einen selbst entwickelten Kaffeeautomaten und ein großes Sortiment von »T Discs« auf den Markt. Dieses System ging weit über bisherige Arten der Kaffeezubereitung hinaus. Die Bremer waren nicht die Ersten auf dem »Kaffee auf Knopfdruck«-Markt, ein Wettbewerber bot bereits seit Ende der achtziger Jahre ein System mit Portionsbehältern und passenden Kaffeeautomaten an. Aber mit Tassimo konnten nun auch die Jacobs-Kunden bequem und sekundenschnell »eine perfekte Tasse zubereiten«, wie es in der begleitenden Einführungskampagne für Tassimo hieß.

Werbebroschüre für die Jacobs-Filtermeister-Kaffeemaschine, 1972

Dieser Art des Kaffeezubereitens war im Unternehmen eine fast zehn Jahre lange Entwicklungsphase und viel Ingenieursleistung vorausgegangen: Jede patentierte »T Disc« ist eine Brühkammer und ermöglicht eine individuelle Zubereitung für die unterschiedlichen Kaffee- und Getränkearten. Es wurden verschiedene Arten von T Discs entwickelt, um Kaffee, Espresso, Caffè Crema, Milchschaum, heiße Schokolade oder Tee schmackhaft in die Tasse zu bringen. Das Besondere an diesem System ist, dass anhand eines Strichcodes jede T Disc genau erkannt und der Brühvorgang, Temperatur, Wassermenge, Flüssigkeitsgeschwindigkeit, Luft- oder Dampfzuführung automatisch richtig eingestellt werden. Das Tassimo-System bietet die breite Palette von Kaffee- und Teeprodukten und Milchmixgetränken, die mittlerweile unter dem Dach von Kraft Foods existieren. Begleitet von viel Werbung, Cashback-Aktionen und Verkostungen hat sich Tassimo – obwohl spät gestartet – im Feld der geschlossenen Heißgetränkesysteme mittlerweile zu einem der Marktführer entwickelt.[44]

Anzeige zur Einführung von Tassimo, 2004/05

Das Geschäft mit den Großkunden: »Jacobs Goldene Tasse«

In den neunziger Jahren kam es zu neuen Entwicklungen im Großkundenbereich, der heute im Fachjargon als Away-from-home-Bereich (AFH) bezeichnet wird. Sie geschahen vor dem Hintergrund unternehmensstrategischer Veränderungen: Jacobs war 1990 von Philip Morris übernommen worden und 1993 in der Lebensmitteltochter Kraft aufgegangen. Dieser Mega-Merger in der Lebensmittelbranche hatte auch Auswirkung auf den Großkundenbereich. Bereits seit September 1991 war die »Goldene Tasse Vertriebs GmbH«, der Großkundenbereich von Kraft General Foods Europe, mit der »Jacobs Suchard Multiplan GmbH« zur »Jacobs Goldene Tasse« vereinigt worden, die wiederum heute als Jacobs Professional auftritt und eine eigene Markenwelt präsentiert, die ganz auf die Bedürfnisse der Großverbraucher abgestimmt ist.[45]

Die Marke Jacobs heute

Jacobs ist nach wie vor einer der führenden Kaffeeanbieter in Deutschland und in anderen europäischen Ländern, was Ergebnis der behutsamen Weiterentwicklung der Kernmarken und der Produktdiversifizierung ist. Verpackungen als »stille Verkäufer«, klassische Werbung, integrierte Kam-

Von der Goldenen Tasse zu Jacobs Professional

Jacobs Krönung mit »Treuekronen« in der neuen, 2009 eingeführten Packung

pagnen unter Einbindung des Internet wurden in den letzten Jahren immer wieder dem Geschmack der Zeit angepasst. Diese Markenliftings sind Ausdruck kürzerer Marktzyklen, des stärkeren Wettbewerbs und aufmerksamkeitsökonomischer Überlegungen. Letzteres bedeutet, dass die Konsumenten zunehmend mit neuen visuellen Reizen konfrontiert werden, um ihre Aufmerksamkeit im großen Konzert der Marketingaktivitäten des Wettbewerbs nicht zu verlieren, und es deshalb heute komplexerer Ansätze bedarf als noch in den vergangenen Jahrzehnten. Die Markeninszenierung von Jacobs reagierte darauf und nutzte sämtliches Optimierungspotenzial aus, ohne dabei den Kern der Dachmarke »Jacobs« und der »Krönung« zu vernachlässigen.

Seit 2009 kommt die Krönung als der »beliebte Klassiker mit dem Verwöhnaroma« in einer neuen Verpackung daher, die vollständig grün abgestimmt ist und damit den bei den Konsumenten seit über 30 Jahren bekannten Farbcode einsetzt. Als zentrale Elemente erscheinen ein typografisch modernisierter Jacobs-Schriftzug, eine nunmehr wieder stark stilisierte Krone und die Markenbezeichnung »Krönung«. Waren die Jacobs-Verpackungen über Jahrzehnte immer sehr grafisch gehalten, teils streng in der Abgrenzung von Farben und Flächen, ist die heutige Verpackung wesentlich emotionaler aufgebaut, weniger abstrakt, in der Anmutung anschaulich-konkret und bildlich: Zwei duftende Tassen Kaffee als fotografische Elemente dominieren die Vorderseite und verdeutlichen das Produktversprechen, das Verwöhnaroma, das mit dem Claim »Bester Spitzenkaffee mit dem Verwöhnaroma« unterstrichen wird. Emotionale Rückseitentexte ergänzen den aktuellen Auftritt. Zudem ist die Verpackung stärker als zuvor das Medium geworden, über das auf weitere Aktionen aufmerksam gemacht wird[46] – eine Reaktion darauf, dass Kaufentscheidungen immer häufiger spontan getroffen werden. Der Typ Konsument, der aus reiner Treue ein ganzes Leben lang nur Jacobs Krönung kauft, ist immer seltener geworden. Regelmäßig werden mit den sogenannten On-Pack-Promotions den Kunden im Geschäft weitere Verkaufsargumente geliefert: Das sind Treue- und Sammelpunkteaktionen, in der Jacobs-Werbesprache als »Kronen« bezeichnet. Beispiele für solche Aktionen gibt es viele, das Konzept ist immer ähnlich. Eine große Krönung-Treue-Promotion fand im Jahr 2003 statt: Beim Einkauf konnten Kunden Punkte für Kaffeebecher des Gläserherstellers Ritzenhoff sammeln. Neben Printanzeigen und Aktivitäten am Point of Sale wurden für die Aktion eigene TV-Spots produziert.[47]

Und auch bei der Verpackung selbst legte das Unternehmen neue Maßstäbe an: Jacobs Krönung ist der erste Filterkaffee mit Wiederverschluss-

Aktuelle Krönung mit Hinweis auf die Ritzenhoff-Treueprämien, 2011

Etikett. Die Verpackung kann ohne Schere mit einem praktischen Aufreißband geöffnet werden: Beachtenswerte Produktinnovationen zeigen sich gerade in kleinsten Details.

Die Krönung gehört heute weiterhin zu den beliebtesten Filterkaffees der Deutschen, auch wenn der Marktanteil von bis zu einem Viertel wie in den siebziger bis neunziger Jahren nicht mehr erreicht werden kann. Die Wettbewerbssituation ist heute eine andere, und die Kunden sind mittlerweile an ein Angebot mit vielen verschiedenen Einzelprodukten einer Marke gewöhnt.[48] Kraft Foods hat mit dem neuen Design der Hauptproduktlinie das Jacobs-Krönung-Markenportfolio deshalb auf weitere Segmente für unterschiedliche Zielgruppen ausgeweitet, was Ausdruck der Stärke und Attraktivität der Krönung ist – und gewissermaßen eine Rückbesinnung darstellt. Die Krönung gibt es nunmehr im einheitlichen Design für sämtliche Zubereitungsarten und Geschmäcker. Neben dem Filterkaffee als Klassiker spielen »Kaffee auf Knopfdruck«-Angebote eine große Rolle. Bei den Kaffeepads sind weitere Varianten hinzugekommen. Eine Innovation für die Padmaschine stellt der Jacobs Krönung Latte Macchiato mit drei Schichten und Milchschaum dar. Die Krönung gibt es außerdem auch als ganze Bohne. Das Krönung-Löskaffeesegment mit den Sorten Gold und Balance wurde um die Sorte Caffè Crema verstärkt, damit die »Krönungs-Familie« so vielen Geschmäckern wie möglich etwas zu bieten hat.[49]

Neue Tendenzen in der Jacobs-Werbung

Mit der »Initiative für das gute Gespräch« läutete Jacobs Krönung 2008 nach Angaben des Unternehmens »ein neues Zeitalter für die Kommunikation der Marke mit dem Verbraucher« ein.[50]

Kaffeebecher aus der Jacobs-Serie von Ritzenhoff

Eine speziell von Jacobs Krönung in Auftrag gegebene Studie hatte ermittelt: Den Deutschen werden persönliche Gespräche immer wichtiger. Für die Markenverantwortlichen war das der Aufhänger für eine erfolgreiche integrierte Initiative, die das »gute Gespräch« in den Kontext des Trinkens einer »guten Tasse Kaffee« stellte, schließlich ist der Satz »Lass uns mal wieder einen Kaffee trinken gehen« quasi zum Synonym für »Lass uns mal wieder treffen und reden« geworden. Nach wie vor steht damit das Kaffeetrinken für Geselligkeit und kommunikativen Austausch, ein altes Jacobs-Motiv aus der Werbung. Die Initiative wurde in einer komplexen 360-Grad-Promotion vermarktet. Es wurde eine nationale Printkampagne in reichweitenstarken Zeitschriften wie »Bild der Frau« und »Bunte« gestartet, in denen Kraft Foods die Initiative vorstellte. Dazu kamen die Herausgabe des Magazins »Das gute Gespräch«, und eine Roadshow, die »Sofatour«, ergänzte das Konzept, zu dem auch eine Internetseite, das »Webcafé« mit kombiniertem Facebook-Auftritt und TV-Werbespots gehörten. Somit ging man weit darüber hinaus, eine Marketingkampagne in den herkömmlichen Kategorien von Anzeigenschaltung und TV-Spots zu denken.

Ziel der Kampagne war die stete Interaktion und der Dialog mit den Konsumenten, mit denen man online, aber eben auch »on the road« zusammenkam. Im Sommer wurden grüne »Jacobs Krönung-Sofas« in verschiedenen Städten aufgestellt. Die Zielgruppe hatte die Möglichkeit, sich dort zu Gesprächen zu treffen – natürlich bei einer kostenlosen Tasse Kaffee. Alle Instrumente dieser integrierten Kampagne verwiesen auf die Krönung-Internetseite (Krönung Web-Café), auf der der direkte Dialog mit Kunden stattfinden konnte. Derartige integrierte »360-Grad-Kampagnen«, die über alle Kommunikationskanäle ausgerollt werden und Werbung, Point-of-Sale-Aktivität, Event, Dialog und PR verbinden, gab es für Jacobs-Marken erstmals seit 2002. Seit der Aktion 2008 sind sie zum selbstverständlichen Ansatz in der Werbung geworden, und zwei Jahre später begann der Auftritt der Krönung im Social Web mit der Integration einer Facebook-Präsenz in die Kommunikationsmaßnahmen.[51] 2010 startete Kraft Foods für die Marke Jacobs Krönung außerdem eine neue TV- und Onlinekampagne, um für das verbesserte Aroma zu werben.

Die »360-Grad-Kampagnen« sind nicht einfach nur eine Addition unterschiedlicher Maßnahmen,

Seit 2009 unterwegs: die XXL-Version des grünen Sofas auf Tourstation in Leipzig …

... bietet wie immer viel Gelegenheit für »gute Gespräche«

die zu einer Kampagne zusammengebunden werden. Sie stellen tatsächlich auch einen Paradigmenwechsel im Marketing dar. Marketing war bislang vielfach mit der Idee verbunden, die Kommunikation vom Produzenten zum Konsumenten ohne Feedback-Möglichkeiten zu gestalten. Um den Kontrast deutlich zu machen: In frühen Anzeigen um 1900 etwa wurde bei manchem Unternehmen dem Kunden unmissverständlich gemacht, was er zu kaufen habe. Das war auch Ausdruck der herrschenden Mentalität zur Zeit des Kaiserreichs. Das ist lange her. Kommunikation am Markt muss heute anders funktionieren. Dialogische Ansätze, die berücksichtigen, dass der mündige Kunde kritischer geworden ist, sich informiert und ernst genommen werden möchte, haben sich ausgeprägt und mit dem Internet sehr verstärkt. Die Eindimensionalität des Marketings – das Kommunizieren vom Unternehmen mit den Konsumenten ohne Interaktion – gehört damit endgültig der Vergangenheit an. Insgesamt sind damit auch die Ansprüche an Unternehmen und Produkte gestiegen. Viele Konsumenten wissen, wie sie Werbung zu decodieren haben. Sie lassen sich davon vielleicht inspirieren, aber sehen genau hin, was in einem Produkt steckt und wie es produziert worden ist. So werden heute bei Kraft Foods auch Themen wie nachhaltige Bewirtschaftung oder fairer Handel in die Kommunikation mit den Konsumenten integriert.

Image als Frage der Wirtschaftsphilosophie

Für ein modernes Unternehmen wie Kraft Foods ist das Thema und gesellschaftspolitische Schlagwort der »Nachhaltigkeit« in den letzten Jahren besonders wichtig geworden. Zum erfolgreichen Wirtschaften – und Kommunizieren mit den Konsumenten – gehört deshalb heute ein Konzept, das sowohl ökologischen wie sozialen Überlegungen Rechnung trägt. Seit 2003 arbeitet Kraft Foods zum Beispiel mit der Rainforest Alliance zusammen, einer internationalen Umweltschutzorganisation mit Sitz in New York und zahlreichen

Auf zertifizierten Farmen lässt Rainforest Alliance regelmäßig Kontrollen durchführen, wie hier in Vietnam …

Niederlassungen auf der ganzen Welt. Das Rainforest Alliance Certified™-Siegel mit dem grünen Frosch steht hier für einen umweltverträglichen Kaffeeanbau, verbunden mit sozialer Gerechtigkeit und besserem wirtschaftlichen Auskommen für die Kaffeefarmer und Arbeiter. Was für die Farmer die Erfüllung von 100 anspruchsvollen Nachhaltigkeitskriterien bedeutet, ist für alle, die den Kaffee genießen, zunächst ein köstliches Geschmackserlebnis. Für alle wird daraus ein Bekenntnis zu mehr Engagement für den Erhalt der Lebensbedingungen von Mensch und Natur in den tropischen Anbauregionen.[52]

Im Jahr 2003 erhielt die Sorte Jacobs El Condor Organico als erste ein Bio-Siegel. Seit 2007 trägt Jacobs Milea das Rainforest Alliance Certified™-Siegel – und erhielt dafür 2008 eine Auszeichnung der Lebensmittelbranche. Durch die Zertifizierung seiner Marken gelingt es Kraft Foods, seinen Anteil am Anbau nachhaltig produzierten Kaffees kontinuierlich zu steigern. Kaufte das Unternehmen im Jahr 2005 gerade 6700 Tonnen Kaffee aus nachhaltigem Anbau ein, so waren es 2007 rund 20.000 Tonnen und 2010 bereits 50.000 Tonnen. Vor allem mit seinem Rainforest-Alliance-gesiegelten Kaffee »Jacobs Nachhaltige Entwicklung« hat Jacobs Professional eine starke Sorte für die Gastronomie in sein Sortiment aufgenommen, mit der unter anderem sämtliche McDonald's- und McCafé-Filialen in Deutschland beliefert werden.

… wo die roten Kaffeekirschen vielfach noch von Hand gepflückt werden, 2011

Kaffeesäcke, bereit für den Export aus Südamerika und zur Verarbeitung zu »Jacobs Nachhaltige Entwicklung«

Allerdings ist der Markt für zertifizierten Kaffee in Deutschland noch stark ausbaufähig. Zwar ist der Genuss von nachhaltig produziertem Kaffee in der Gastronomie angekommen, aber im Einzelhandel wächst er bisher nur langsam. So lag der Anteil zertifizierter Kaffees 2010 lediglich bei etwa drei Prozent des Endkundenmarktes[53], wohingegen in den Niederlanden fast die Hälfte des konsumierten Kaffees nachhaltig produziert wurde.[54] Konsumenten in den Supermärkten sind heute noch nicht bereit, die mit dem nachhaltigen Anbau verbundenen höheren Kosten zu tragen, und vielen Kritikern geht die Entwicklung nicht schnell genug. Aber das Unternehmen Kraft Foods sieht sich in besonderer Verantwortung, das Angebot an zertifiziertem Kaffee weiterhin gezielt voranzutreiben. Daher versucht das Unternehmen, dem zunehmenden Bewusstsein der Verbraucher für ökologische und unter sozialen Gesichtspunkten hergestellte Produkte Rechnung zu tragen, und hat sich zum Ziel gesetzt, bis 2015 seine sämtlichen europäischen Kaffeemarken aus 100 Prozent nachhaltigem Anbau herzustellen. Kraft Foods ist damit eines der ersten Unternehmen der Lebensmittelbranche, die sich zu diesem Schritt entschlossen haben. Darüber hinaus sollen in den Werken nicht nur der Energie- und Wasserverbrauch deutlich reduziert werden, sondern auch 50.000 Tonnen Verpackungsmaterial und 80 Millionen Kilometer Transportwege eingespart werden.[55]

Mitglieder der europäischen Geschäftsführung von Kraft Foods mit einem Rainforest Alliance-Vertreter zu Besuch auf einer Farm in Vietnam, 2011

Vom »Idioten«- zum Vordenker-Projekt der Kaffeebranche

Auszüge eines Gesprächs mit Rolf Sauerbier und Nicola Oppermann zum Thema Nachhaltigkeit und fairer Handel bei Jacobs Kaffee im Jahr 2011

Rolf Sauerbier

Die Anfänge von Jacobs' Engagement für nachhaltig angebauten und fair gehandelten Kaffee liegen in den neunziger Jahren. Im Rahmen der Friedensbewegung der siebziger und achtziger Jahre wurden immer mehr Proteste gegen die weltweite Ausbeutung der Kaffeebauern durch die großen Konzerne laut. Als sich 1992 der Verein »transfair« für fairen Handel gründete, gab es zahlreiche öffentliche Diskussionen um den Kaffeehandel, die sich vor allem gegen die Preisgestaltung, den sogenannten Zwischenhandel und die Einkaufsbedingungen richteten. Es baute sich zusehends eine Gegnerschaft zwischen den Anhängern des fairen Handels und der Industrie auf. Auch die Bremer Politik, vertreten vor allem durch den Bürgermeister Henning Scherf, der sich insbesondere für die Kaffeebauern in Nicaragua einsetzte, forderte konkret entsprechende Beiträge und Zugeständnisse der Kaffeeindustrie.

Im Deutschen Kaffeeverband wurden Überlegungen angestellt, eine gemeinsame Linie zu finden bzw. gemeinsame Aktivitäten zu entwickeln. Leider führten diese Diskussionen zu keinem Ergebnis; so wurde der Ball an die Mitgliedsfirmen zurückgespielt. Auch der Versuch von Jacobs, mit einzelnen Mitgliedsfirmen zu kooperieren, führte zu keinem Ergebnis. Die Kluft zwischen Industrie und den »Gutmenschen« des fairen Handels war bereits zu tief.

Aus dieser Situation heraus entstand die Absicht, für Jacobs eigene Aktivitäten zu entwickeln. Als Firmensprecher stand ich mehr oder weniger persönlich unter Beschuss der NGOs (Non-Governmental Organisations / Nichtregierungsorganisationen). Nach intensiven Diskussionen im Unternehmen gab es die Bereitschaft eines Engagements für Kaffeebauern in Peru, einem Land, das zu damaliger Zeit unter Armutsbedingungen und andauerndem Terrorismus des »Leuchtenden Pfads« litt. Der Kontakt zu einem in Bremen lebenden Peruaner versprach einen ersten Ansatz, da er den Aufbau einer Kooperative im Kaffeebereich plante und so den Kaffeebauern den Zugang zum Weltmarkt eröffnen wollte. Beim ersten Besuch in Peru stellte sich jedoch schnell heraus, dass die Idee nicht tragfähig war. Es gab keine verlässlichen Strukturen, vor allem war der Anbau völlig unzureichend und qualitativ auf einem Niveau, das keinerlei Erfolg in Aussicht stellte.

Immerhin gab es dennoch einen Lichtblick: Im Süden des Landes nahe dem Machu Picchu entdeckten wir eine Kooperative, die zusammen mit einer Hilfsorganisation der Vereinten Nationen daran arbeitete, bessere Qualitäten und Bio-Kaffee zu produzieren. Erste Kaffeeproben zeigten ein hervorragendes Potenzial und damit die Chance, einen Ansatz für eine qualitätsorientierte Projektarbeit zu finden. Allerdings traf mein erster spontaner Kaffeeeinkauf per Handschlag, ohne Einkaufsberechtigung und vorherige Abstimmung mit den Fachleuten für Rohware, nicht unbedingt auf begeisterte Zustimmung. Als ich die Idee und das Konzept dem Europa-Chef des Unternehmens vorstellte, lautete seine kurze Antwort: »Rolf, you are an idiot.«

Es bedurfte weiterer Überzeugungsarbeit, bis sich vor allem der damalige Deutschland-Chef Götz-Michael Müller zu einer Zusage durchringen konnte, das Projekt »Peru Kaffee« zu starten. So entwickelte sich eine intensive Zusammenarbeit zwischen Jacobs, der peruanischen Kleinbauernkooperative »Cocla« und den Vereinten Nationen. Und letztlich waren auch die Kaffeeeinkäufer von Jacobs von der angebotenen Qualität überzeugt und stiegen nun selbst und direkt in den Kaffee-

Nicola Oppermann und Rolf Sauerbier im Gespräch über die Anfänge der ökologischen Kaffeeproduktion bei Jacobs und die Entwicklung bis heute in Lemwerder bei Bremen 2011

handel mit der Kooperative ein. Ein Schritt, der wenige Jahre zuvor noch völlig undenkbar gewesen wäre.

In der Folge fand das Jacobs-Projekt die Aufmerksamkeit der gesamten peruanischen Kaffeewirtschaft. Die peruanische Kaffeekammer, der Landwirtschaftsminister und selbst der Präsident des Landes interessierten sich für unsere Aktivitäten, die nun auf das gesamte Land ausgedehnt werden sollten.

Mit den inzwischen gewonnenen Erfahrungen wurde in Lima in Zusammenarbeit mit der Kaffeekammer eine nationale Kaffeeschule aufgebaut, in der Schulungen, Kaffeeproben und Zertifizierungen durchgeführt werden konnten. Schließlich konnte auch die gtz, die Gesellschaft für technische Zusammenarbeit (heute giz), gewonnen werden, das Projekt zu begleiten und zu unterstützen. Die Erfolge blieben nicht aus. Peruanischer Rohkaffee konnte sich im internationalen Wettbewerb immer besser behaupten, und vor allem: Die Kleinbauern erzielten dank verbesserter Qualität höhere Preise.

Jacobs wurde der wichtigste Einkäufer peruanischen Kaffees, bis zu 30 Prozent der Ernte wurde allein von Bremen geordert. Die Hilfe zur Selbsthilfe trug zusehends Früchte. Aus dem »Idiot«-Projekt wurde ein Vorbild für die gesamte Branche.

Nicola Oppermann

Es schien unumgänglich, den Forderungen der NGOs in den neunziger Jahren etwas entgegenzusetzen. Aber dass wir heute Nachhaltigkeit als eine der strategischen Säulen des Gesamtkonzerns Kraft Foods kommunizieren können, hätten wir uns damals nicht träumen lassen. 2003 wurde in der Zentrale in den USA beschlossen, dass wir bei unseren Nachhaltigkeitsaktivitäten mit der internationalen Umweltschutzorganisation Rainforest Alliance zusammenarbeiten wollen.

Produktbroschüre, 2003

Rainforest Alliance hat den großen Vorteil, dass sie mit vielen kleinen NGOs vor Ort zusammenarbeitet. Man kann schließlich nicht die Bauern von den USA aus oder aus Europa per Videokonferenz oder Powerpoint-Präsentation über die Notwendigkeit von Biodiversität und den Sinn nachhaltiger Landwirtschaft informieren, sondern man muss, wie das Rolf Sauerbier in den neunziger Jahren begonnen hat, sie persönlich schulen und auf ihren Feldern besuchen. In »Farmer Fieldschools« werden die Bauern mit einfachen Methoden über besseres Farm-Management informiert. Rainforest Alliance hat sich jahrelang über ihre vielen Partner die Möglichkeit der direkten Ansprache und Information aufgebaut. Kraft Foods fühlt sich verpflichtet, in den Erzeugerländern Hilfe zur Selbsthilfe zu leisten, denn ein Unternehmen, das jedes Jahr für rund elf Milliarden US-Dollar Rohwaren für seine Markenprodukte einkauft, hat auch eine soziale Verpflichtung gegenüber den Bauern, auch wenn das Unternehmen keine eigenen Farmen besitzt.

Die Erdbevölkerung wächst stetig, und die Anbauflächen werden nicht mehr, sondern eher weniger. Wir müssen lernen, die Agrarflächen schonend zu nutzen und mehr Erträge aus der bestehenden Fläche zu erwirtschaften. Denn nur wenn der Bauer ein Auskommen mit seinem Einkommen hat, wird er ein langfristiges Interesse an der Landwirtschaft haben. Und wir am anderen Ende der Wertschöpfungskette brauchen gleichbleibende Qualitäten, um unsere Markenprodukte herzustellen. Bis zum Jahr 2015 sollen durch den Ausbau der Zusammenarbeit mit den Organisationen Rainforest Alliance, Fairtrade und 4C Association die Bohnen für alle europäischen Kaffeemarken aus nachhaltigem Anbau bezogen werden. Unser Engagement im Kaffeebereich ist ein gutes Beispiel dafür, wie wir unsere Unternehmensstrategie nachhaltig gestalten. Doch bis dahin liegt noch ein großes Stück Arbeit vor uns, denn die Umstellung auf nachhaltigen Kaffeeanbau ist nicht einfach. Aber auch wenn heute der Gesamtanteil an Kaffees aus nachhaltigem Anbau im deutschen Einzelhandel noch nicht sehr hoch ist, steigen die Anfragen, und wir entwickeln entsprechende Angebote. Im »Außer-Haus-Bereich« (Hotels, Gastronomie etc.) plant man, in wenigen Jahren 50 Prozent des Sortiments mit Kaffees aus nachhaltigem Anbau anzubieten.

Das Interesse der Verbraucher an unseren nachhaltigen Kaffees ist in den skandinavischen Ländern, der Schweiz und in England übrigens höher als bei uns, dort liegen insofern heute unsere Vorbilder.

1 Kraft Jacobs Suchard (Hg.), 100 Jahre Jacobs Café, Bremen 1994, S. 54 f.

2 Der Begriff der marketingorientierten Unternehmensführung steht hier im Gegensatz zu der traditionellen produktorientierten Unternehmensführung, nach der ein Produkt Erfolg haben wird, wenn einzig die Qualität besonders gut ist.

3 Peter Borscheid: Agenten des Konsums: Werbung und Marketing, in: Heinz-Gerhard Haupt und Claudius Torp (Hg.): Die Konsumgesellschaft in Deutschland 1890–1990, Frankfurt/M. 2009, S. 79–96, S. 95 f.

4 Vgl. Kapitel »Die Krönung« in diesem Band.

5 Kraft Jacobs Suchard (Hg.), 100 Jahre Jacobs Café, Bremen 1994, S. 56.

6 Katerina Vatsella: »... Wunderbar!« – Zur Designgeschichte der Marke Jacobs, in: Klaus Berthold (Hg.): Von der braunen Kaffeebohne zum Verwöhn-Aroma, Bremen 1998, S. 10–43, S. 24.

7 Fernsehwerbung in Deutschland gab es erst seit 1956.

8 Kraft Jacobs Suchard (Hg.), 100 Jahre Jacobs Café, Bremen 1994, S. 62.

9 Peter Erzberger: Der wunderbare Weg einer erfolgreichen Marke, in: Von der braunen Kaffeebohne, S. 44 f.

10 Katerina Vatsella: »... Wunderbar!« – Zur Designgeschichte der Marke Jacobs, S. 40.

11 Vgl. Aufstellung Slogans bei Jacobs Kaffee (internes Papier), Archiv Kraft Foods.

12 Katz & Gold: Wenn Adoptierte den Tod ins Haus bringen, Hamburg 2000.

13 »Kontakt« 4/1973, S. 1.

14 »Kontakt« 11/1974, S. 5.

15 »Kontakt« 3/1976, S. 5.

16 »Kontakt« 4/1973, S. 4.

17 »Kontakt« 1/1978, S. 4.

18 »Kontakt« 3/1976, S. 6.

19 »Kontakt« 11/1974, S. 5.

20 »contact deutschland«, 2/1986, o. S.

21 Vatsella, S. 28 ff./S. 58 ff.

22 »Weser-Kurier«, 5.11.1997.

23 Ebd.

24 »Die Welt«, http://www.welt.de/print-welt/article537954/Jacobs_Kroenung_ueberredet_Schiffer_zum_Kaffee_Trinken.html, 2.8.2011.

25 Vgl. »Die Welt«, http://www.welt.de/print-welt/article374782/Kraft_Foods_sponsort_die_Berlinale.html, 2.8.2011.

26 Media Information, August 2002.

27 Archiv Kraft Foods, Jacobs Meisterröstung, Statusmeldung März 2005.

28 Jacobs Geschäftsbericht, 1971, S. 7.

29 Katerina Vatsella: »... Wunderbar!« – Zur Designgeschichte der Marke Jacobs, S. 29.

30 Media Information, September 2003.

31 Jacobs Geschäftsbericht 1987, S. 15.

32 KF Chronik/Tabelle (internes Papier).

33 Jacobs Geschäftsbericht 1988, S. 16.

34 Jacobs Geschäftsbericht 1990, S. 4.

35 Media Information, Juli 2003.

36 Jacobs Geschäftsbericht 1975, S. 11.

37 Jacobs Geschäftsbericht 1987, S. 6.

38 Kraft Jacobs Suchard (Hg.), 100 Jahre Jacobs Café, Bremen 1994, S. 68.

39 Media Information, 24.9.2007.

40 Jacobs Geschäftsbericht 1972, S. 20.

41 Media Information, September 2003.

42 Media Information, Mai 2003.

43 »Weser-Kurier«, 21.5.2006, S. 17.

44 Media Information, 11.2.2010.

45 Zur Fusion beider Bereiche siehe: »contact deutschland«, 2/1991, o. S.; vgl. auch: http://www.jacobsprofessional.de, 2.8.2011.

46 Verkaufsinformation Jacobs Krönung, 2009.

47 http://www.horizont.net/aktuell/digital/pages/protected/Jacobs-Kroenung-belohnt-Treue-mit-Ritzenhoff_48156.html, 2.8.2011.

48 Verkaufsmaterial Jacobs Krönung 2009.

49 »Panorama«, Herbst 2009, S. 20.

50 Media Information, Mai 2008.

51 Werben und Verkaufen, 6.10.2010.

52 Pressemitteilung Kraft Foods Deutschland, Januar 2007.

53 Deutscher Kaffeeverband, Pressemitteilung vom 8.4.2011, http://www.kaffeeverband.de/images/dkv_pdf/oeffentlich/Pressemitteilungen2011/pm_gesamtmarkt_kaffee_%202010.pdf, 29.6.2011.

54 http://www.pbl.nl/node/54395, 29.6.2011.

55 Pressemitteilung Kraft Foods, 12.5.2011, http://www.kraftfoodscompany.com/mediacenter/country-press-releases/us/2011/multi_media_05112011.aspx, 29.6.2011.

Steckbrief »Werk Holzhafen«

Historie

Im Jahr 1906 beginnen die Bauarbeiten für das Kaffee-HAG-Werk im Bremer Holz- und Fabrikenhafen. Ludwig Roselius, Gründer der Kaffee-Handels-Aktiengesellschaft (Kaffee H.A.G.), lässt hier ab 1907 den weltweit ersten entkoffeinierten Kaffee produzieren. Bei der Produktion seines Kaffees setzt Roselius noch vor Henry Ford (USA) das Fließband ein.

Seit dem Zusammenschluss von Kraft General Foods Europe und Philip Morris zur Kraft Jacobs Suchard im Jahr 1993 gehört das Werk Holzhafen als Produktionsstandort zum heutigen Konzern Kraft Foods.

Schwerpunkt

Entkoffeinieren und Mildbehandeln von Rohkaffee

Hauptmarken

- Café HAG

Hauptmärkte

Deutschland/Österreich, Italien, Frankreich

Besonderheiten des Standorts

- Das Werk liegt am Bremer Holzhafen, von wo aus Café HAG schon früh auf direktem Wege per Schiff ins Ausland exportiert werden konnte.
- Im Holzhafen wird der Rohkaffee für die Kaffeewerke des Coffee Clusters Deutschland und Österreich angelandet und in die Werke distribuiert.
- Vom Holzhafen aus fährt seit 1993 der Jacobs Kaffee-Logistikzug zum Werk Berlin.
- Im internen Sprachgebrauch heißt das Werk »K73«. Der Name steht für »CO_2-Entkoffeinierungsprozess« und wird bis heute verwendet, wenn man über die Prozessanlage spricht. »K73« war ursprünglich der Projektname, das »K« steht für Kaffee und die »73« für das Jahr 1973.
- Bio-Zertifizierung

Steckbrief »Werk Hemelingen«

Gründung

1973 errichtet Jacobs eine der modernsten Gefriertrocknungsanlagen Europas in Bremen-Hemelingen. Schon im darauffolgenden Jahr startet die Gefriertrocknung und Verpackung von Löskaffee. Ein weiteres Jahr später beginnt die Röstkaffeeproduktion, und 1978 starten die Extraktion und die Sprühtrocknung.

Schwerpunkt

Am Standort in Bremen-Hemelingen befindet sich die Zentrale für das Coffee Cluster von Kraft Foods (d. h. der Werke Bremen-Hemelingen und -Holzhafen, Elmshorn, Berlin und Wien). Hier erfolgt die Produktion (Röstung, Extraktion, Gefriertrocknung, Sprühtrocknung) von Instantkaffee und Kaffeespezialitäten.

Hauptmarken

- Jacobs Kaffees wie Jacobs Krönung
- Café HAG und Onko
- Gastronomieprodukte wie z. B. Jacobs Krönung, Diplomat oder Royal

Hauptmärkte

Deutschland, Frankreich, England und Osteuropa

Größe

- 200.000 Quadratmeter Gelände; 35.000 Quadratmeter Gebäude

Besonderheiten des Standorts

- Das Werk hat sich im Laufe seiner Geschichte den ständig veränderten Marktgegebenheiten angepasst.
- Mit einer Kapazität von über 10.000 Tonnen ist der Gefriertrockner im Werk Bremen-Hemelingen neben der Gefriertrocknungsanlage in Elmshorn der weltweit größte seiner Art.

Steckbrief »Werk Wien«

Gründung

1961 kauft Jacobs das Gebäude der ehemaligen Schokoladenfabrik Karl Seidel's Söhne und baut es in eine moderne Rösterei um. Ende des Jahres wird die Firma »Jacobs-Kaffee GmbH, Wien« offiziell gegründet. Als der alte Firmensitz an der Zeilergasse zu klein wird, bezieht Jacobs 1968 modernere Produktions- und Verwaltungsgebäude in der Zimbagasse (heute Jacobsgasse) in Wien-Auhof.

Schwerpunkt

Kaffeeröstung, -mahlung und -verpackung

Hauptmarken

- Jacobs Röstkaffee, zum Beispiel Monarch oder Krönung

Hauptmärkte

Österreich und der europäische Markt

Besonderheiten des Standorts

- Reduzierung des Aluminiumanteils im Verpackungsmaterial um 42 Prozent (Umweltpreis der Stadt Wien 2007)
- Durch die Umstellung des gesamten Rohkaffeetransportes von der Straße auf die Schiene mit dem Jacobs Kaffee-Logistikzug, der die Kaffeebohnen von Bremen in die Rösterei nach Wien-Auhof transportiert, wurden der Energieverbrauch und der Co_2-Ausstoß um rund 35 Prozent reduziert (Umweltpreis der Stadt Wien 2009)

Steckbrief »Werk Elmshorn«

Historie

Das Werk Elmshorn war das erste durch General Foods auf dem europäischen Kontinent gebaute Löskaffee-Werk. Mit der Inbetriebnahme der Sprühtrocknung beginnt 1957 die Produktion. 1969 wird zusätzlich eine Gefriertrocknungsanlage in Betrieb genommen. Im Zuge der Übernahme der HAG AG durch General Foods, der Übernahme von General Foods durch Philip Morris und der Übernahme von Jacobs Suchard durch Philip Morris gehört das Werk Elmshorn heute zum Konzern Kraft Foods.

Schwerpunkt

Das Werk Elmshorn produziert Löskaffee nach dem Verfahren der Gefriertrocknung. In Elmshorn werden sieben verschiedene »Blends« produziert, die im Werk Bremen-Hemelingen zu 135 Produkten weiterverarbeitet und verpackt werden.

Hauptmarken

- Café HAG
- Cronat

Hauptmärkte

Frankreich, Skandinavien, Russland, Ukraine

Größe

- 105.000 Quadratmeter Gelände

Besonderheiten des Standorts

- Elmshorn betreibt die größte Einzelgefriertrocknungsanlage der Welt (d. h. mit nur einem Trockner).
- Produziert werden täglich ca. 13 Millionen Tassen – eine Menge, die rund zwei Millionen Liter Kaffee entspricht.

Steckbrief »Werk Berlin«

Historie

Bereits seit 1961 wird im heutigen Kraft Foods Kaffeewerk Berlin – damals noch in der Prinzenstraße – Jacobs Kaffee produziert. 1982 startet die Produktion am heutigen Standort in der Nobelstraße, und im Laufe der Jahre erweitert sich das Produktportfolio kontinuierlich.

Schwerpunkt

Kaffeeröstung, -mahlung und -verpackung für die Bereiche Export, Haushalt und Gastronomie

Hauptmarken

- Jacobs Krönung
- Jacobs Krönung Balance
- Jacobs Meisterröstung
- Kaffee Onko
- Café HAG
- Tassimo – T Discs Kaffee und Tee

Hauptmärkte:

Gut drei Viertel der Produktion des Berliner Werks sind für den deutschen Markt bestimmt, der Rest geht in rund 20 Länder.

Größe

- 37.000 Quadratmeter Gelände; 17.000 Quadratmeter Gebäude

Besonderheiten des Standorts:

- Das Berliner Werk ist eine der größten und modernsten Röstkaffee-Produktionsanlagen der Welt und das größte Kraft Foods Kaffeewerk weltweit.
- Seit 1993 setzt Kraft Foods auf den Jacobs Kaffee-Logistikzug. Alle Rohkaffees, die im Bremer Holz- und Fabrikenhafen – bedeutendster Kaffeeumschlagplatz Deutschlands – ankommen, werden per Bahn in das Berliner Röstwerk transportiert. Das geschah früher zu etwa 60 Prozent per Lkw und zu 40 Prozent im kombinierten Verkehr von Eisenbahn und Lkw. Nun bringt der Logistikzug über Nacht jeweils rund 1000 Tonnen Roh- und vorbehandelten Kaffee direkt auf das Werksgelände in Berlin-Neukölln. Drei- bis viermal die Woche, bei Bedarf auch täglich, ist der 500 Meter lange Zug mit jeweils 50 Spezialcontainern unterwegs. Durch das Umsteigen auf die Bahn sank der Energieverbrauch um über 60 Prozent, und der Ausstoß des Treibhausgases Kohlendioxid reduzierte sich um zwei Drittel.

Abbildungen

Archiv Kraft Foods, Bremen: 11–13, 15–17, 19–22, 23 u. l./r., 24–32, 33 u., 35, 40, 41, 43 u., 44 o., 45, 48, 52, 53, 55–66, 67 o., 68, 69, 71 u., 72, 73, 76 u., 77–79, 82–85, 87, 88, 89, 92, 94–105, 107–113 (108, 109 Airphoto Volker Wurster, Großenkneten/Oldenburg, 111 o./u. Titus Czerski, Bremen), 115, 116, 117 u., 120–128, 129–136, 138–152, 154, 156–161, 163, 167, 168, 170, 172 o., 173 u., 174–180, 183 u., 184 r. (Toni Horndasch), 185 (Thomas Baumann), 186–191, 193–199, 200 (Company Archives Kraft Foods, USA), 202–210, 212–221, 222 (Nicola Oppermann), 223 o. r., 223 (o. l. Rainforest Alliance, u. Nicola Oppermann), 225, 226, Umschlagabbildungen, Vor- und Nachsatzblatt (Münster 1969)

bonn press Public Relations, Bonn: 211

Bremer Landesmuseum für Kunst und Kultur – Focke-Museum: 9, 14, 39

Christa Dennog, Bremen: 33 o., 43 o., 171, 182, 183 o.

Dr. Holger Hasenkamp, Bremen: 117 o.

David Hecker, ddp: 118

Heimatarchiv des Bürgervereins Borgfeld: 8, 10 o.

Dr. Christian Jacobs/Jacobs Foundation, Zürich: 7, Georg Schmidt: 42, 44 u., 50, 51, 67 u., 70, 71 o., 74, 75, 76 o., 86 u., 114, 172 u.

Max Lorenz, Bremen: 184 l. (Willy Pilzecker)

Familie Lüddecke, Bremen: 18, 23 o., 54

Jochen Mönch, Bremen: 10 u.

Klaus-Jürgen Pfeffer, Worpswede: 46

Hanni Richter, Bremen: 173 o.

Staatsarchiv Bremen: 37 l./r., 80, 81, 86 o.

Stadtarchiv Homburg: 93

Dieter Thielking, Bremen: 155, 165

Nicht in allen Fällen konnten die Bildrechte ermittelt werden. Der Verlag bittet gegebenenfalls um Nachricht.

Autorin und Autor

Svenja Kunze, geb. 1977, Studium der Neueren und Neuesten Geschichte, Kommunikationswissenschaft und Politologie in Münster, Hull/ Großbritannien und Granada/Spanien. Magisterarbeit über die Entstehung und Entwicklung von Markenartikeln in der deutschen Kaffeebranche. Seit 2003 in verschiedenen Unternehmensarchiven tätig und verschiedene Publikationen im Bereich Markengeschichte.

Alexander Schug, geb. 1973, Studium der Neueren und Neuesten Geschichte in Dresden, London und Berlin, 2000 Gründung der Vergangenheitsagentur, 2007 Promotion an der Humboldt-Universität zu Berlin, zahlreiche Publikationen zur politischen Kulturgeschichte und Kulturgeschichte der Unternehmen.

Impressum

Die Deutsche Nationalbibliothek verzeichnet diese Publikation in der Deutschen Nationalbibliografie; detaillierte bibliografische Daten sind im Internet über http://dnb.d-nb.de abrufbar.

Redaktion: Bärbel Kern, Silke Puls, Ulrich Kellner
und Dr. Daniel Tilgner (Edition Temmen)
Layout: hofAtelier Toni Horndasch, Bremen
Objektfotografie: Winkler Studios, Bremen

Verlag und Autoren danken der Firma Kraft Foods für die gute Zusammenarbeit, den ehemaligen Jacobs- und heutigen Kraft Foods-Mitarbeiterinnen und Mitarbeitern für ihre Unterstützung, Familie Lüddecke für historische Auskünfte und Dr. Christian Jacobs für sein Interesse am Buch und die Überlassung von Abbildungsmaterial.

Hohenlohestraße 21
28209 Bremen
Tel. 0421-34843-0
Fax 0421-348094
info@edition-temmen.de
www.edition-temmen.de

Gesamtherstellung: Edition Temmen

ISBN 978-3-8378-4015-5

JACOBS KAFFEE
wunderbar